体育院校通用教材

体育概论
（第4版）

杨铁黎　黄　莉　主编
全国体育院校教材委员会　审定

人民体育出版社

图书在版编目（CIP）数据

体育概论 / 杨铁黎, 黄莉主编. -- 4 版. -- 北京：人民体育出版社, 2024. -- （体育院校通用教材）.
ISBN 978-7-5009-6485-8

Ⅰ.G807.4

中国国家版本馆 CIP 数据核字第 2024T0K913 号

＊

人 民 体 育 出 版 社 出 版 发 行
北京盛通印刷股份有限公司印刷
新 华 书 店 经 销

＊

710×1000　16 开本　20 印张　350 千字
1989 年 6 月第 1 版　2024 年 8 月第 4 版
2024 年 8 月第 4 版　第 1 次印刷（总第 37 次印刷）
印数：1—5,000 册

＊

ISBN 978-7-5009-6485-8
定价：50.00 元

社址：北京市东城区体育馆路 8 号（天坛公园东门）
电话：67151482（发行部）　　　邮编：100061
传真：67151483　　　　　　　　邮购：67118491
网址：www.psphpress.com

（购买本社图书，如遇有缺损页可与邮购部联系）

编写组

主　编： 杨铁黎　黄　莉

副主编： 韩志芳　杨建设　王必琪　周良君

成　员（按章节顺序）：

　　　　韩志芳（广东工业大学）
　　　　杨铁黎（首都体育学院）
　　　　黄　莉（武汉体育学院）
　　　　张　楠（吉林体育学院）
　　　　杨建设（西安体育学院）
　　　　刘春华（天津体育学院）
　　　　李艳茹（陕西师范大学）
　　　　陈文倩（首都体育学院）
　　　　李凤梅（河南体育学院）
　　　　王必琪（广州应用科技学院）
　　　　李海霞（山东体育学院）
　　　　李相如（首都体育学院）
　　　　周良君（广州体育学院）
　　　　王桂红（沈阳体育学院）
　　　　张建会（中国人民大学）
　　　　周亚婷（南京体育学院）
　　　　王　芳（北京体育大学）
　　　　张宏宇（哈尔滨体育学院）

前言 FOREWORD

党的二十大报告提出,"广泛开展全民健身活动,加强青少年体育工作,促进群众体育和竞技体育全面发展,加快建设体育强国",为我国体育工作明确了新的发展方向和要求。

体育强国建设需要优秀的、高素质的体育专业人才,而体育专业人才培养离不开课程建设和教材建设做支撑。高质量的教材是课程教学不可或缺的知识载体,也是课程建设的必要条件。"体育概论"作为普通高等学校体育专业的七门专业类基础课程之一,是学生学习体育专业的逻辑起点,承担着研究体育基本特征和发展规律、剖析体育本质的任务。《体育概论》作为这门课程的经典核心教材,于2023年被列入第一批新时代教育部马工程重点教材目录,对本教材的编写提出了新使命、新要求。

编写团队全面贯彻党的二十大精神、习近平总书记关于体育工作的重要指示批示精神、《体育强国建设纲要》

《"十四五"体育发展规划》精神，对标《新时代马克思主义理论研究和建设工程教育部重点教材建设推进方案》要求，对《体育概论》（第3版）进行了修订。新修订的教材具有以下特色。

一、科学性与思想性相结合。本教材在遵循体育本质规律和知识体系科学性的同时，贯穿立德树人的宗旨，每章根据教材内容开篇引用了习近平总书记有关体育工作的重要论述，相关章节介绍了毛泽东《体育之研究》、中华体育文化、中华体育精神、女排精神、北京冬奥精神、"乒乓外交"等内容，多角度彰显文化自信，加深学生对内容的理解并引发其思考，充分发挥教材铸魂育人的功能。

二、针对性与系统性相结合。本教材的修订针对体育专业院/系的学生特点和教学需求，遵循体育内在规律、教育教学规律、人才培养规律和教材建设规律，同时加强了内容的系统性，使结构体例更具逻辑性，知识体系更加符合国情，便于学生更加全面地了解体育强国建设的完整内容和努力目标。

三、理论性与实践性相结合。本教材在注重全面介绍体育基本知识理论的同时，对国内外体育发展历史与现状进行剖析，并对国家印发的一系列政策文件进行解读。将理论知识与体育实践问题相结合，引导学生加深对体育现象及其本质的认识，对体育未来发展进行积极思考。

四、知识性与能力性相结合。本教材的内容编排覆盖了体育现象和体育本质等基本理论的知识面和知识点，在此基础上，设置学习提示、思考题、推荐阅读书目等模块，运用二维码数字技术链接拓展阅读资源，使学生开宗明义地了解每一章的学习目标，培养学生学习能力、理解能力、分析能力等综合素质。

五、继承性与创新性相结合。本教材坚持守正创新，在继承以往教材经典内容的同时，更新了数据，增加了一些新内容。本教材对标《体育强国建设纲要》，增加了"体育文化"和"新中国体育对外交往"两章，旨在使学生了解体育文化在整个体育发展过程中的引领作用，了解新中国体育对外交往取得历史成就的主要经验和发展趋势。此外，依据 2022 年修订的《中华人民共和国体育法》第二章，将上一版教材中的"社会体育"一章改为"全民健身"。

本教材编写团队由首都体育学院、武汉体育学院等 16 所高等院校长期从事"体育概论"课程教学和研究的一线教师组成。本教材的主要内容均是在他们多年的教学积累和学术研究的基础上，进行梳理、提炼、创作编写而成的。

囿于作者水平，本教材难免存在不当之处，请广大学生不吝指正。我们衷心地希望本教材能成为引导、陪伴学生学习体育、了解体育、热爱体育的良师益友！

杨织学

2024 年 4 月

目 录

第一章　体育概述 ·· 001

第一节　体育的起源与发展 ··· 003
一、体育起源的几种观点 ·· 003
二、外国体育的发展 ·· 006
三、中国体育的发展 ·· 011
四、现代体育发展趋势 ·· 017

第二节　体育概念的界定 ··· 022
一、体育的本质属性定义与划分 ··· 023
二、体育相关概念 ··· 024

第二章　体育功能与目标 ·· 029

第一节　体育功能 ·· 031
一、体育功能的概念 ·· 031
二、体育的本质功能 ·· 031
三、体育的派生功能 ·· 036

第二节　体育目标 ·· 040
一、体育目标的概念 ·· 041
二、确立体育目标的现实意义 ··· 041
三、确立体育目标的基本依据 ··· 042

第三节　我国体育目标与任务 ·· 043
一、中国体育探索阶段（1949—1978 年）的发展目标与任务 ·········· 043
二、中国体育改革发展阶段（1978—2012 年）的发展目标与任务 ····· 046

三、新时代加快建设体育强国阶段（2012年至今）的发展目标与任务……050
　第四节　实现我国体育目标、任务的基本途径与基本经验……052
　　一、实现我国体育目标、任务的基本途径……052
　　二、实现我国体育目标、任务的基本经验……055

第三章　体育手段……059

　第一节　体育手段概述……061
　　一、体育手段的概念与分类……061
　　二、体育手段与体育目标的关系……062
　　三、体育手段的特点……062
　　四、体育手段的科学基础……063
　第二节　身体练习……065
　　一、身体练习的概念……065
　　二、身体练习的构成要素……066
　　三、动作质量的评定标准……071
　　四、身体练习的选择与运用……073
　　五、身体练习效果的评价……073

第四章　体育体制……077

　第一节　体育体制概述……079
　　一、体育体制的概念……079
　　二、体育体制的构成……079
　　三、体育体制的类型……080
　　四、体育体制对体育事业发展的作用……081
　第二节　我国体育管理的组织体系……082
　　一、政府体育管理组织……083
　　二、社会体育管理组织……083
　　三、体育管理组织的职能及权限划分……085
　第三节　我国体育体制改革的探索与发展……088
　　一、我国体育体制改革的发展历程……088
　　二、我国体育体制改革的经验……091

三、我国体育体制改革的发展趋向························095

第五章　体育科学··099

第一节　体育科学概述····································101
　　一、体育科学的概念······································101
　　二、体育科学的兴起······································101
　　三、体育科学与体育发展··································105

第二节　体育科学体系····································110
　　一、体育科学体系概念····································110
　　二、体育科学属性··111
　　三、体育科学体系分类····································112

第三节　体育学术组织····································114
　　一、体育学术组织的作用··································114
　　二、国际体育学术组织····································115
　　三、我国体育学术组织····································118

第六章　学校体育··123

第一节　学校体育概述····································125
　　一、学校体育的概念······································125
　　二、学校体育的目标任务··································125
　　三、学校体育的组成······································126
　　四、学校体育与人才培养··································127

第二节　体育教学··128
　　一、体育教学的概念······································128
　　二、体育教学的特点······································128
　　三、体育教学的目标与任务································129
　　四、体育教学的原则与方法································130

第三节　课外体育活动····································133
　　一、课外体育活动的概念··································133
　　二、课外体育活动的特点··································134
　　三、课外体育活动的目标与任务····························135

四、课外体育活动的组织形式 ·· 135

　第四节　课余体育训练和体育竞赛 ·· 139

　　　一、课余体育训练和体育竞赛的概念 ·· 139

　　　二、课余体育训练和体育竞赛的特点 ·· 140

　　　三、课余体育训练和体育竞赛的目标与任务 ···································· 141

　　　四、课余体育训练和体育竞赛的组织形式 ······································ 142

　第五节　我国学校体育管理与发展 ·· 145

　　　一、学校体育的管理 ·· 145

　　　二、学校体育的改革与发展 ·· 149

第七章　全民健身 ·· 157

　第一节　全民健身概述 ·· 159

　　　一、全民健身的提出 ·· 159

　　　二、全民健身的对象与类型 ·· 160

　　　三、全民健身的特点 ·· 161

　第二节　全民健身的组织与管理 ·· 162

　　　一、全民健身管理体制 ·· 162

　　　二、我国全民健身相关法规政策 ·· 167

　第三节　我国全民健身的发展历程 ·· 170

　　　一、作为群众体育基本内容的初始阶段（1987—1995年）·························· 170

　　　二、作为长效发展机制的奠基阶段（1995—2014年）······························ 170

　　　三、作为国家战略的快速发展阶段（2014年至今）································ 171

第八章　竞技体育 ·· 175

　第一节　竞技体育概述 ·· 177

　　　一、竞技体育的概念及构成 ·· 177

　　　二、竞技体育的特点 ·· 178

　　　三、竞技体育在社会发展中的地位和作用 ·· 179

　第二节　运动训练 ·· 181

　　　一、运动训练的概念及主体 ·· 181

　　　二、运动训练的目的及任务 ·· 182

三、运动训练的特点 ································· 183
　　四、运动训练的原则 ································· 184
　　五、运动训练的内容 ································· 187
　　六、运动训练的方法 ································· 190
第三节　运动竞赛 ··· 191
　　一、运动竞赛的概念、基本属性与意义 ············· 191
　　二、运动竞赛的目的任务 ···························· 193
　　三、运动竞赛的类型 ································· 193
　　四、运动竞赛的组织 ································· 197

第九章　休闲体育 ··· 199
第一节　休闲体育概述 ···································· 201
　　一、休闲体育产生的经济社会背景 ·················· 201
　　二、休闲体育的定位与概念 ························· 205
　　三、休闲体育的特征 ································· 207
第二节　休闲体育活动的分类 ···························· 210
　　一、水类休闲体育活动 ······························ 211
　　二、陆地类休闲体育活动 ···························· 212
　　三、空中类休闲体育活动 ···························· 213
第三节　我国休闲体育的主要特征与发展 ··············· 213
　　一、我国休闲体育的主要特征 ······················· 213
　　二、我国休闲体育的发展趋势 ······················· 214
　　三、我国休闲体育发展方向的选择 ·················· 216

第十章　体育产业 ··· 221
第一节　体育产业概述 ···································· 223
　　一、体育产业的概念 ································· 223
　　二、体育产业结构 ···································· 223
　　三、体育产品 ··· 225
第二节　体育产业在国民经济中的地位和作用 ········· 227
　　一、发展体育产业可促进国民经济的增长 ·········· 227

二、发展体育产业是人力资本投资的重要形式 ………………… 228
　　三、发展体育产业为社会提供就业机会 …………………………… 228
　　四、发展体育产业可以带动相关产业的发展 …………………… 229
　　五、发展体育产业是吸收社会游资的重要手段 ………………… 229
第三节　我国体育产业发展趋势 …………………………………………… 230
　　一、体育产业在经济发展中的地位显著提高 …………………… 230
　　二、体育产业政策引领已成为新航标 …………………………… 230
　　三、体育产业高质量发展成为新要求 …………………………… 231
　　四、体育产业融合发展成为新态势 ……………………………… 232
　　五、数字经济成为体育产业新动能 ……………………………… 233

第十一章　体育文化 …………………………………………………………… 235

第一节　体育文化概述 ………………………………………………………… 237
　　一、体育文化的概念 ………………………………………………… 237
　　二、体育文化的结构 ………………………………………………… 237
　　三、体育文化的分类 ………………………………………………… 238
第二节　中华体育文化 ………………………………………………………… 240
　　一、中华体育文化的构成 …………………………………………… 240
　　二、中华体育精神文化 ……………………………………………… 241
第三节　我国体育文化建设 …………………………………………………… 249
　　一、加强体育领域思想引领 ………………………………………… 249
　　二、落实意识形态工作责任制 ……………………………………… 250
　　三、丰富中华体育精神的时代内涵 ………………………………… 250
　　四、推动运动项目文化建设 ………………………………………… 250
　　五、加强体育文化创作及平台建设 ………………………………… 250
　　六、加强优秀传统体育项目保护利用和传承 …………………… 251

第十二章　现代奥林匹克运动 ………………………………………………… 253

第一节　现代奥林匹克运动的复兴 …………………………………………… 255
　　一、现代奥林匹克运动的渊源 ……………………………………… 255
　　二、复兴古奥运会的尝试和国际奥委会的成立 ………………… 256

三、首届现代奥运会的成功举办 ·························· 257
第二节　现代奥林匹克运动的思想体系 ·························· 258
　　一、奥林匹克主义 ·························· 258
　　二、奥林匹克宗旨 ·························· 259
　　三、奥林匹克精神 ·························· 260
　　四、奥林匹克格言与名言 ·························· 261
第三节　现代奥林匹克运动的组织体系 ·························· 262
　　一、国际奥委会 ·························· 262
　　二、与奥林匹克运动有关的国际单项体育联合会 ·························· 263
　　三、国家奥委会 ·························· 263
　　四、国际奥委会与国际单项体育联合会和国家奥委会之间的关系 ······ 264
第四节　现代奥林匹克运动的活动体系 ·························· 265
　　一、奥林匹克运动会 ·························· 265
　　二、残疾人奥林匹克运动会 ·························· 266
　　三、青年奥林匹克运动会 ·························· 267
　　四、奥林匹克大众体育活动 ·························· 268
第五节　中国与现代奥林匹克运动 ·························· 269
　　一、现代奥林匹克运动在中国的初期传播 ·························· 269
　　二、现代奥林匹克运动在新中国的艰难发展 ·························· 270
　　三、北京2008年奥运会百年圆梦 ·························· 271
　　四、北京2022年冬奥会再创辉煌 ·························· 273

第十三章　新中国体育对外交往 ·························· 277

第一节　体育对外交往的内涵、特点和价值 ·························· 279
　　一、体育对外交往的内涵 ·························· 279
　　二、体育对外交往的特点 ·························· 279
　　三、体育对外交往的价值 ·························· 280
第二节　新中国体育对外交往的历史征程 ·························· 282
　　一、服务国家建设（1949—1978年） ·························· 282
　　二、服务国家发展（1978—2012年） ·························· 287
　　三、服务中华民族伟大复兴（2012年至今） ·························· 290

第三节　新中国体育对外交往的基本经验 294
一、始终坚持党对体育对外交往工作的坚强领导 294
二、始终坚持国际国内一盘棋的体育对外交往 295
三、始终坚持服务于大国关系、周边国家关系和发展中国家关系的建立 296
四、始终坚决维护国家核心利益和参与国际体育治理 297
第四节　新时代体育对外交往的发展展望 298
一、成为体育强国建设的重要推动力 298
二、开创中国体育对外交往新格局 299
三、展现中华文明赓续发展新动力 299
四、书写构建人类命运共同体新篇章 300

参考文献 302

第一章

体育概述

> 体育是社会发展和人类进步的重要标志，是综合国力和社会文明程度的重要体现。体育在提高人民身体素质和健康水平、促进人的全面发展，丰富人民精神文化生活、推动经济社会发展，激励全国各族人民弘扬追求卓越、突破自我的精神方面，都有着不可替代的重要作用。
>
> ——习近平 2013 年 8 月 31 日会见全国体育先进单位和先进个人代表时的讲话

学习提示

【内容提要】 有关体育起源的几种观点，东西方体育发展演变的轨迹，现代体育发展的主要趋势，体育及相关概念。

【学习目标】 通过本章内容的学习，了解体育起源的多源性、东西方体育发展的历程及现代体育发展的主要趋势，理解并掌握体育的本质属性及概念；培养思辨能力和全面客观分析问题的能力；树立健康观念、终身体育意识，增强文化自信。

【主要概念】 体育　体育运动　体育教育　竞技体育　体育文化　健康　体质　体能　身体素质

第一节　体育的起源与发展

一、体育起源的几种观点

体育的起源是一个复杂的问题，长期以来，学者们对此争论不休。研究体育史的学者们依据艺术学、历史学、考古学、人类学和民族学等理论与成果，提出了种种不同的看法。下面以人类的出现为前提，介绍几种较有影响的关于体育起源的观点。

（一）游戏说

体育起源于游戏的观点是由 18 世纪德国哲学家席勒首先提出，19 世纪英国哲学家斯宾塞在此基础上进一步丰富而形成的。

席勒和斯宾塞认为："游戏是过剩精力的发泄，它虽然没有什么直接的实用价值，却有助于游戏者的身体器官练习，因而它具有生物学意义，有益于提高人类的生存能力。"席勒主张，"只有当人是完全意义上的人的时候，他才游戏，而只有当他游戏的时候，他才是完全意义上的人"，这对游戏说产生了重大的影响。

游戏说强调了游戏冲动和身体完善间的重要联系，肯定了游戏是在人的基本物质生活需要得到满足的条件下，由于精力过剩从事的一种本能的"玩"的身体活动。游戏说对于我们理解体育是人的生理需要与心理需要的产物，认识体育在提高人类生存能力方面的作用具有重要价值。但游戏说仅仅从生物学或心理学的角度出发，未能揭示出体育产生的本源。

拓展阅读　**游戏的人（摘录）**

竞赛不仅是"为了"某种目的，而且是"用"某种方式或手段来干的。人们争相要成为第一，靠力量或敏捷，靠知识或财富，靠神采出众、慷慨大方，靠贵族血统，或靠子孙众多。他们用体力或臂力来比，比理智或者比拳头，以奢侈的铺张陈列互相攀比，说大话，自吹自擂，用谩骂，最后还用欺诈和诡计。照我们的想法，欺骗作为赢得一场比赛的手段会使之失去游戏的特色，整个地毁掉这场比赛。因为对于我们来说，游戏的要素就是坚守游戏规则——公平竞争。

资料来源：约翰·赫伊津哈.游戏的人[M].杭州：中国美术学院出版社，1996：55-56.

（二）模仿说

模仿说是关于体育产生的最古老的理论之一，始于古希腊。古希腊哲学家德谟克利特和亚里士多德都认为艺术是模仿的产物，早期的岩画、雕刻、舞蹈等都是模仿自然、动物乃至人类本身的产品。继古希腊哲学家之后，文艺复兴时期的法国启蒙思想家狄德罗、俄国作家车尔尼雪夫斯基等人都不同程度地继承和发展了这一学说。这种理论直到19世纪末仍然具有极大的影响。

原始社会中儿童模仿成人打猎、捕鱼、采集及作战等活动而进行的游戏，便是体育的源头。很多体育现象、体育项目也都可以用模仿的行为去解释。模仿说揭示了人类一种比较原始的心理倾向，这种倾向使人类试图再现自己见到或感到的有趣的行为或活动，从而形成了一些带有动物行为特点的活动。

体育和艺术虽然有相通之处，但是，二者毕竟属于两个范畴。而且模仿的观点只是触及了事物的表面，并没有揭示事物的本质。对于原始体育来说，模仿仅仅是一种外在的行为，这一行为更多的是手段，而不是目的。

（三）巫术宗教说

19世纪末，英国著名的人类学家爱德华·泰勒在《原始文化》中最早提出了艺术起源于巫术的理论。由于体育和艺术有着共同的渊源，原始的体育活动往往和音乐、舞蹈合一，所以艺术起源于巫术的理论为研究体育的起源提供了理论依据。

由于原始社会的人类认识能力的低下，对自然现象的变化及人类自身的生老病死等还不能做出科学的解释，以为有一种超越自然力的神灵以神秘的力量在主宰着自然和人类自己。于是，人们产生了各种崇拜意识，如图腾崇拜、祖先崇拜、自然崇拜、性崇拜等，并通过一系列活动来表达对崇拜物的感情。巫术就是早期人类试图控制自然力的一种行为方式。在巫术活动中，产生了早期的游戏、舞蹈与绘画。史前的巫术中孕育着"潜体育"，巫舞可以说是最古老的原始体育形态之一。之后随着宗教活动的产生，人们在祭祀活动中，逐渐用舞蹈、竞技和角力来表示对神灵的崇拜，以娱悦神祇、祈求庇护、祈祷风调雨顺、免除灾祸。古奥运会就是典型例子。

巫术和宗教对人类的身体活动形式进行进一步的提炼、加工并使之更为抽象，从而为原始体育提供了大量素材。但是，原始时期的巫术活动是直接和当时原始人类的生产劳动密切联系在一起的，宗教又是原始社会的高级发展阶段才出现的社会现象，巫术和宗教都是人类改造客观和主观世界活动达到一定进程时的产物，所以体育的起源归根结底还是离不开人类的实践活动，尤其是物质生产活动，而巫术和宗教并非体育起源的最初动力。

（四）劳动说

这一学说以恩格斯关于"劳动创造了人本身"的理论为主要依据，经苏联著名哲学家普列汉诺夫的演绎而形成。生产劳动是人类最基本的实践活动，劳动使人类的体质得到进化，使人的心理机能得到发展，并形成了一定的社会关系。劳动产生了教育，从而把人类从动物界继承下来的"兽性娱乐"升华为人的娱乐。劳动成了连接主体与客体、物质与精神的中心枢纽。恩格斯在《劳动在从猿到人转变过程中的作用》一文中提道："劳动是整个人类生活的第一个基本条件，以至于我们在某种意义上不得不说，劳动创造了人本身。"

普列汉诺夫在《论艺术》中提出："游戏是劳动的产物。"由此，与游戏一脉相承的体育也应是劳动的产物。持此观点的学者通常认为，走、跑、跳、投、攀登、爬越等人类的这些基本生活技能，是现代体育的具体表现形式，这些都是在生产劳动中形成和发展起来的。因此，劳动说认为，体育是从生产劳动中产生的，是劳动在人类社会发展到一定阶段的产物。但生产劳动只是满足人类需要的最主要的方式，而不是唯一的方式。

（五）战争说

用战争说解释体育的起源，始见于德国菲特的《体育百科全书》。菲特认为，体育的起源可以上溯至原始公社时期部落间的战斗。人们为了取得战争的胜利，常常采用各种手段训练士兵。战争促进了人类运动技能的提高，推动了武器的演进，提高了士兵掌握兵器的技能。随着战争的发展扩大，又创造出更多的属于练武、军事手段的体育项目，如举重、摔跤、驾车、武艺、蹴鞠、赛马、击剑、射击、射箭等，这些项目经过流传演变成了体育竞赛活动。

身体素质的提高、新式兵器的创造、新的军事训练项目的诞生，对体育的发展产生了直接的影响，这充分说明了体育的产生和发展与战争有关。尽管战争不能作为体育起源的原动因，但是战争丰富了原始体育的内容，并使之具有一定的仪式化和军事化倾向，对体育的产生起到了积极的促进作用。

（六）需要说

探索体育产生的动因，可以从研究人的需要入手。对于需要，社会学、心理学、哲学、教育学等领域都有研究，各学科从不同的角度出发，有不同的见解。

从社会学的角度看，社会活动的主体和客体都是人，人既具有生物性，又具有社会性，所以研究需要应该同时考虑这两个层面。从心理学的角度看，动因—动机—行为这一系列心理连锁反应，是需要产生的原因、方式和手段。从哲学的角度看，马克思把需要看作社会和个人积极性的动力，是人类一切活动的激活剂。依据"人是社会化动物"与"需要是发明之母"的理论，从人类的生物需求和社会需求两方面，探讨体育的起源，认为适应人类生理和心理的需要，会产生一些受生理、心理规律支配的"本能活动"，这些本能活动随着人类智力的发展，形成有一定层次和一定节奏的活动，即最早期或最原始的运动。

归根结底，体育作为人类有目的、有意识的一种社会活动，是为了适应社会需要（包括社会生产和生活的需要）和人本身的需要（包括人的生理和心理的需要）而产生的。

综上所述，体育的起源不是由单一的因素决定的，而是多种因素共同作用的结果。游戏、模仿是体育起源的前提条件，巫术、宗教是体育起源的外部环境，劳动是体育起源的直接动因，战争对体育的形成起到了促进作用，需要是体育产生的诱因和目的。总之，体育的起源表现出明显的多源性。

二、外国体育的发展

（一）外国古代体育

恩格斯曾指出："没有希腊文化和罗马帝国奠定的基础，也就没有现代的欧洲。"同样，没有古希腊、古罗马体育，也就没有现代体育。古希腊、古罗马体育对现代体育的发展产生了重大影响。

1.古希腊体育

由于政治、经济、文化的繁荣，古希腊人第一次在人类历史上明确提出了人的全面发展的主张，体育在由此形成的教育体制中占有重要地位。在希腊各城邦中，雅典和斯巴达的政治制度分别代表了当时各城邦推行的民主制和寡头政治，它们的体育状况也最具有代表性，并呈现出各自的鲜明特色。

（1）雅典体育。由于雅典推行民主制，所以雅典体育的重要特征之一是体育的民主性。这种民主性最突出地体现于公民都享有体育权。当时，雅典公民在未成年前便有资格接受包括体育在内的全面发展教育。随着享有公民权的人数不断增加，开展体育的范围更加广泛，因此雅典体育还具有一定的群众性。雅典公民具有强烈的主人翁意识和社会责任感，他们为了保卫城邦而积极地投身体育运动。尽管雅典体育也具有强烈的军事性质，但雅典并不像斯巴达那样把体育的目标局限于狭隘的军事范围。雅典体育比斯巴达体育具有更为广泛的目标和更多、更高的追求。

（2）斯巴达体育。斯巴达是古希腊最大的城邦，在政治上实行寡头贵族专政。建立在这一政治制度基础上的斯巴达体育，表现出单纯的军事色彩和狭隘的爱国意识。斯巴达人被培养成身体强壮、刻苦耐劳、勇敢善战的战士，妇女也要接受军事体育的训练。在社会地位、身体健康和姿态优美等方面，斯巴达妇女都超过了其他城邦的妇女。斯巴达不仅是古希腊城邦中的军事强国，也是体育强国，他们在古奥运会上占据竞技霸主地位长达3个世纪。斯巴达突出强调青少年的军事体育教育和一切服从国家的道德教育，忽视文化知识教育，为后来的"军国民教育"思想开了先河。

除了上述两种不同的体育体制，还能反映古希腊体育特色的就是泛希腊祭神竞技会。泛希腊竞技会主要有奥林匹亚、皮西安、伊斯玛斯和尼米亚四大祭神竞技会。其中，为了祭祀众神之首宙斯的奥林匹亚竞技会影响最大，其重要意义远远超过其他竞技会，后来逐渐演变成古奥运会。古奥运会是古希腊政治、经济、教育、文化、宗教的综合产物。

2. 古罗马体育

古罗马教育的目标是培养既能劳动又能打仗的农民军人，所以对讲求现实的罗马人来说，更强调针对军事的身体训练，认为单纯的体态匀称、动作协调优美是没有意义的。锻炼只是为了战斗，通过军中严格的训练使青年人具有帝国必需的道德品质、强健的身体和军人素质。这种以军事训练为目的的体育体制，训练出一支当时地中海最强大的军队。正是凭借这支军事力量，罗马征服和统治了意大利半岛，进而控制了地中海。

与古希腊各城邦不同，古罗马的政权集中在少数人手里，这不利于开展有组织的、社会性的体育活动。因此，古罗马不存在有组织的体育学校，统治阶级也没有积极参加体育活动的迫切感，身体练习一直是满足罗马人个人需要的手段和个人娱乐的形式。

古罗马后期，罗马公民过着腐朽的享乐生活，对体育的军事价值和道德目标已不感兴趣，只热衷于举办豪华的竞技活动，观看残忍的角斗士表演和模拟海战，或为了个人健康和消遣娱乐而进行一些轻松的活动。因此，竞技场和浴场成为古罗马体育的两大特色。

3. 西方体育的衰落

476年，西罗马帝国灭亡后，欧洲进入黑暗的中世纪。此后的大约1000年间，西方体育都处于衰落状态。这一时期，基督教宣扬"身体罪恶论""肉体是灵魂的监狱"等，严重阻碍了体育的发展。只有封建骑士教育实施的"骑士七技"（骑马、游泳、投枪、击剑、打猎、下棋和吟诗），才使一些身体训练和竞技活动得以保留。在一般教会学校的课程中，则没有发展体能的活动计划，被称为"没有体育的教育"，致使普通人身体能力下降，民族体质日衰。10—11世纪后，随着工商业的发展，市民体育产生。13—15世纪，工商业进一步发展，城市规模继续扩大，具有新兴资产阶级意识形态的体育开始萌生。

（二）外国近代体育

1. 西方近代体育的萌芽与形成

14—18世纪，欧洲大陆先后掀起了文艺复兴运动、宗教改革运动及启蒙运动。文艺复兴运动"提倡人文主义，反对禁欲主义"，高度赞扬"健全的精神寓于健全的身体"，无愧为近代体育思想的先锋；宗教改革运动"提倡人权，反对神权"，进一步肯定了人的地位和作用，提倡信仰自由，确立了灵肉不可分割的统一关系，为体育这种世俗文化的发展扫清了思想障碍；启蒙运动以反对教会权威和封建制度为目的，为绅士教育、自然主义教育、实证主义教育及相应的体育学说等的确立奠定了思想基础。三大思想文化运动打破了中世纪束缚人们思想的封建枷锁，为现代体育的形成与发展铺平了道路。

2. 西方近代体育实践的初步实施

19世纪欧洲的教育改革和欧洲资产阶级民族国家的建立，加快了体育手段的体系化和社会化进程。德国体操和瑞典体操作为自由解放、统一强国的教育手段和政治工具得以创立，其军事色彩和政治色彩极为浓厚。体操具有很高的军事训练价值，所以深受欧洲各国的重视，多种体操流派开始形成，并迅速传播到亚洲和美洲，推动了世界体育运动的发展。

正当欧洲各国纷纷采用和推广德国体操和瑞典体操的时候，英国却由于其工业革命的发展、余暇时间的增多，以及温和气候等独特的社会条件，兴起了符合他们民族特点的户外娱乐和竞技运动，并且其逐渐在美国、欧洲及其他许多国家得到传播。德国体操、瑞典体操和英国的户外竞技运动，共同构筑了近代体育发展的三大基石。

3. 西方近代体育的传播与发展

19世纪开始，近代西方体育通过多种渠道从欧洲传播到世界其他地区并得到发展。其传播的路线为由欧洲传向北美洲，又传向亚洲、非洲、拉丁美洲、大洋洲。在这一传播过程中，主动引进与被动接受交杂在一起。欧洲移民主动、自觉地把欧洲传统运动项目带入了美洲和大洋洲；日本等后起的资本主义国家，则是主动引进、学习西方的近代体育；在中国、菲律宾、印度、朝鲜等亚洲国家及其他一些非洲和拉美国家中，伴随殖民地、半殖民地的进程，主动引进与被动接受的成分并存。由此看来，近代西方体育的传播从一开始就带有一定的殖民色彩和"西方化"倾向。

文艺复兴后期，古奥运会引起了欧洲人的注意和兴趣。此后，一些近代的思想家、社会活动家和教育家纷纷尝试恢复举办奥运会，他们在理论和实践方面的探索引起了国际社会对奥运会的广泛关注。在奥林匹克运动发起人顾拜旦先生的不懈努力下，1894年6月23日，国际奥林匹克委员会正式成立，这标志着现代奥林匹克运动的诞生。1896年在希腊举行的首届现代奥运会，是世界体育发展史上的里程碑，标志着现代体育以竞技体育的形式，进入了全球化时代和更高发展层次。

（三）外国现代体育

1. 两次世界大战之间的现代体育

19世纪末至20世纪初，受欧洲民族主义的影响，英国、法国、德国和美国都将体育作为国家利益、爱国主义、民族意识的体现，体育在国际政治、军事对抗和文化霸权等领域扮演着重要角色。两次世界大战之间的30余年，是体育发展承上启下的重要转折时期。十月革命的胜利、工人革命运动的蓬勃发展、殖民地和半殖民地民族解放运动的高涨等一系列政治因素，把现代体育推入了新的发展阶段。

第一次世界大战后，受战争的影响，各国从不同的角度出发，都很重视学校体育。其中，以美国的"新体育"和奥地利高尔霍夫尔的学校体育改革最有影响力。在经济危机爆发和阶级矛盾日益尖锐的社会背景下，体育发挥着重要的社会调节作用。受奥林匹克运动和职业体育的推动，竞技体育项目在技术、战术、规则上继续完善，训练方法和原则得到改进，竞技体育沿着制度化、组织化、规范化、科学化的方向发展。苏联劳卫制的推行和实施大幅推进了苏联体育的发展，也为其后社会主义国家的群众体育发展提供了丰富经验。应该说，这些变革为第二次世界大战后现代体育的大发展创造了条件。

2. 第二次世界大战后的现代体育

第二次世界大战后世界进入了"冷战"时代，这个相对长久的和平与稳定时期，为世界体育的发展提供了一个较好的外部环境。科学进步、经济发展和长期的国际紧张局势，促进了战后大众体育、国际体育竞赛和学校体育的发展。世界各国先后颁布与修订了体育法案、大众体育计划等，成立了各种国际大众体育组织，大众体育在世界各地蓬勃发展。奥林匹克运动在发展中出现危机，经过改革后走向繁荣，国际奥委会在世界体育运动中的领导地位得以确立。结构主义、人本主义、终身教育等新的教育思想对学校体育产生了重大影响，促使各国相继积极进行了教育和体育改革。1991年底苏联解体，标志着第二次世界大战以来东西方"冷战"时代的结束，也导致世界体育格局再次发生重大变化，充满政治色彩的东西方体育对抗开始让位于世界各国综合实力的全面竞争，世界体育向多极化发展，全球化、大众化、休闲化、终身化成为体育发展的新趋势。

3. 21世纪的现代体育

人类社会进入21世纪，信息技术和科技创新促进了社会经济的飞速发展，现代生产和生活方式发生了深刻变化，现代体育既拥有良好的发展环境也面临新的严峻的挑战。老龄化社会的到来、城市化进程的加快、现代文明病的产生、现代人对健康的普遍关注、国家对青少年体质的高度重视，多重因素影响并改变着人们的体育观念，体育成为越来越多人的一种生活方式。体育的全球化和多元化对21世纪的现代体育产生了广泛的影响，表现为体育的科学化和信息化程度越来越高，体育的全球化覆盖范围越来越广，体育的多元化特征越来越凸显，国际体育交流与合作越来越频繁。奥林匹克运动在"更快、更高、更强——更团结"新格言的引领下锐意改革，形成了多形式、多层次的国际体育合作新格局。21世纪的现代体育正朝着进一步大众化、科技化、产业化、全球化、终身化、休闲化的方向迅猛发展。

三、中国体育的发展

（一）中国古代体育

中国古代体育从史前社会到前清时期，历经近四千年，这段时期是中国体育产生、发展和演变的重要历史时期。从内容上看，中国古代体育基本上是沿着军事武艺、养生保健、竞技娱乐这三条线索发展的。

1. 中国古代体育的发端

原始社会的体育与原始的劳动、军事、教育、娱乐、祭祀、医疗等活动很难明显划界。原始社会萌芽状态的体育具有平等性、全民性、实用性等主要特点，但尚未形成独立的体系。

夏、商、西周三个历史时期，是我国奴隶社会形成与发展的重要时期。奴隶制学校制定了一整套宗法礼制和教育制度，形成了以礼为中心、以武（射、御）为主要内容、文武兼备的居于当时世界先进水平的"六艺"（礼、乐、射、御、书、数）教育教学体系。其中，礼、乐、射、御都是与体育有关的。可见，体育在学校教育中占有举足轻重的地位。

商周时期出现了朴素唯物主义的阴阳说和五行说，具有代表性的著作是《周易》和《尚书》。《周易》中的"天行健，君子以自强不息"，以及《尚书·洪范》中"五福、六极"的长寿观念与健康观念，对后来我国的养生学产生了深远影响。

2. 中国古代体育的初步兴盛

春秋战国时期是我国由奴隶社会向封建社会过渡的大动荡、大变革时期，也是我国古代体育发展的第一个高潮期。秦、汉、三国、两晋、南北朝时期的封建社会，初步形成了我国古代体育的基本格局。

春秋战国，百家争鸣，以追求健康和长寿为目标，开始形成以天人合一、清净自然、神形统一等思想为基础的古代养生思想和理论。道家哲学的代表老庄的养生思想、孔墨的体育观和实践活动、《吕氏春秋》《黄帝内经》的养生保健思想，为后来养生学的发展开辟了道路。到了汉代，以健身为主要目的的导引养生出现，如西汉的《导引图》，东汉名医华佗创编的"五禽戏"，嵇康、葛洪、陶弘景等养生家的养生思想与方法等，形成了我国古代人体科学的理论和实践模式。除此之外，军事体育和民间武术，如角抵、剑术、蹴鞠等得到空前发展。宫廷和民间的娱乐体育丰富多彩，民俗体育逐渐形成，如南北朝时期的围棋发展盛况空前，投壶活动呈现多样化的发展趋势。

3. 中国古代体育的繁荣与发展

隋、唐两代处于我国封建社会的鼎盛时期，也是中国古代体育最辉煌的时期。国家统一安定、经济繁荣，为隋唐体育的发展提供了良好的社会条件；两晋、南北朝对儒家正统礼乐观的冲击，北方骑射民族剽悍尚武，再加上帝王将相的身体力行和武举制的实施，促进了隋唐体育的发展。在这样的社会背景下，隋唐体育出现了空前的繁荣景象：活动范围广、参与规模大、项目繁多、技艺高超、中外交流频繁。

封建社会末期的宋元明清时期，经济、军事、政治和文化等因素对体育产生了重要影响。受宋明理学"关门闭户，静坐读书"观念的影响，社会出现重文轻武的趋势，学校体育进一步被削弱；武术在宋代逐步完成了与军事武艺的分离，形成了相对独立、完整的体系；宋明时期城市的繁荣与市民阶级的出现，使体育表现出休闲化、娱乐化的趋势；养生理论与养生术式高度成熟，向市俗化和平民化方向演进，最有代表性而且对后世影响较大的是八段锦和易筋经。

（二）中国近代体育

自1840年鸦片战争至1949年中华人民共和国成立，中国体育基本上完成了近代化进程。

1. 西方近代体育的传入

西方近代体育传入中国约始于19世纪60年代，也就是洋务运动前后。首先传入的是兵式体操和普通体操，然后是田径、球类、游泳等运动项目及其竞赛活动。

真正在中国传播西方近代体育思想的，是主张戊戌变法的维新派人士，其代表人物有康有为、梁启超、严复及谭嗣同等。孙中山、蔡元培、黄兴、徐锡麟、秋瑾等资产阶级革命派人物结合革命活动进行的军国民宣传、教育和实践，也促进了西方近代体育的传入。留学生、教会学校、基督教青年会在传习西方近代体育、发起和组织运动竞赛及培训人才和建设体育设施等方面同样做了大量工作。

2. 中国近代体育的形成

西方近代体育是在中国沦为半殖民地、半封建国家的过程中逐渐传入的。由于半殖民地的中国，在政治、经济和文化方面发展得不平衡，起初的西方体育主要在城市学校开展。

中国学校体育的全面正式开展始于清政府1904年颁布实施的《奏定学堂章程》（"癸卯学制"），它是中国第一个比较完整并经法令正式公布在全国实行的学制。按照"癸卯学制"的规定，各级各类学堂都要开设体操科。体操科的教学内容包括普通体操和兵式体操，以兵式体操为主，这和当时军国民教育思潮的流行有很大关系。

北洋政府统治时期，近代体育体制在中国建立。北洋政府开始举办全国运动会，组织人员参加远东运动会。这一时期，竞赛体制初步形成，全国性体育组织正式建立，体育运动的开展逐步趋向标准化和规范化。随着五四运动、新文化运动的兴起，以毛泽东、恽代英为主要代表的民主主义人士开始用近代科学的观点研究和提倡体育。毛泽东的《体育之研究》，实为中国近代体育史上一份不可多得的珍贵文献。1922年，北洋政府教育部公布了《学校系统改革案》，即"壬戌学制"，标志着军国民主义教育在我国的没落；"壬戌学制"和1923年颁布的《新学制课程标准纲要》，正式把学校的"体操科"改名为"体育科"，从此兵操在学校体育中被彻底废止。1924年8月，中华全国体育协进会在上海正式成立，标志着中国已从外国人手中收回了体育主权。

拓展阅读　文明其精神，野蛮其体魄

毛泽东在1917年的《新青年》第三卷第二号上，以"二十八画生"的笔名发表了著名的论文《体育之研究》，文章对体育的本质和功能的认识、对体育与德育智育关系的论述及对当时学校体育的批判等，至今闪烁着真理的光芒。对新形势下全面客观地认识理解中西方体育文化的交流互鉴，推动中国体育现代化进程具有历史意义和现代价值，给新时代中国体育发展以深刻的启示和教益。在此，将其中关于"文明其精神，野蛮其体魄"的精辟论述摘录如下：

非第强筋骨也，又足以增知识。近人有言曰：文明其精神，野蛮其体魄。此言是也。欲文明其精神，先自野蛮其体魄。苟野蛮其体魄矣，则文明之精神随之。夫知识之事，认识世间之事物而判断其理也。于此有须于体者焉。直观则赖乎耳目，思索则赖乎脑筋，耳目脑筋之谓体，体全而知识之事以全，故可谓间接从体育以得知识。今世百科之学，无论学校独修，总须力能胜任。力能胜任者，体之强者也。不能胜任者，其弱者也。强弱分，而所任之区域以殊矣。

资料来源：二十八画生.体育之研究[J].新青年，1917，3（2）.

2020年4月21日，习近平总书记来到陕西省安康市平利县老县镇中心小学，询问孩子们学习和生活情况。总书记说："现在孩子普遍眼镜化，这是我的隐忧。还有身体的健康程度，由于体育锻炼少，有所下降。

文明其精神，野蛮其体魄。我说的'野蛮其体魄'就是强身健体。"

资料来源：白剑峰，王君平，陈晨曦，等.全民健康托起全面小康——习近平总书记关心推动健康中国建设纪实［N］.人民日报，2020-08-08（1）.

进入新时代，习近平总书记在多种场合反复强调要帮助学生在体育锻炼中享受乐趣、增强体质、健全人格、锤炼意志。习近平总书记首次提出的体育锻炼四项功能，将"文明其精神，野蛮其体魄"进一步具体化和实践化，是对教育内涵的高度概括，也是对教育工作的总要求。

资料来源：国家体育总局编写组.深入学习习近平关于体育的重要论述［M］.北京：人民出版社，2022：265.

3.中国近代体育的发展

国民党政府统治时期，实用主义、民族主义和国粹主义三种体育思想影响和主导着体育的开展。1929年，国民政府公布了《国民体育法》，这是中国历史上第一部通过立法程序制定的体育法，对于推动中国体育的发展具有重要意义。20世纪30年代，国民政府定期举行全运会，连续两度组织体育代表团参加奥运会，竞技体育进一步规范化和常态化。值得一提的是，中央国术馆和国术馆系统的建立，对民族传统体育的继承、改良和发展产生了积极的影响。

新民主主义体育是由中国共产党领导的"民族的、科学的、大众的"体育，中央苏区、抗日革命根据地和解放区的体育运动，就是具有新民主主义性质的体育。延安"九一"扩大运动会、八路军一二〇师中著名的战斗篮球队开展的丰富多彩的体育活动等，为增强军民体质及保证当时各项革命任务的完成作出了不可磨灭的历史贡献。

（三）中国现代体育

从1949年中华人民共和国成立至今，中国体育开始了现代化的进程。这一时期的中国体育经历了曲折发展的过程，可以划分为三个历史阶段，具体如下。

1.第一阶段：中国体育初步探索（1949—1978年）

新中国成立后的三十年间，中国体育经历了初创、曲折发展和艰难探索的过程。中华人民共和国刚刚成立，中央人民政府就提出了建设"新体育"的要求。1952年，毛主席"发展体育运动，增强人民体质"的题词，成为新中国体育工作的基本方针和理论依据；同年，中央人民政府体育运动委员会（1954年改为中华人民共和国体育运动委员会，简称"国家体委"）成立。

1957—1965年，中国体育在经历了"高指标、浮夸风和形式主义"、美苏反华、三年严重困难等内忧外患的一系列挫折后，出现了两个波峰、一个低谷（第1届、第2届全运会出现了两个高峰，三年困难时期出现了一个低谷）的"马鞍形"发展轨迹。

1966—1976年的"文革"时期，竞技体育基本陷入瘫痪状态，群众体育表现出畸形的繁荣。"文革"后期，以"乒乓外交"为标志的体育外交成为我国打破外交孤立状态的突破口。

1977—1978年底，体育战线经过拨乱反正，工作逐渐全面恢复。体育事业于党的十一届三中全会实现了工作重点的转移，为20世纪80年代的全面发展和改革打下了基础。

2. 第二阶段：中国体育改革发展（1978—2012年）

这一时期，中国体育迅速崛起、快速发展，与时俱进，开拓创新，体育改革从初步探索走向全面深化，中国特色社会主义体育发展道路逐步走向成熟。20世纪80年代，竞技体育的举国体制正式形成并发挥着主导作用。1984年，中国体育代表团在洛杉矶奥运会上实现了金牌"零"的突破。随后，中共中央发布了《关于进一步发展体育运动的通知》，为优先发展竞技体育提供了实践依据和政策保障。1986年，国家体委发布《关于体育体制改革的决定（草案）》，中国体育从此拉开了体育改革的序幕。20世纪90年代后，1992年10月召开的党的十四大，确立了社会主义市场经济体制的改革目标，为中国体育发展注入了新的活力，中国体育开启了与之相适应、符合体育规律的管理体制和运行机制改革。1993年，《国家体委关于深化体育改革的意见》出台，全面推动了新一轮体育改革。1995年，《全民健身计划纲要》《奥运争光计划纲要》《中华人民共和国体育法》（以下简称《体育法》）相继实施，"全民健身与奥运同行，群众体育与竞技体育协调发展"成为体育工作的基本国策，中国体育事业发展迈入规范化、制度化和法制化轨道。20世纪末，与社会主义市场经济相适应的体育体制改革成为体育改革进一步深化的核心问题，中国体育向生活化、社会化、科学化、产业化、法制化方向全面推进。进入21世纪，体育改革持续深入，中国特色社会主义体育发展道路实现了新突破。2008年的北京奥运会"无与伦比"，是中国体育发展历程中的里程碑，是中国体育改革的重要分水岭。从此，中国体育的发展以增强人民体质和提高人民健康水平为重点，在体育决策和管理、竞技体育、群众体育、体育产业等领域取得了新成就。

3. 第三阶段：新时代加快建设体育强国（2012年至今）

党的十八大以来，中国特色社会主义进入新时代。以习近平同志为核心的党中央坚持以人民为中心，努力全方位、全周期保障人民健康，将全民健身上升为国家战略，以《"健康中国2030"规划纲要》为行动纲领，以《体育强国建设纲要》为奋斗目标，加快推进体育强国建设，推动体育事业高质量发展。北京2022年冬奥会和冬残奥会成功举办，奥林匹克精神、中华体育精神和北京冬奥精神有机融合，共同为中华民族伟大复兴凝聚了精神力量，为建构人类命运共同体提供了精神纽带。新修订的《体育法》于2023年1月1日正式施行，标志着我国体育法治建设进入了新阶段。党的二十大报告中明确提出加快建设体育强国的任务要求，这是以习近平同志为核心的党中央对体育事业改革发展作出的重大战略部署，是新时代体育工作的奋斗目标。新时代的中国体育，坚持走中国特色社会主义体育发展道路，全面推动体育改革发展，坚持举国体制与市场机制相结合，推进体育治理体系和治理能力现代化，开启了以人为本、以人民为中心、全面建设社会主义现代化体育强国的新征程。在中国式体育现代化的发展进程中，全民健身、推进健康中国建设上升为国家战略，体育在提升人民健康水平、促进社会经济发展、增强文化自信、促进世界交流互鉴等方面发挥着重要作用。体育强国建设是新时代赋予中国体育事业的新定位和新使命，是我国体育发展的最高战略目标，体育终将成为中华民族伟大复兴的标志性事业。

四、现代体育发展趋势

（一）体育的大众化

体育的大众化意味着体育实施范围的扩大。即体育活动的参加者不受年龄、性别、职业的限制，都能领略到体育活动的乐趣。

从世界范围来看，体育作为少数封建统治阶级的特权文化是受历史影响形成的。体育大众化始于工业革命，是伴随文化大众化出现的一种社会现象。体育大众化在这一背景下，从近代资产阶级的精英扩大到无产阶级大众。

第二次世界大战前，体育大众化过程存在较大的局限性，如对妇女体育的限制和对老年体育的忽视。第二次世界大战后，从20世纪60年代开始，体育大众化进入了新的发展阶段，妇女、老年人、残疾人等纷纷参与体育活动；70年代，体育大众化逐渐进入高潮；80年代以后，美国、日本、德国、英国、法国和韩国等众多国家，为了达到"体育属于大众"的目的，相继公布大众体育发展规划，制定体质测定标准，促进健身消费，加强宣传引导，激励人们参加锻炼，扩大社会影响，提高健身意识。

在当今的信息化社会，受人口结构老龄化、家庭结构少子女化及产业结构的调整、余暇时间的增加等多种因素的影响，体育大众化的发展势头有增无减。体育大众化在高度工业化的基础上，伴随以中产阶层为主体需求的休闲活动和休闲产业的兴起，正沿着法治化的轨道，有组织、有规划地健康发展。

（二）体育的科技化

体育的科技化是指在掌握科学理论和科学知识的基础上，正确、合理、有效地运用现代先进技术、方法、手段和设备，促进体育发展的过程。

信息科学、生物遗传工程和分子生物学、激光技术、新型材料科学、生物物理学等高科技的发展，推动了运动训练科学化、体育信息传输科学化以及设备、仪器和环境科学化的进程；基因技术的应用可以更加科学而准确地评估个体的运动状态及运动潜力，加强对运动选材和运动训练的控制；充分利用最新训练方法、最新科技手段挖掘人体运动潜力，运用高科技为竞赛的平等和公正提供有力的支持，并有效地减少各种纠纷，已经成为世界体坛发展中的一个显著特点。这些都充分说明现代科学技术已经成为对体育发展水平具有决定性作用的重要因素，运用并依靠先进的科学理论、技术手段和方法促进国际体育发展的趋势日益明显。

在全民建身和学校体育中，科学技术含量也在不断增加，多学科的研究成果被越来越多地应用到每个人的体育运动实践中，从而有效提高运动的目的性，降低盲目性，提高运动的安全性，降低危险性。

体育数字化是数字技术与传统体育结合的产物，是体育科技发展的新趋势。体育数字化将体育与科技、文化、教育、经济、信息等领域融合，将全方位变革体育，使体育面临全新的机遇与挑战，体育数字化正在以不可逆转的趋势发展。国际奥委会文化和奥林匹克遗产委员会委员侯琨表示："国际奥委会推出奥林匹克虚拟体育运动，我们要适应这个数字化时代。数字化时代最坚强的力量就是年轻人，通过偶像的力量和体育的传播力量，加上真正数字化的赋能，青年人会主动参与全球体育浪潮。"

（三）体育的产业化

体育的产业化是指按工业化要求组织体育界的各种生产要素，即按社会化大生产的规律对体育方面的人力、物力、财力、信息、技术重新组合，以提高体育产业的整体素质。体育的产业化是为了满足体育和社会发展的实际需要而产生的。

体育作为一类产业的出现最早可以追溯到19世纪中后期兴起的英国职业足球运动和美国职业棒球运动。按照美国学者莉萨·马斯特拉莱西思所著《体育管理理论与实践》（1998年）的说法，体育产业源于英国，而美国对体育产业的发展起到了重要的助推作用。

20世纪以来，以欧美国家的职业赛事及大众健身娱乐活动为主体，逐渐形成了以体育比赛和运动休闲、体育产品与服务及各类体育组织、中介机构和营销公司为中心的新型产业门类。20世纪80年代以前，各国体育产业规模较小，影响不大。20世纪80年代以后，由于全球经济的快速增长、城市文化和职业体育的迅猛发展，以及卫星电视对体育赛事的直播，体育产业出现了加速化和国际化发展的趋势。1984年洛杉矶奥运会是体育产业化的里程碑和分水岭，它开启了全球体育商业化和产业化的新纪元。此后，以奥运会和各类职业比赛为中心，形成了一个较为成熟的商业化运作体系。至20世纪末21世纪初，世界体育产业进入了高速发展时期。如今，全球体育产业规模已经超过数万亿美元，成为全球最大的产业之一，世界体育产业基本形成了欧美领头、日本紧随其后的三足鼎立格局。通过发展体育产业，弥补国家体育投入的不足，满足体育事业高速发展的需求，满足大众对体育的需求，已经是国际上体育发达国家的共识。

（四）体育的全球化

体育全球化是以西方体育为主体，沿着体育的不同层面，由表及里、由浅入深地逐渐实现的体育现代化过程,是各种体育资源全方位自由交流和合理配置的社会文化现象。

体育全球化主要表现为体育参与扩大化、体育赛事体系化、体育人才资源配置国际化、体育传播国际化、体育方式同一化、体育组织超国家化及国际体育合作密切等特征。

一般认为,体育全球化开始于15世纪的西欧,伴随经济全球化带来的资本扩张和血腥的军事侵略而产生。19世纪中后期,随着自由资本主义向垄断资本主义过渡和世界市场的形成,民族间的壁垒被打破,体育超越国界,国际间的体育交流和比赛开始出现,呈现出体育全球化的趋势。19世纪末,现代奥林匹克运动的复兴及以奥运会为最高层次的竞技体育成为体育全球化的典型代表。1898年,现代奥林匹克运动的奠基人顾拜旦先生提出"体育运动国际化"的主张,对体育全球化的迅速发展起到了很大的推动作用。

受国家政治意识的影响,体育全球化带有强烈的政治色彩。20世纪90年代,冷战结束后,和平与发展成为世界主题,许多国家积极参与体育全球化。体育全球化既是促进世界和平与发展的舞台,也是体现国家软实力竞争、防止被国际社会边缘化的重要手段和措施,更是寻求现代体育整体、统一发展的有效途径。进入21世纪后,伴随世界经济发展的全球化和一体化、世界文化的交流与合作日益兴盛,体育全球化正以前所未有的速度和规模向前发展。

(五)体育的终身化

体育的终身化可以理解为人们从事体育活动在时间上的延伸和在空间上的拓展。

1965年,法国著名教育家保罗·郎格朗提出了终身教育思想。他认为"教育应该是每个人从生到死的继续过程"。自1967年以来,联合国教科文组织正式采纳了这一思想。1968年,美国著名学者罗勃特·哈钦斯提出了超越功利性的终身教育的终极目标论——学习化社会。终身教育思想已成为当今一种有影响力的国际教育思潮,引起了越来越多的国家和社会各阶层民众的重视。

终身体育是在现代终身教育思想的影响下形成的,是学习化社会的必然趋势。保罗·郎格朗在他的名著《终身教育引论》中提出了"终身体育"。他指出,"体育教育与运动是终身教育的重要内容""必须抛弃体育活动是人一生中特定时期的短时行为这一错误观念;不能把体育活动只视为一种肌肉活动,而使之与其他文化活动割裂开来，必须把其与理性、道德、艺术、社会、市民的活动结合起来，使其统一于终身教育的整体之中"。1976年，联合国教科文组织确认了终身体育的普遍价值，并于1978年在《国际体育运动宪章》中宣布："体育运动是整个教育体系的重要组成部分，是生涯教育中不可缺少的重要因素。"即"活到老，学到老，练到老"。

体育不仅会"无处不在"，而且将会"无时不有"。终身体育是现代社会发展到一定阶段的产物，反映了人的发展需要，体现了整体而长远的体育思想。终身体育的观念突破了传统的学校体育观，使体育目标在时间上得到了延伸，这个目标涉及社会上的每个人及每个人整个生命的延续过程。未来社会，体育终身化将在人的可持续健康发展中发挥更加重要的作用。

（六）体育的休闲化

体育的休闲化是指人们把休闲体育当作一种休闲手段和一种生活方式，以达到健身、健心等目的的过程。

休闲是一种崭新的生活方式和生命状态，是与每个人的生活质量息息相关的领域。美国休闲学家托马斯·古德尔和杰弗瑞·戈比在《人类思想史中的休闲》一书中写道："在可以预见的将来，休闲和对物质商品的追求无疑会共存于我们的社会之中。这种共存意味着，休闲的价值观将会在某种程度上削弱人们对物质的欲望。"在现代社会中，体育休闲活动无论从形式上还是内容上看，都在人类的休闲活动中占有不可忽视和替代的地位，体育将成为现代社会主体性的休闲方式。

1956年，法国、瑞士等11个国家在联合国教科文组织的赞助下，对国民"闲暇需求"进行了大规模的调查，从而引起了世界各国对体育在休闲生活中的地位、作用的关注。20世纪60年代以来，大众体育的国际化潮流，推动了体育休闲化的发展。1970年，世界休闲组织（又称世界休闲与娱乐协会）制定了《休闲宪章》，该宪章提出了"所有的人都拥有参与休闲活动的基本人权，所有的政府都有义务承认并保证其公民休闲权利"的理念。欧洲共同体也于1975年通过《大众体育宪章》，提倡通过大众休闲体育提高民众健康和生活质量。在1992年5月，欧洲第7届体育部长会议发表了新的《欧洲体育宪章》，新宪章再次重申每个人都拥有参加体育活动的权利并强调了大众体育的休闲化发展方针。此后，休闲体育得到了世界各国的支持和响应，逐渐成为世界范围的大众体育发展主流。

第二节　体育概念的界定

人们对体育概念的认识是人类对体育实践活动的逻辑加工，是对体育本质特征进行高度概括和提炼的结果，也是对体育实践活动的客观认识和理性反映。

人们通过对体育概念的认识与理解，有利于理解体育自身产生与发展的内在规律；有利于指导体育实践活动的发展；有利于充分利用体育的自身价值为人类的幸福生活服务。以下，对体育概念进行分析与介绍。

拓展阅读　界定概念的逻辑学依据

概念就是反映事物的本质属性的思维形式，是指概括一类事物的特性而形成的心理意念和抽象符号。它构成了人认识事物的基本要素。概念的界定和选择是否得当会直接影响科学活动的结果。

界定概念有其自身的规律与规则。依据形式逻辑学的规定，概念具有两个基本特征，即概念的内涵和外延。概念的内涵就是指这个概念的含义，即该概念所反映的事物对象特有的本质属性，回答"是什么"的问题。概念的外延就是指这个概念所反映的事物对象的范围，即反映在概念中的一个个、一类类的事物，回答"包括什么"的问题。概念的内涵和外延具有反变关系，即一个概念的内涵越多，外延就越小；反之亦然。

明确概念就是要明确概念的内涵和外延。定义和划分分别是明确概念内涵和外延的逻辑方法。具体地说，定义是揭示概念所反映的对象的特点或本质的一种逻辑方法。定义由被定义项、定义项和定义联项三部分构成。被定义项是其内涵需要揭示和明确的概念，定义项是用来揭示和明确被定义项内涵的那个概念，定义联项常用"就是""所谓……就是""即""是"等来表示。最常见的下定义的方法是"属＋种差"的方法，即把某一概念包含在它的属概念中，并揭示它与同一个属概念下其他种概念之间的差别。

用"属＋种差"方法下定义时，首先应找出被定义项邻近的属概念，即确定它属于哪一个类，然后，把被定义项所反映的对象同该属概念下的其他并列种概念进行比较，找出被定义项所反映的对象不同于其他种概念所反映的对象的特有属性，即种差，最后把属和种差有机地结合起来。用一个简单的公式来表示，就是：

被定义项 = 种差 + 邻近的属概念

定义的规则：属概念和种概念的外延要相应相称；并列的概念一般不应是否定的判断；构成属种关系的概念不能混淆；"种差"应尽可能详细确切。

划分的规则：划分的各个子项应当互不相容；各子项之和必须穷尽母项；每次划分必须按同一划分标准进行。

一、体育的本质属性定义与划分

（一）体育的本质属性

从形式逻辑学视角来看，体育概念的界定首先要找出体育这一事物的本质属性。那么体育的本质属性究竟是什么？也就是体育这一事物区别于其他事物的本质特征是什么？这是界定体育概念的前提。

体育的本质属性是指体育自身特有的不同于其他事物的根本属性。目前国内外学者有关体育的认识不尽相同，他们从体育的方法、手段、目的等不同的视角揭示体育的本质属性，从教育学、文化学、社会学等多学科角度综合界定体育概念（详见二维码），为我们理解、掌握体育概念提供了帮助。

国内外学者对体育本质及概念的界定

目前，国内外学者们对体育本质属性（即体育这一概念的种差）和邻近概念的理解不尽相同。大致有三种有代表性的观点，这三种观点分别从不同视角探讨体育的本质属性。

观点一从体育的基本方法和手段的视角探讨体育的本质属性，认为体育的基本方法和手段是身体运动或身体练习。体育的这一特征是其他事物不具备的。

观点二从体育的根本目的和功能的视角探讨体育的本质属性，认为体育的根本目的是促进培养身心和谐发展的人或公民。

观点三将体育方法、手段和目的两个方面结合起来探讨体育的本质属性，认为单纯的手段论和目的论都不能准确概括体育的本质属性，必须将体育的手段和目的结合起来考虑，才能客观地反映出体育区别于其他事物的本质属性。例如，体育与舞蹈、体育与军事都是以身体运动为基本手段的，然而其各自的目的却不尽相同。

对体育邻近属概念也有三种认识，具体如下。

观点一认为，体育的属概念是教育，即体育属于教育的范畴。

观点二认为，体育的属概念是文化活动，即体育文化的范畴。

观点三认为，体育的属概念是社会活动，即体育是各种社会活动中的一种。

（二）体育的定义

通过上述对体育本质属性与体育属概念的分析，本教材依据形式逻辑学定义规则和对体育产生与发展实践过程的理解与认识，将体育概念界定为：体育（sports）是以大肌肉群的身体运动为基本方式，促进人身心和谐发展的文化教育活动。在这个文化教育活动过程中，通过身体运动这一形式与手段的科学运用，达到增进健康、增强体质、娱乐身心、促进交流与沟通、丰富社会文化生活的目的。

（三）体育的划分

划分是依据一定标准，把一个属概念分为若干种概念，以揭示该概念外延的逻辑方法。体育的划分是依据划分的标准明确体育外延的逻辑方法。分类是划分的一种特殊形式，是以对象的本质属性或显著特征为划分依据的。

依据划分的规则，可以将体育按照不同的标准分别划分为不同的类型。通常的体育分类标准有：体育活动场所，体育参与者的性别、年龄和生活场域，体育的发展年代，体育的功能等。与此相对应，就有了我们熟悉的体育类型，如家庭体育、学校体育、社区体育、妇女体育、婴幼儿体育、青少年体育、中老年体育，城市体育、农村体育，古代体育、近代体育、现代体育，竞技体育、休闲体育、体育产业等。

二、体育相关概念

目前，与体育相类似和相关的概念比较多，在日常的使用中容易混淆。为了便于学习者进一步学习和理解，本部分将介绍一些体育相关的概念。

（一）体育运动（sports）

体育运动是能够增强体质，增进健康，娱乐身心，提高运动技术水平的各种身体运动的总称。体育运动的内容很丰富，既包括田径、球类、体操、游泳、武术、滑冰、滑雪、举重、自行车等竞技性运动，也包括高尔夫、轮滑、漂流、攀岩、登山等休闲性运动，还包括赛马、踢毽子、跳绳、摔跤等民间性运动。

（二）体育教育（physical education）

体育教育是指学习和掌握体育理论知识和运动技术与运动技能的教育过程。体育教育的核心是传授与学习体育知识、运动技术和运动技能。体育教育是实现体育目的的有效手段。通过体育教育，使体育爱好者和体育参与者学习与掌握体育知识、技术和技能，科学地进行体育锻炼、运动训练和运动比赛。

（三）竞技体育（competitive sport）

竞技体育也称竞技运动，是体育的重要组成部分，它是以体育竞赛为主要特征，以创造优异运动成绩、夺取比赛优胜为主要目标的体育活动。

（四）体育文化（sports culture）

体育文化是围绕体育运动形成的一切物质文明与精神文明的总和。体育文化和其他文化一样反映了一个时代、一个国家或民族的特征，并规范着人们的体育行为，也影响着人们的价值观念。

体育文化是人类在体育生活和体育实践中创造出来的，它由精神、物质和行为三个层面的要素构成。精神层面主要由体育思想、观念和体育制度构成，即表现为体育精神文化。物质层面主要由各种体育物质产品构成，如体育场地、设施、器材和装备及体育服装、鞋帽，以及体育锻炼和运动竞赛的各种物质环境等，即表现为体育物质文化。行为层面主要由体育运动动作、运动竞赛方式、运动竞赛规则，以及运动竞赛组织方法等构成，即表现为体育行为文化。

(五)健康（health）

健康是指一个人在身体、精神和社会等方面都处于良好的状态。传统的健康观是"无病即健康"。现代人的健康观是整体健康，如世界卫生组织提出"健康不仅是躯体没有疾病，还要具备心理健康、社会适应良好和有道德"。因此，现代人的健康内容包括躯体健康、心理健康、心灵健康、社会健康、智力健康、道德健康、环境健康等。健康是人的基本权利，健康是人生的第一财富。

获得健康的手段是多种多样的，包括体育、饮食、卫生、睡眠，以及自然力（阳光、空气、水等）等。

(六)体质（physical fitness）

体质是人体的质量，它是在遗传性和获得性基础上表现出来的人体形态结构、生理机能和身体素质的综合的、相对稳定的特征。在人的生命过程中，体质表现出明显的个体差异性和阶段性，体质的好坏受到遗传变异、体育锻炼、营养条件、生活方式、生活环境等主客观因素影响。体质由身体形态、身体机能、体能、身体素质和身体适应能力几方面构成。

1. 身体形态（body shape）

身体形态是指人体外部的形态和特征。它反映人身体各个肢体部位的比例关系，是人发育水平的重要指标之一，包括体格、体型及身体姿态。

2. 身体机能（body function）

身体机能是指人的整体及其组成的各器官、系统所表现的生命活动。身体机能是人健康水平的重要标志。它的发展可以使呼吸肌的力量增强，胸廓运动的幅度加大，从而改善呼吸机能；使心肌力量增强，血管壁弹性增大，从而改善心血管机能。

3. 体能（physical ability）

体能是指人的身体运动能力，包括与健康有关的健康体能和与运动有关的运动体能。健康体能以增进健康和提高基本活动能力为目标，运动体能以追求在竞技比赛中创造优异运动成绩为目标。

4. 身体素质（physical quality）

身体素质通常指的是人体肌肉活动的基本能力，是人体各器官系统的机能在肌肉工作中的综合反映。身体素质一般包括力量、速度、耐力、灵敏、柔韧等。

身体素质经常潜在地表现在人们的生活、学习和劳动中，自然也表现在体育锻炼方面。一个人身体素质的好坏与遗传有关，但与后天的营养和体育锻炼的关系更为密切。通过正确的方法和适当的锻炼，可以从各个方面提高身体素质水平。身体素质的强弱，是衡量一个人体质状况的重要标志之一。身体素质的发展，对增强人的体质和健康有重要意义。

5. 身体适应能力（physical adaptability）

身体适应能力是指人体在适应外界环境时表现出来的机能能力。它包括对外界环境的适应能力和对疾病的抵抗能力。

拓展阅读　《从仪式到纪录：现代体育的本质》（摘录）

　　……现代体育呈现出七大显著特点。我们很容易说出这些特点，但是对它们的重大影响、派生后果、相互关系及终极意义还需要进行更加精确和深入的分析……为了指出此次分析的方向，现在我们以最抽象的方式将这七种特点罗列如下：世俗主义（secularism）；平等的竞争机会和条件（equality of opportunity to complete and in condition of competition）；角色专门化（specialization of roles）；理性化（rationalization）；科层化（bureaucratic organization）；量化（quantification）；追求纪录（the quest for records）。

　　……当我们从最后一个特征——追求纪录往回看的时候，我们会发现这些特征都是相互联系的。它们系统地相互影响着。我们甚至可以提出一个目的论（teleology）的假设，这个目的论认为为了达到纪录，其他的特征都是必须具备的。现代体育对纪录的追求如果没有量化作为前提是难以想象的。一个没有接受任何训练的人达到了一定的水平之后，倘若没有专业化和理性化，是不可能创造新的纪录的。但是专业化和理性化通常意味着科层化组织，没有科层化组织，世界冠军锦标赛不可能举行，规则不可能建立，纪录不可能及时地得到证明。蒙特利尔和因斯布鲁克奥运会的出色成绩是成千上万人年复一年努力的结果。现代体育的专业化、理性化和科层化也暗示着机会的平等。倘若最快的赛跑运动员或最有技术的击剑运动员因为职业、肤色或者宗教而被禁止比赛，那么谈论追求纪录是很可笑的。最后，量化成绩的观念与世俗系统的标准更一致，而不是与神圣的超验领域相接近。这是一个很难理解的观念，也许还是一个令人不快的观念，但也许竞技成绩的原动力是从社会的世俗化开始的。当定性等级变得不明显，并失去它们的效力时，我们便转向量化等级。

资料来源：阿伦·古特曼.从仪式到纪录：现代体育的本质［M］.北京：北京体育大学出版社，2012：19-58.

思考题

1. 关于体育的起源有哪几种主要的观点？请选择其中一种观点，谈谈自己的看法。
2. 简述东西方体育发展的历程，并思考其对现代体育发展的启示。
3. 举例说明现代体育的发展趋势。
4. 如何理解体育概念？
5. 什么是健康？获得健康的手段有哪些？
6. 请解释体质的概念及其构成要素。
7. 简要说明体能的概念与类型。

推荐阅读

［1］约翰·赫伊津哈.游戏的人［M］.杭州：中国美术学院出版社，1996.

［2］斯塔夫里阿诺斯.全球通史（上、下）［M］.北京：北京大学出版社，2005.

［3］阿伦·古特曼.从仪式到纪录：现代体育的本质［M］.北京：北京体育大学出版社，2012.

［4］沃尔夫冈·贝林格.运动通史［M］.北京：北京大学出版社，2015.

［5］谭华.体育本质论［M］.成都：四川出版集团·四川科学技术出版社，2008.

第二章
体育功能与目标

体育是提高人民健康水平的重要途径,是满足人民群众对美好生活向往、促进人的全面发展的重要手段,是促进经济社会发展的重要动力,是展示国家文化软实力的重要平台。

——习近平 2020 年 9 月 22 日在教育文化卫生体育领域专家代表座谈会上的讲话

学习提示

【内容提要】 体育的主要功能，确立体育目标的现实意义和基本依据；我国体育在不同历史发展阶段的目标与主要任务，实现体育目标的基本途径；中国体育70余年来发展的基本经验。

【学习目标】 了解中国体育在不同历史阶段确立的各种体育目标和主要任务及实现的基本途径，理解确立体育目标的基本依据与现实意义，准确掌握体育的本质功能与派生功能，以及中国体育70余年来发展的基本经验；发挥体育多种功能，培养助力体育强国建设的能力；正确认识体育的价值，养成自觉参与体育的习惯。

【主要概念】 体育功能　体育目标　体育目的　体育强国

第一节 体育功能

一、体育功能的概念

体育功能是指体育对人、对社会所发挥的有利作用。这些作用有的被发现并已加以合理利用，但有的仍潜藏着，随着社会的发展，逐渐被人们认识。

一般认为，体育功能可分为本质功能和派生功能，两者相辅相成，共同构成体育的功能体系。其中，前者是本质、是基础、是源泉，后者是引申、是应用、是发展。发挥体育的本质功能，使其为人民的健康、愉快和幸福服务，是体育的根本任务，而扩大体育的社会效用，使其在政治、经济、军事、文化、教育、科技、生态等诸多领域发挥作用，则是体育的派生功能。派生功能既反映了社会对体育发展的新需求，也推动了体育在人类社会更大程度、更充分地实现其价值。

二、体育的本质功能

（一）健身功能

健身功能是体育最基本、最直接的功能，是决定体育其他功能的基础。体育的健身功能不仅表现在对人的身体能产生影响，同时对人的心理健康也会发挥作用。人的"身心合一"的健康状态是体育健身所追求的目标。体育的健身功能主要体现在如下六个方面。

1.改善骨骼肌肉系统，促进生长发育，提高身体运动能力

体育运动能促进人体新陈代谢，加速细胞的繁殖，引起细胞间质的增加，从而使人体的器官、系统结构产生适应性变化，使机能得到改善。人体运动以骨骼为杠杆，以关节为轴，以肌肉收缩为动力。骨骼是人体的支架，其生长发育不仅对人体形态有重要作用，而且对内脏器官的发育、对人的劳动能力和运动能力都有直接影响。体育运动能刺激骺软骨的增长，从而促进骨的生长。研

究证明，经常从事体育活动的青少年比一般青少年身高增长要快。经常参加运动，还可以促使骨骼变粗，骨密质增厚，骨骺抗弯、抗折、抗压的能力增强。

人体所有运动都是通过肌肉工作完成的，发达而结实的肌肉能提高劳动力和运动能力，也是人体健美的物质基础。经常从事体育运动，可改善肌肉的血液供应情况，增加肌肉内的营养物质，特别是蛋白质的含量，使肌纤维变粗，工作能力增强。运动还可促使肌肉有更多的能量储备，以适应运动和劳动的需要，提高身体的运动能力。

2. 改善人体内脏器官系统，增强机能能力

体育运动使人体能量消耗增加，新陈代谢旺盛，血液循环加速，从而使血液循环系统、呼吸系统、消化系统，以及其他系统的机能都得到改善，使内脏器官在结构上发生良性变化，机能能力提高。比如，经常运动能使心脏产生运动性肥大，心肌增厚，心脏容积增大。在机能上，心脏的每搏输出量增加，而心搏频率减慢，这样，从事剧烈运动时可产生机能"扩大化"现象，而安静时会出现"节省化"现象。肺的功能也会因运动而提高，肺活量增加，呼吸频率减慢而深度加大，工作能力增强。

3. 提高人体自然环境适应能力，增进健康水平

体育运动能增强人的免疫力，提高人体对外界环境的适应力和对疾病的抵抗力。许多形式的体育活动是在非常态的情况下进行的，如倒立、悬垂、滚翻、跑动等，这就对机体的平衡等运动感觉提供了新的刺激，促使它们发生相应的适应性变化。许多户外运动还往往在严寒、酷暑、高山、高空等条件下进行，因而能提高耐热、抗寒、抵抗眩晕和抗缺氧等能力，从而提高人们对外界环境的适应力。

4. 改善中枢神经系统的工作能力，促进智力发展

人的智力首先是大脑和中枢神经系统的机能。良好的体质，特别是健全的神经系统，是智力发展的物质基础。现代科学已经证实，一个人的智商与大脑的物质结构和机能密切相关。一方面，经常参加体育活动，尤其是户外活动，能保证大脑的能源物质与氧气的充足供应，使大脑神经细胞发育健全，大脑神经细胞的分支和突起增多，有利于接收更多的信息。另一方面，在体育锻炼

中，运动动作大量增多，人的活动场所进一步扩大，从而给大脑和神经系统提供各种刺激信息，有利于提高大脑皮质活动的强度、协调性和灵活性。这样，通过体育活动，可培养人敏锐的感知能力、灵活的思维力、良好的注意力和记忆力。体育锻炼后大脑和神经系统在形态结构和机能上的适应性变化，能有效地提高人的智力，促进人的动作思维、形象思维和抽象思维的良好发展。

5.调节人的情绪，促进心理健康

从事运动能使人心情舒畅、精神愉快，调节人的某些不健康情绪和心理，如意志的消沉和情绪的沮丧。现代运动生理学研究发现，体力疲劳有积极和消极两种恢复方式。积极的方式是借助轻松的身体运动来促进机体新陈代谢，从而达到机能恢复的目的。其恢复的速度较之身体静止休息更快，并且更为有效。现代运动心理学的研究也表明，焦虑和紧张的心理状态会随着身体运动的加强而逐渐降低其程度；激烈的情绪状态往往会在体能的消耗中逐渐减弱其强度，最后会平静下来。

6.推迟衰老过程，延年益寿

生物体诞生、生长、发育、成熟直至衰老、死亡的过程，是不可逆转的。但是，在一定情况下，一个人的体质强弱、衰老的快慢、疾病的预防却是可以控制的，"衰"与"老"之间并无必然的联系，在人群之中，老当益壮者和未老先衰者随处可见。实践证明，人体的发育变化，可以向不同的方向发展。在有利的情况下，如生活方式科学合理，可适度延续人的衰老，使人健康长寿；而在不利的情况下，人的体质和健康状况就会明显被削弱，以致未老先衰。我国传统健身方法，如武术、气功等，延迟老化、防病治病的功效十分明显。

（二）教育功能

体育从产生之时起就与教育有着密切的联系，作为教育的一部分，体育的教育功能主要表现在以下四个方面。

1.体育教育是学校教育的重要组成部分

在各级各类学校的体育教学中，体育与德育、智育相结合，可促进学生形成健康文明的体育文化观念、竞争进取的行为品格，掌握行之有效的体育锻炼知识和技术、方法，树立健康的人生观、体育观、娱乐观，形成终身体育的思想，使体育锻炼成为习惯，成为生活的组成部分。

2. 有利于人的道德和意志品质优化

体育运动是一种有目的、有意识的运动，在运动过程中要克服许多的困难，不断地挑战自我，从而培养参与者坚强的意志和克服困难的勇气。在体育活动过程中，参与者不仅能通过身体运动使自身机体、器官、机能得到锻炼，使自己的体魄更加强健，而且由于体育的参与形式、竞赛规则等，要求参与者在规则的约束下去赢，更要学会体面且有尊严地输，有助于培养人们勇敢顽强的性格、超越自我的品质、迎接挑战的意志和承担风险的能力，使其意志品质、道德观念、抗挫折能力等得到锻炼和优化，在体育中成长，做到胜不骄、败不馁。

3. 有利于培养人的情商

情商，也称为"情绪智商"或"情绪智力"。情商高的人有良好的自我认知，喜欢与人交往，愿意与人分享、合作，在主动探索中建立自信，同时能控制自我情绪，有良好的抗挫折能力。从某种意义上讲，情商甚至比智商更重要。随着未来社会的多元化程度和融合度日益提高，较高的情商将有助于一个人获得成功。体育运动往往是群体性活动，它能促进人与人之间的交往和合作，培养体育参与者控制自我情绪和行为活动的能量，使人们的情感朝着能产生最佳效益的方向发展。

4. 能促进人的社会化

人的社会化是指人接受社会文化的过程，即指从"自然人"成长为"社会人"的过程。人的社会化过程是个人将外在于自己的社会行为规范、准则内化为自己的行为标准，保持社会文化的传递和社会生活的延续。体育能培育社会规范，发展人际关系。体育运动是一种有章可循的具有较强约束力的社会活动，许多活动是在专门的执法者（教师、教练员、裁判员）的教育和监督下实施的，这就有利于督促广大青少年自觉遵守"游戏规则"并纠正各种"违规"行为。通过体育运动形成的执行规则的习惯，在适宜的条件下，也会迁移到社会生活中，从而使青少年养成遵守社会生活准则的良好品行。在体育活动中，特别是在体育竞赛中，人们聚集在一起，参赛者、参观者、组织者之间产生着频繁的交互影响，这些都是自我教育和接受教育的良好契机。通过有意识的教育和参与者本身的自律，可使青少年在社会实践中，学会正确的社会规范，学会处理人际关系。

（三）娱乐功能

娱乐功能是体育与生俱来的重要功能，它通过人们的参与和观赏两种途径得以实现。体育的娱乐功能主要表现在以下三个方面。

1.缓解压力，疏导情绪，获得轻松愉快的感觉

娱乐是休闲的一种方式，是人们缓解生存压力、追求快乐的一种天性。在生活节奏不断加快，工作压力不断加大，竞争程度更加激烈的现代社会，人们需要通过娱乐活动释放压力，放松紧绷的神经，寻求轻松快乐的心情。在各种余暇活动中，体育娱乐受到社会各阶层的青睐，在人们的日常生活中占有重要地位，不可或缺。像街头篮球、啦啦操、网球、街舞、跑酷、攀岩等体育娱乐活动，是国内外民众参加体育活动的热门项目，在追赶时尚、参与运动的过程中，人们忘却了生活的烦恼，分享了体育的喜悦。现代人对体育娱乐情有独钟，是因为体育运动可弥补现代生活的某些不足，能满足人们追求快乐、提高生活质量的需求。体育娱乐中的轻松活泼，有效地缓解了快节奏的现代生活给人带来的紧张情绪；体育娱乐中融洽的人际关系，一定程度上克服了现代社会激烈竞争带来的冷酷和孤独；体育娱乐中对游戏活动的喜爱，自然率真地展现出人类好动、嬉戏的天性，对人们摆脱现代社会中各种焦虑、郁闷的心境有着积极作用。

2.陶冶情操，获得美好与愉悦的感受

现代社会体育比赛的普及与电视体育节目的丰富多彩，为体育观赏提供了广阔的空间，观看体育比赛和表演已经融入绝大多数人的业余生活。现代体育运动，特别是竞技运动的技艺日益向着快、难、新、美的方向发展。在比赛中，运动员在特定的时间和空间条件下，控制着身体达到尽善尽美的程度，使自身的健、力、美三者协调地统一起来。运动竞赛中，和谐的韵律、鲜明的节

奏、流畅的配合、别致的造型、热烈的氛围，加上体育场馆的运动元素、竞赛场地的精心设计、赛场观众的激情参与，共同构成了规模宏大、流光溢彩的人文环境，能使体育观赏者陶醉在美轮美奂的情境中，产生心灵的快感，获得美的精神享受。即便是在群众性体育活动中，人们也在努力创编富有时代特色的美的活动形式，通过创造美、塑造美、展示美，不断陶冶情操，多方面展现人类优雅和高贵的品质。

3. 竞赛获胜，产生美妙的快感和满足感

通常，人们根据自身的能力水平进行各种体育运动，始终希望超越自身的现有水平而达到新的高度，借助运动去发展自身的各种能力。要想达到新的高度和水平，就会有困难和挑战出现。在与困难、艰辛进行抗争时，人们总要不断地调动和挖掘自身的潜能去面对它、战胜它，这就是超越自我。

人们通过参加体育活动，特别是参加那些自己喜爱和擅长的运动项目，会在完成各种复杂练习的过程中，在与同伴的默契配合中，在与对手的对抗过程中，在征服自然的过程中，以及在获得成功以后，得到一种非常美妙的快感和心理上的满足感。在与同伴合作时，一次成功的比赛能使人产生自豪感、成就感，觉得自己很能干、很有用、很有价值。通过体育运动，可多方面展示人的潜力和能力，维护和提升人的自尊心。

三、体育的派生功能

（一）政治功能

体育运动本身虽然没有国界、不分民族，但它与政治相联系。体育的政治功能客观存在，主要表现在以下三个方面。

1. 振奋精神，增强民族自信心和民族认同感

体育竞赛双方是某个特定民族或地域的代表，激烈对抗后的胜负、名次事关民族和国家的荣誉，牵动着民众的自尊心和自豪感。体育比赛的特点是竞赛结果具有不确定性，胜负成败在比赛最终的瞬间决定，因而突然夺得胜利会爆发性地激起民众自豪的情绪和爱国热情，能增强民族自信心，强化民族认同感。

2.树立民族形象，提高国家的国际声望

国际体育竞赛是和平时期国与国之间综合实力较量的一个国际舞台。国际重大比赛以国家为参赛单位，以胜负为结局，以升国旗、奏国歌为褒奖和荣耀，获胜方往往能得到来自其他国家民众的尊重和赞美，其名次与民族和国家的荣誉相关联，直接影响到民族形象的好坏和国家声望的高低。

3.促进国际交流，加强体育对外交往

国际体育赛事是现代国际体育发展的基本手段，能吸引众多国际媒体、国际组织、赞助商、互联网企业积极参与。诸如奥运会、世界杯、世界大学生运动会等大型国际体育赛事，能对国际公众产生高度吸引力而成为公共外交事件，这些体育赛事也会自然转化为公共外交的理想舞台。通过公共外交，可更直接、更广泛地面对外国公众，从而有效增强本国的文化吸引力和政治影响力，改善国际舆论环境，维护国家的利益，展现真实的国家形象。

（二）经济功能

体育在现代社会中的产业地位不断提升，这不仅表现在它正成为一个极富潜力的"朝阳产业"，而且表现在体育产业的发展能带动和促进整个国民经济的增长，成为推动各国经济增长的新兴力量。体育的经济功能主要表现在以下三个方面。

1.提升人力资源质量，促进生产力发展

人力资源是企业发展的根本推动力。人力资源一般是指有能力并愿意为社会工作的经济活动人口。人力资源的本质是人所具有的脑力和体力的总和，可统称为劳动能力。劳动力再生产是社会再生产的前提。体育通过提高劳动者身体素质、提升人力资源的质量提高劳动生产率，促进国民经济增长。

首先，体育运动能增强劳动者的体质，提高劳动能力。经常进行身体锻炼，可以提高劳动者的身体素质和运动能力，调节劳动者的情绪，提高其对各种环境的适应能力，从而使劳动者体格健壮、精力充沛，在生产劳动中能够承受更大的劳动强度。其次，体育运动可以降低患病率，提高出勤率，从而提高劳动生产率。

2.体育产业能促进国家经济的发展

在国际上,体育成为现代社会一个欣欣向荣的产业,是国家经济发展的支柱产业之一。在美国,以职业体育为核心的体育产业为该国第六大支柱产业。美国体育产业产值是汽车产业、影视产业的数倍,体育产业提供的就业机会甚至超过了农业、铁路、保险、电力、汽车等行业,在促进个人收入及社会经济增长方面发挥着重要作用。英国体育产业的年产值也超过汽车制造业和烟草业的年产值,体育产业规模稳步扩大,体育消费水平不断提高,形成了多业并举的发展格局。四年一届的投资巨大的奥运会,自美国人尤伯罗斯开创商业化运作大型赛事的先河之后,举办奥运会开始盈利,奥运会电视转播权的售价也屡创新高。国内外的各种资料显示,体育产业的大发展既是各国经济结构调整的必然结果,也是全球经济一体化,社会、经济、文化互动关系不断增强的必然趋势。体育产业正成为各国经济发展中一个新的增长点。

3.体育带动其他相关产业的发展

首先,体育可以促进体育用品业的发展。伴随体育运动的发展,要相应建设各种体育运动设施,生产各种体育器材、设施设备、运动服装、运动饮料与食品及各种体育用品。其次,体育可以促进建筑业和市政建设的发展。开展体育运动,尤其是承办大型综合性运动会,不仅需要规模巨大的体育设施,而且需要配套建设多项城市基础工程,如道路、机场、饭店、邮电通信等。最后,体育可以促进旅游业等服务行业的发展。体育的发展能促进旅游业、服务业和商业等第三产业的发展。各种大型的体育竞赛活动,如奥运会和各种洲际运动会,参赛运动员多达万人以上,裁判员、各国贵宾、新闻记者和工作人员也超过万人,观众和旅客可多达几十万人甚至上百万人。如此规模人口所产生的吃、住、行、游方面的消费要求,助推形成完备的第三产业是大势所趋的。

(三)文化功能

体育与文化有着密切关系。一方面,体育是文化传播、传递的重要手段;另一方面,文化变迁会对体育的发展产生重大影响。从某种程度上说,体育本身就是一种文化活动,是人类针对自己的身体创造出来的一种文化。体育的文化功能主要表现在以下三个方面。

1. 体育蕴含价值观，具有不同的文化导向功能

体育作为一种文化现象，既可以表现为外显的、可触摸的体育场馆、运动器材、运动设施、体育服装、体育邮票收藏、体育纪念品交换等器物文化、行为文化，也可以表现为内隐的、抽象的体育制度、体育体制、体育组织机构等制度文化，甚至可提炼为更深层的、更难以把握的、独具民族特色的体育哲学观、体育美学观、体育伦理观、体育价值观和体育社会心理、思维模式、行为模式等体育精神文化。

体育比赛或体育活动，富有鲜明的体育文化色彩与要素，具有文化导向性。不论是思想、观念、精神、规则、组织、管理，还是标识、口号、旗帜、开闭幕式、新闻、宣传、广告、服饰、纪念品、宣传手册等方面，只要参加体育比赛或体育活动，哪怕是观看一场球赛，人们都会与体育文化发生某种联系。

2. 体育可传递正能量，具有文化凝聚与激励功能

体育运动可以传递正能量，激发具有普世价值的体育精神，培育出本民族特有的精神力量，如20世纪80年代中国女排的"拼搏精神"，作为中华体育精神的典型代表，激励我国民众在改革开放初期遇到困难与挫折时不气馁、要敢拼，而且这种精神力量有助于将全民族凝聚成一个有机整体，使社会各阶层的民众从分散走向集中、从分化走向融合，逐步达成一种社会共识，共同应对各种挑战。

3. 体育文化与体育产业走向融合，逐步形成体育核心竞争力

体育的文化功能不仅构成了现代体育的亮丽风景，而且体育借助文化传播，将体育比赛与体育活动进行了艺术化和商业化包装，推出了令人目不暇接的有关体育的文化衍生产品。例如，大型赛事的开闭幕式演出、比赛期间的啦啦操表演、电视或网络视频的体育赛事转播、体育新闻报道、体育电影、体育杂志、体育书籍、电子竞技等。体育的文化功能使体育变得更加愉悦、更具魅力，使人们更容易把体育作为艺术品和商品推向市场和公众。一个国家通过体育展现的文化思想、文化吸引力，以及在行为准则、价值观念、政治制度等方面表现出来的文化力量，可逐步形成体育核心竞争力，确立该国在世界体育领

域的领导地位，进而产生更大的国际影响力。

（四）生态功能

大自然是体育赖以生存发展的基本条件，绿色低碳的生产生活方式能够有效保护自然生态环境。体育活动的进行需要周边环境的支持，体育的生态功能是在体育与环境的互动中实现的。体育运动的可持续发展，需要绿色低碳的自然环境，严重的环境污染将会导致体育运动难以开展和持续下去。体育的生态功能主要表现在以下三个方面。

1. 体育可以促进环境治理与生态保护

许多体育项目及体育赛事依赖特定的自然生态环境，如蒙古族的骑马射箭项目或马拉松赛事。为了使体育能够可持续进行，体育组织者有责任积极参与自然环境的维护和治理，确保体育文化的传承、体育赛事的可持续发展和自然环境的保护与合理利用相协调。

2. 体育设施在物质层面的变革有助于构建绿色低碳环境

体育设施通过节能、环保和资源再利用等生产方式的转型，以及采用节能节水改造、绿色能源和水循环再利用技术等方法，能够有效降低体育对环境的不利影响。这一理念从体育场馆的建设和体育赛事的环保开始，逐渐扩展到城市基础设施等领域，共同推动着绿色低碳环境的建设。

3. 体育能够减少环境和能源的压力

体育通过确立以身体活动为核心的低碳生活方式，通过增加人自身能耗，减少环境的能耗，实现了健康与环保的双赢目标。例如，以"步行""自行车骑行"替代"机动车使用"，不仅能够提高人的健康水平，还能够减少空气污染与能源损耗，实现人与自然的和谐友好相处。

第二节 体育目标

人类的各种活动都是有意识、有目的的活动，自始至终都要受一定的目的支配，这是人类社会活动与各类动物生物本能的一个根本区别。作为社会现象的体育活动，同人类社会的其他活动一样，具有明确的目的性，反映着社会客观现实和人们自身的需要。

一、体育目标的概念

目标是奋斗、努力的方向，是人们做某件事情想达到的结果，它反映出人们对活动的最终目的的期望和追求。体育目标是指某个时期体育部门、体育组织或个人期望体育达到的境地或标准。

体育目标与体育目的，两者既有联系，又有区别（详见二维码）。体育目标可以借助体育任务的系统布置来实现。体育任务的提出就是为了达成体育目标，需要完成哪些具体的工作。如果预先布置的体育任务在体育实践中能够圆满完成，那么体育目标就能够顺利实现。

体育目标与体育目的的联系与区别

二、确立体育目标的现实意义

（一）体育目标的确立有助于实现体育目的

要想实现体育目的需要借助体育目标这个中介，只有体育目标被逐步实现了，才有可能将预先设想的体育目的最终变为现实。因此，在实现体育目的的过程中，体育目标的确立无疑是十分重要、不可或缺的。体育目标的精心设计与完整确立，能有效推进体育的发展，加快体育目的的全面实现。

（二）国家体育战略的完成依赖诸多体育目标的系统设置

体育发展到今天，不少国家都制定了名称不同的体育发展战略。各国体育战略最终能否达到预期目的，能否圆满完成最终任务依赖于其体育目标的预期设置、合理化程度及保障措施。体育目标一旦确立，阶段性的追求方向和奋斗目标就会相应地随之明确。

（三）体育目标的确立影响着体育的政策、制度、措施及行为走向

体育目标决定着体育发展的方向和路径，影响着体育政策、制度、措施的制定和实施。各种体育制度的设计、体育政策的出台、体育措施的采用也都是为了实现特定的体育目标。体育目标的确立，明确告知了广大体育工作者应追求的奋斗目标，有助于凝聚社会共识，加强体育工作者的责任感和使命感，促

进体育事业更快更好发展。

三、确立体育目标的基本依据

（一）社会发展阶段

生产力发展水平的高低决定了一个社会处在何种发展阶段。在不同的发展阶段、不同的历史时期，社会对体育的认知程度、对体育的需求会有不少差异，这些差异影响着各国对体育目标与体育任务的预期设置。各国对体育目标与体育任务的不同安排决定了在世界范围内各国的体育发展道路会有所不同。

（二）国家意志

国家是最大的利益共同体，是一定范围内的人群形成共同意志，并用特定强制手段维护、延续这一意志存在的整体。这一共同意志就是国家意志。权力是国家意志的制度体现。国家对社会的一般诉求往往形成国家体制，用国家强制力表达着国家主体的意志。

国家意志包括国家行为，涉及国家对外和对内的政府行为，它在总体上符合国家与民众的长远利益。国家意志的本质是政府意志，而不是国民意志。由于上层建筑具有高瞻远瞩的能力，而普通民众难以拥有，所以国家意志与民众诉求有时也会出现不一致的情况。当政府意志与大多数国民意志一致时，可以认为其体现了人民的意志。

（三）民众需求

民众对体育的需求很多时候是从个体需要出发，表达个体对体育的诉求的。这种表达往往从个人的得失出发，以完善自身和个体全面发展为目的，对体育做出有利于自身的各种选择。

社会群体中，如果个体的力量弱小时，个体往往会寻找共同利益者，以集体的力量来应对外来压力，由此形成了有不同利益诉求的各种利益共同体。在各种利益共同体中，为共同战胜外来压力，有时必须要放弃或牺牲一些个体利益，从而达到某些群体的体育目标。

（四）体育自身特点

确定体育目标时，要依据体育本身具有的特点及其在社会中的作用。这是因为任何事物的活动目标，都必须反映该事物的本质和内在规律及其社会职能和实际可能性，才能实现其蕴含的社会和文化价值。体育与其他社会活动相比存有不同之处，这种特殊性使体育具备了独特之处。可根据体育自身特点和特有功能，提出与之相适应的行动目标和任务要求。

第三节　我国体育目标与任务

从 1949 年至今，中国体育已走过 70 余年的发展历程，在经历了动荡曲折之后，走上了一条被民众寄予厚望的世界瞩目的发展道路。回顾过去，中国体育发展可以划分为三个重要的历史阶段：第一阶段（1949—1978 年），是中国体育探索阶段；第二阶段（1978—2012 年），是中国体育改革发展阶段；第三阶段（2012 年至今），是新时代加快建设体育强国阶段。

一、中国体育探索阶段（1949—1978 年）的发展目标与任务

1949—1978 年，是中国体育奠定基础的 30 年，也是中国体育特色初步形成的阶段。尽管这个发展过程显得艰难曲折，但在这个阶段，中国体育的指导思想、管理体制、竞赛体制、训练体制、保障体制等开始形成，这为中国体育在改革开放后的大发展奠定了稳固基石。

（一）中华人民共和国成立后至"文革"前（1949—1966 年）体育发展目标与任务

这一时期，中国体育发展的背景是"和平建设"，即中华人民共和国成立后，整个社会进入了大规模社会主义改造时期。对体育而言，这个时期确立了社会主义体育的方针和任务，我国在接受改造国民党政府体育、推广解放区体育和学习苏联体育经验的基础上，开始形成新中国体育管理体制和基本发展模式。

1.体育发展目标

（1）建设"新民主主义体育"的发展目标。中华人民共和国成立伊始，中

央人民政府就提出了建设"新体育"的要求。1949年10月在北京举行的"全国体育工作者代表大会"上，提出了"新民主主义体育"的方针，认为"体育应当是民族的、科学的、大众的"。朱德在致辞中指出："体育是文化教育工作的一部分，也是卫生保健的一部分，我们中央人民政府对它是重视的。"1950年，在《关于开展人民体育的几个问题》的报告中，正式提出了"新体育"的目标，即"为了增进国民的健康，为了发展新中国的建设和巩固新中国的国防"。1952年，毛泽东为中华全国体育总会代表大会题词："发展体育运动，增强人民体质。"这一题词明确了新中国体育的根本性质与任务。提出这样的目标是因为"要发展生产、建设祖国、巩固国防，必须使我们的人民有健康坚强的体魄"。也只有这样，人民才能更好地担负起建设祖国和捍卫祖国的任务。

（2）"普及与提高相结合"的体育发展目标。1959年4月，周总理在二届全国人大一次会议上所作的《政府工作报告》中明确提出了体育的工作方针："在体育工作中，应当贯彻执行普及与提高相结合的方针，广泛开展群众性的体育运动，逐步提高我国体育水平。"这个方针成为这一时期重要的体育发展目标，对今后我国体育的发展产生了深远影响。20世纪60年代，我国初步形成了计划经济体制下以提高运动技术水平为工作重点的体育发展模式。

2. 主要体育任务

（1）设置体育机构，初步建立符合国情的体育管理体系。1952年11月，成立了"中央人民政府体育运动委员会"（简称"中央体委"；1954年改为"中华人民共和国体育运动委员会"，简称"国家体委"），并在各级政府中设立体委。全国体总和国防体协纳入中央体委统一领导。这一时期，我国初步建立了一个由体委统一领导，各部门具体实施、分工合作的体育管理体系，形成了体育由国家办（体委系统）、部门办（各行业系统）、单位办（机关、企业、厂矿、学校）相结合的组织实施系统。

（2）群众体育方面：全国普及广播体操、工间操，颁布与实施《准备劳动与卫国体育制度》，因地制宜地开展游泳、登山、太极拳等多样的群众性体育活动以增强国民体质，为劳动生产和国防建设服务。

（3）竞技体育方面：初步建成了"三级训练网"的人才培养模式，完善了运动员、教练员等级制度，提出了"三从一大"的训练原则，基本形成了有中国特色的运动训练体系。通过组织体育代表团参加奥运会，成立单项体育协会，举办全国性单项比赛和综合运动会等活动，初步形成了一套运动竞赛体系。

（4）学校体育方面：1952—1954年，国家体委在全国建立了6所直属体育学院，开始培养社会急需的体育师资。

（二）"文革"十年及拨乱反正时期（1966—1978年）体育发展目标与任务

"文革"十年是一个特殊的历史时期，使党、国家和人民遭到了中华人民共和国成立以来最严重的损失。在这场浩劫中，体育也遭到了极其严重的破坏，各级体育行政机构已不能正常开展工作，整个体育事业陷入瘫痪，跌入中华人民共和国成立以后的最低谷。随着"文革"中政治局势的变化，体育也呈现出此起彼伏的阶段性特点，部分先前被解散的省市专业运动队开始恢复训练，其中曾一度复苏乃至出现过局部的兴盛。

1. 体育发展目标

（1）体育要打破封锁、为中国外交服务的发展目标。"文革"期间"友谊第一、比赛第二"口号的提出，意味着体育比赛更看重的不是赛场上奋勇争先夺取金牌，而是更在意沟通交往与相互认可，看重在赛程期间缔结友谊，赢得朋友。"文革"期间，在中国对外遭遇全面封锁，中苏、中美处于严重对抗的不利条件下，体育作为超越意识形态对立、缓解中西矛盾、结交亚非拉"第三世界"朋友、拉近中美大国距离的一种外交工具，曾产生过令世界格局发生变化的重要作用。

（2）体育"下基层"，为工农兵服务的发展目标。"文革"期间，国家体委实行军事管制，强调"突出无产阶级政治"，反对"资产阶级锦标主义"，用"政治斗争"替代了运动训练和竞技比赛，提倡体育要"下基层""开门办学"，为人民服务，为工农兵服务。

2. 主要体育任务

（1）通过发挥体育的外交功能实现国家关系正常化，促进国际合作。"乒乓外交"的成功实现，为打破西方世界对中国的封锁，平衡美、苏、中三个大国关系起到重要作用。1972年2月，美国总统尼克松访华，中美两国缔结了具有历史意义的《上海公报》，结束了中美两国相互隔绝的时代，也促使大多数过去与中国存有矛盾和隔阂的西方国家不得不重新思考对华政策，改善它们与中国的关系。中美的"乒乓外交"是中华人民共和国成立后在我国体育界、外交界的一次重大事件。它以体育的方式解决了一项棘手而又具有全球效应的政治外交问题，是体育为外交服务、体育为国际政治服务的一个典型例证。在当时中国处境艰难的情况下，体育完成了有相当难度的缓解大国冲突、增强国际合作的现实任务。

（2）发展群众性体育活动，"为工农兵服务"。"文革"期间，把开展群众体育活动作为批判"锦标主义"、搞"体育革命"、"占领业余文化阵地"、"为工农兵服务"的具体表现，这在很大程度上促进了群众体育的开展。由于毛泽东主席对开展群众性体育活动的一贯关注和身体力行，职工体育、军队体育和农村体育在"文革"期间都受到了特别关注。游泳、登山、长跑、篮球、足球、广播操、生产操、太极拳等体育活动，在全国广泛开展。1972—1975年，凡是重要节日或纪念日，全国很多城市都会开展大规模的体育活动，尤其以每年"7·16"的全国游泳活动和"12·26"越野长跑活动最具声势。在农村，下乡知识青年对体育活动的热情，吸引并带动了大量农村青年参加体育活动，提高了农村群体活动的水平。

3."文革"结束后的拨乱反正

1977年，针对"两个凡是"的"左"倾错误，中国社会开展了"真理标准"的大讨论，体育界对中华人民共和国成立后近30年的体育发展进行了认真反思。经过拨乱反正、正本清源，总结体育以往的经验教训，为中国体育的未来发展奠定了良好基础。

二、中国体育改革发展阶段（1978—2012年）的发展目标与任务

1978年，党的十一届三中全会揭开了中国改革开放的历史新篇章。1978—2012年，是中国体育迅速崛起并走向辉煌的30余年，也是中国体育从探索走向改革发展的时期。这30余年间，中国体育获得了全面发展，取得了举世公认的巨大成就，但也遭遇了中国从计划经济转变为市场经济的阵痛和种种不适应，以及进入信息时代带来的巨大而深刻的社会转型。2001年，随着

中国成功获得北京奥运会的举办权，中国体育迎来了自己的黄金发展阶段，进入了高速发展的快车道。

（一）20世纪80年代左右（1978—1992年）中国体育的发展目标与任务

1. 体育发展目标

（1）"侧重抓提高"的体育发展目标。1979年，中断了22年之久的中国在国际奥委会的合法席位得以恢复，国际体育向中国打开了大门。十年"文革"的破坏已使我国竞技体育远远落后于世界先进水平，面对今后参与国际体育竞争的强大压力，中国竞技体育面临巨大挑战。国家体委在这一年的体工会上，明确提出了"国家体委和省一级体委在普及与提高相结合的前提下，侧重抓提高"的发展目标。

（2）"优先发展"竞技体育的发展目标。1984年，中国体育代表团在洛杉矶奥运会取得金牌"零"的突破之后，举国沸腾。随后，中共中央在《关于进一步发展体育运动的通知》中全面阐明了体育在现代化建设中的地位、任务和作用，极大提高了体育的社会影响力。其中，竞技体育得到了前所未有的重视。竞技体育"优先发展"的战略目标，以及竞技体育"举国体制"的强化和发展，使我国竞技运动水平在较短时间内就冲出了亚洲，跻身世界前列。

（3）进行体育体制改革的发展目标。1986年，国家体委下发了《关于体育体制改革的决定（草案）》，确立了"以革命化为灵魂，以社会化和科学化为两翼，实现体育腾飞"的战略指导思想，把改革的重点放在改善领导与管理体制、训练和竞赛体制、体育科技体制等方面。

（4）"协调发展"的体育发展目标。在这个时期，竞技体育与群众体育出现了"一手硬，一手软"的状况。因此，20世纪80年代中期，国家体委提出了"以青少年为重点的全民健身战略和以奥运会为最高层次的竞技战略协调发展"的体育发展目标，来协调群众体育与竞技体育的发展关系。但由于认识上的分歧和长期形成的惯性，协调发展的目标落实得并不理想。

2. 主要体育任务

20世纪70年代末80年代初，我国体育进入了"冲出亚洲，走向世界"

的阶段。国家体委在给中央的请示中，将搞好竞技项目的战略布局、加速提高我国运动技术的整体水平作为这个时期的主要任务。

20世纪80年代进行的体育体制改革中，国家体委全面制定了有关改善体育领导体制、建立科学的训练体制、改革竞赛体制、推进群众体育发展、繁荣民族传统体育、密切体育科研与实践、改革体育教育体制、改善思想政治工作、改进奖励制度、实行灵活的开放政策十个方面的53条改革措施。

（二）20世纪90年代（1992—2000年）中国体育的发展目标与任务

1. 体育发展目标

深化体育体制改革的发展目标。1993年，国家体委颁布了《关于深化体育改革的意见》。20世纪90年代中国体育改革的总目标，就是要改革现有的体育体制和运行机制，逐步实现两个根本转变，即实现由计划经济体制下的体育体制向与社会主义市场经济体制相适应的体育体制的转变，逐步建立符合现代体育运动发展规律、国家调控、依托社会、自我发展、充满生机与活力的体育体制和良性循环的运行机制。

2. 主要体育任务

20世纪90年代的体育任务，是沿着生活化、普遍化、社会化、科学化、产业化、法制化的方向进行改革。使中国体育逐步实现这"六化"，就是20世纪90年代体育改革的基本任务。因此，国家体委出台了六大类29项改革措施。

（1）在体育行政管理体制改革方面，确定以推进协会实体化改革为中心，逐步理顺体育行政部门与各类体育社团的关系，促进体育行政部门的职能转变和机构调整。

（2）在训练体制改革方面，确定了实行以项目协会为主的专项管理、集中与分散相结合、逐步推进体育运动的职业化改革、促进人才的合理和有偿流动、鼓励扩大竞技运动的多元化投资渠道等改革措施。

（3）在竞赛调整改革方面，确定了改革竞赛制度和全运会计分方法、开拓竞赛市场、在项目设置上进一步缩短战线、向奥运会靠拢等措施。

（4）在促进体育的社会化方面，确定了制定全民健身计划和社会体育指导员制度，引导体育需求和体育消费等措施。

（5）在发展体育产业方面，确定了积极开发体育市场、推进体育场馆等由事业型向经营型转变等措施。

（6）在体育科技教育方面，确立了"科技兴体"的方针，确定了调整科研经费管理制度，将部分体育学院建设成为教学、科研、训练三结合基地等措施。

（三）进入21世纪（2001—2008年）中国体育的发展目标与任务

1. 体育发展目标

建立有中国特色的社会主义体育体系的发展目标。人人能够享有体育权利，全民广泛参与体育健身，提高在国际上的竞争能力，争取成功举办北京2008年奥运会，建立比较完善的有中国特色的社会主义体育体系，全民推进体育进步，逐步实现体育现代化。

2. 主要体育任务

（1）普遍增强全社会的体育意识，使"身体心理素质是国民素质的基础""参加体育活动是公民的基本权利和义务""发展体育事业是国家和社会的共同责任"的观念深入人心。

（2）经常参加体育锻炼的人数达到总人口的40%，国民体质主要指标达到或接近世界中等发达国家的平均水平。

（3）竞技运动水平继续保持亚洲领先和奥运会第二集团前列的地位，力争实现冬季奥运会金牌"零"的突破，争取成功举办2008年夏季奥运会，充分发挥竞技体育的多元功能和作用，为经济建设和社会发展服务。

（4）人均体育场地面积达到1平方米，全国70%的社区、60%的乡镇有能够基本满足群众健身活动需要的体育设施。

（5）财政拨款有较大幅度提高，基本形成体育多元投资机制。

（6）体育市场体系基本建立，体育产业产值年增长率达到10%。

（7）体育工作科技含量显著提高，部分学科和研究领域达到国际先进水平。

（8）体育队伍规模逐步扩大，结构更加合理，整体素质显著提高。

（9）初步建立与社会主义市场经济体制相适应的体育管理体制和运行机

制，形成比较完善的有中国特色的社会主义体育体系。

（四）向体育强国迈进阶段（2008—2012年）中国体育的发展目标与任务

1. 体育发展目标

2008年，中国开启了从体育大国迈向体育强国的新征程。北京2008年奥运会结束后，实现从"体育大国"到"体育强国"的转变，建设体育强国成为后奥运时期中国体育发展的战略目标。

2. 主要体育任务

"十二五"时期中国体育发展的主要任务为以下七个方面。
（1）努力提高群众体育发展水平，为改善民生服务。
（2）进一步增强我国竞技体育综合实力，为国争光。
（3）加快发展体育产业，增强体育产业竞争力。
（4）推动体育管理职能转变，促进依法行政、依法治体。
（5）加大科教兴体力度，坚持人才优先发展，加强人才队伍建设。
（6）加强体育文化建设、新闻宣传与对外交往工作。
（7）加强领导，开拓创新，重视保障，促进落实。

三、新时代加快建设体育强国阶段（2012年至今）的发展目标与任务

（一）全民健身上升为国家战略的发展目标

2014年10月印发的《国务院关于加快发展体育产业促进体育消费的若干意见》，部署积极扩大体育产品和服务供给，推动体育产业成为经济转型升级的重要力量。该意见把全民健身上升为国家战略，把增强人民体质、提高健康水平作为根本目标，把体育产业作为绿色产业、朝阳产业进行扶持，强调向改革要动力，向市场要活力，力争到2025年，体育产业总规模超过5万亿元，成为推动经济社会持续发展的重要力量。该意见提出，对足球、篮球、排球等市场空间大、普及度和关注度高的集体项目及冰雪项目给予特别关注，并将中

长期足球发展规划列为"重点任务"。

（二）建设体育强国的战略目标

《体育强国建设纲要》（详见二维码）经国务院批准，于 2019 年 8 月 10 日正式印发。此纲要的发布充分体现了党和国家对体育事业的高度重视，充分发挥体育在建设社会主义现代化国家新征程中的重要作用，努力将体育建设成为中华民族伟大复兴的标志性事业。根据此纲要，体育强国是指人民身体素养和健康水平、体育综合实力和国际影响力居于世界前列的国家。其中，体育综合实力涉及体育强国建设的五大战略任务和九项重大工程。

《体育强国建设纲要》

※ 体育强国建设的五大战略任务
（1）落实全民健身国家战略，助力健康中国建设。
（2）提升竞技体育综合实力，增强为国争光能力。
（3）加快发展体育产业，培育经济发展新动能。
（4）促进体育文化繁荣发展，弘扬中华体育精神。
（5）加强对外和对港澳台体育交往，服务中国特色大国外交和"一国两制"事业。

※ 体育强国建设的九项重大工程
（1）体育场地设施建设工程。
（2）全民健身活动普及工程。
（3）青少年体育发展促进工程。
（4）国家体育训练体系构建工程。
（5）科技助力奥运工程。
（6）体育产业升级工程。
（7）体育文化建设工程。
（8）体育志愿服务工程。
（9）体育社会组织建设工程。

《体育强国建设纲要》的战略目标：到 2050 年，全面建成社会主义现代化体育强国。人民身体素养和健康水平、体育综合实力和国际影响力居于世界前列，体育成为中华民族伟大复兴的标志性事业。

依据我国《"十四五"体育发展规划》(详见二维码),二〇三五年体育强国建设远景目标为:到2030年,体育整体发展质量和效益显著提升,形成政府主导有力、社会充满活力、市场规范有序、人民积极参与、与基本实现社会主义现代化相适应的体育发展新格局。到2035年,建成社会主义现代化体育强国,体育的制度生命力、大众亲和力、国际竞争力、经济贡献力、文化软实力、世界影响力充分彰显,体育治理体系和治理能力实现现代化,体育成为中华民族伟大复兴的标志性事业。

第四节　实现我国体育目标、任务的基本途径与基本经验

一、实现我国体育目标、任务的基本途径

我国体育的主要目标与任务,可通过开展体育教学、体育锻炼、运动训练、体育竞赛、体育产业、体育科学研究、体育人才培养、体育制度建设、国际体育交流、体育文化宣传、体育影视作品、全媒体传播等多种手段实现。不论借助什么手段,全民健身、竞技体育、体育产业、学校体育、体育文化仍是最基本的工作抓手,是实现我国体育目标、完成体育主要任务的基本途径。

这几个基本途径既有区别又有联系,由于它们自身的特点不同,在完成体育目标时各自承担的主要任务也不同。通过这几种基本途径相互配合完成体育任务,最终实现我国建设体育强国的战略总目标。

(一)全民健身

党的十八大以来,以习近平同志为核心的党中央坚持以人民为中心,把人民健康放在优先发展的战略地位,高度重视全民健身事业,把全民健身上升为国家战略,从国家强盛、民族复兴的战略全局,从满足人民群众对美好生活向往的高度引领全民健身事业健康稳步发展,推动全民健身和全民健康深度融合。坚持发展以人民为中心的体育,秉持"开放、共享、融合、创新"理念,着眼于高质量发展,着力于群众身边,不断增强全民健身公共服务供给均衡性和可及性,推进全民健身事业发展格局更加明晰,全民健身公共服务体系逐步构建,全民健身经费投入不断加大,场地设施逐步增多,科学健身指导惠及更

多群众，体育社会组织更加下沉基层，全民健身信息化、智能化水平稳步提升，全民健身多元功能进一步发挥，人民群众健身热情日益高涨，人民群众的获得感、幸福感不断增强，健康中国和体育强国建设迈出新步伐。

（二）竞技体育

竞技体育是在学校体育和全民健身的基础上发展起来的，是"精英体育"，被世界各国重视。竞技体育在中国承担着对外为国家争取荣誉、树立良好世界形象，对内凝聚民心民力、提振民族自信心的重要任务。我国从体育大国向体育强国迈进的过程中，需要增强竞技体育综合实力，全面提升为国争光能力。党的十八大以来，习近平总书记十分重视竞技体育工作，在不同场合对竞技体育发展作出重要指示批示，多次出席重大体育赛事活动。面对时代赋予的新任务、新要求，竞技体育要紧密围绕全面建设社会主义现代化国家的新目标，以新思想引领竞技体育改革发展新实践，更好发挥举国体制在攀登顶峰中的重要作用，继续发挥竞技体育对全民健身的带动作用，使我国竞技体育服务中国特色大国外交和"一国两制"事业，促进我国竞技体育在"和而不同""兼收并蓄"的文明交流中发挥作用，推进人类命运共同体的构建。

（三）体育产业

体育产业是随着市场经济的发展而发展起来的。我国的体育产业被誉为"朝阳产业"，尽管起步较晚，但它是我国体育强国建设的五大领域之一，其重要性毋庸置疑。体育产业在激发市场主体活力、扩大体育消费、加强体育市场监管、打造现代产业体系等方面发挥重要作用。通过不断发展我国体育产业，不仅可以使体育功能进一步显现，为体育事业发展注入活力，而且可以培育经济转型新动能，使体育产业成为国民经济的支柱性产业。

在我国，体育产业的发展潜力巨大，其广阔的发展前景令人欣喜。现在，通过不断调整与改善我国体育产业结构，努力构建与我国经济社会发展水平相适应的、具有中国特色的体育产业体系，不仅要满足广大人民群众日益增长的多层次、多元化、多样性的体育消费需求，同时也要满足我国体育事业高速发展的需求和中国经济产业结构调整的现实需要。

(四)学校体育

学校是青少年获得系统的、有计划的教学知识,以及健康成长的重要场所。青少年是国家的希望、民族的未来,是实现中华民族伟大复兴中国梦的见证者和生力军。习近平总书记指出:"青年兴则国家兴,青年强则国家强。青年一代有理想、有本领、有担当,国家就有前途,民族就有希望。"青少年的健康成长决定着中华民族的永续发展,没有青少年的健康成长,国家就没有远大发展。培养青少年具有强健的体魄,需要家庭、学校、社会三方各尽其责,形成合力。

家庭是人生的第一所学校,家长是孩子的第一任老师。学校是青少年体育运动的主战场和主渠道,是实现提高学生体质健康水平的主阵地,体育教师是塑造青少年强健体魄的中坚力量。社会是青少年全方位参与体育锻炼的根本保障。整体来看,家庭是基础,学校是主渠道,社会是保障,三方面组成的培养体系需要统筹治理,协调发展,共同发力。

树立"健康第一"的教育理念,开齐开足体育课,通过体育锻炼,帮助青少年在体育锻炼中享受乐趣、增强体质、健全人格、锤炼意志,"文明其精神,野蛮其体魄",把体育教育和文化教育有机结合起来。

(五)体育文化

在体育实践中,体育文化是体育在文化领域的延伸。体育文化建设是当代中国文化建设和发展的重要组成部分,也是促进精神文明建设、繁荣发展先进文化的重要内容与手段,更是实现体育强国目标的重要环节与组成部分。体育文化不仅是提高全民族身体素质、促进人的全面发展的有效手段与途径,而且能为社会主义文化建设和体育强国建设提供强大的精神动力。以"为国争光、无私奉献、科学求实、遵纪守法、团结协作、顽强拼搏"为主要内容的中华体育精神积淀着我国体育界几十年来的经验,是中国体育的灵魂与统帅,反映着我国体育的价值导向和文化追求,成为中华民族的宝贵精神财富。不论是中华优秀传统体育文化,还是运动项目文化,或是体育文化的创造和传播,都是体育文化建设的重要内容。体育文化在感召力、凝聚力、影响力不断提升的过程中,推进了国家文化软实力的提升,使体育成为中华民族伟大复兴的标志性事业。

二、实现我国体育目标、任务的基本经验

（一）社会稳定和经济发展是体育发展的基本前提

体育发展需要物质基础，需要经济实力的坚实支撑。在经济越发达、社会文明程度越高的国家和地区，体育往往得到政府与民众更多的重视与强调，体育运动水平也就越高。习近平总书记明确指出："体育是社会发展和人类进步的重要标志，是综合国力和国家软实力的重要体现。"在和平与发展的时代，国民经济的发展和综合国力的提高对体育的推动作用十分明显。中国体育经过70余年的发展，总结出的一条重要经验是：体育发展高度依赖国家的政治稳定和经济发展。中华人民共和国成立后的30年，虽然体育事业取得了一定发展，但受"文革"的影响，中国长期处于政治运动不断、经济发展起伏不定的状态，体育要想获得正常发展是不可能的。改革开放40余年来，中国政治稳定、经济快速发展，积累了大量物质财富，成为世界第二大经济体，这为中国体育的快速发展提供了必不可少的前提和物质基础。

（二）正确的指导思想是中国体育快速健康可持续发展的保证

中国共产党是中国特色社会主义事业的领导核心，处在总揽全局、协调各方的领导地位。推动新时代体育事业发展，必须强化党对体育事业的全面领导，增强"四个意识"，坚定"四个自信"，做到"两个维护"，把体育事业放到中国特色社会主义伟大事业的全局中去谋划、去推动、去落实、去担当，切实担负起加快建设体育强国的历史重任，这是做好新时代体育工作的内在要求，也是推动新时代体育事业发展的根本保证。推进我国体育改革发展，必须以党的二十大精神和习近平新时代中国特色社会主义思想为指导，坚持和完善党对体育工作的领导制度，把坚定理想信念作为体育领域党的思想建设的首要任务，贯彻创新、协调、绿色、开放、共享的新发展理念，增强防范和化解体育领域政治风险与意识形态风险能力，不忘初心，牢记使命，发展以人民为中心的体育，推动我国体育事业高质量发展，以体育强国建设为目标，将体育建设成为中华民族伟大复兴的标志性事业。

（三）体育事业发展必须服从于国家利益

中国体育有牢固的"国家至上"观念，国家利益高于一切。相对于国外大多数国家体育，中国体育发展的鲜明特点之一，就是国家和政府对体育事业进行直接领导并大量投入。从国家利益的角度来看，体育是新时代中国特色社会主义伟大事业的重要组成部分，是实现中华民族伟大复兴中国梦的内在呼唤，是构建人类命运共同体的重要方式。

习近平总书记对体育"四个重要"的全面论述，从物质到精神，从个人到国家，对体育进行了精准定位。体育不仅有强身健体、愉悦身心、振奋精神的作用，更要从国家富强、民族振兴、人民幸福、人类文明进步的高度认识体育在现代社会发展中的作用。从国家利益的角度来看，新时代体育改革发展的战略定位就在于，要把体育建设成为中华民族伟大复兴的标志性事业。中国体育事业的发展只有将人民利益和国家利益放在第一位，才能够有正确的前进方向和发展目标。

（四）对外开放、走向世界，是中国体育发展的重要动力

开放带来发展进步，封闭则会导致落后。中国体育发展的历程表明，中国体育的发展得益于走出国门，受益于对外开放。从中华人民共和国成立之初开始，中国体育就从与苏联等社会主义国家的体育交往中，借鉴了与中国国情相适应的现代体育管理体制。20世纪五六十年代，中国与新兴国家的体育交往使中国打破国外反华势力封锁，成为我国外交事业的组成部分。通过与苏联、东欧国家及日本等国的体育交往，我国的篮球、体操、排球等项目的技术水平得到提高。20世纪70年代初，"乒乓外交"打开了中美交往的大门。改革开放以来，中国体育以奥运战略为重心，通过在奥运会及其他国际重大赛事上的突破，带动了中国体育的大发展。

进入21世纪后，中国坚持"开门办体育"，不仅成功举办了北京2008年奥运会，还成功举办了北京2022年冬奥会，北京成为世界上唯一的"双奥之城"。中国在开放中全面参与世界体坛各项事务，不仅发展壮大了自身，早已成为体育大国，正在加快建设体育强国，而且先后培养了一大批高水平中国职业运动员和教练员，中国体育在世界上产生了广泛影响。如果中国体育不全面开放，就不可能有今天的巨大发展和进步。

（五）正确处理政府与社会的关系是中国体育健康可持续发展的需要

中国体育发展的经验表明，中国这样一个发展中国家要迅速提高运动技术水平，在奥运会等重大国际赛事中取得优异成绩，就必须充分利用社会主义制度能够集中力量办大事的优势，在一定时期内利用政府的行政力量，集中有限的人力、物力和财力优先发展竞技运动。这是中国竞技体育得以在短短时间内实现奥运金牌"零"的突破和在北京奥运会上夺取金牌总数第一的根本原因。

中国不仅"开门办体育"，而且"放手办体育"。经过 70 余年的建设，尤其是改革开放 40 余年的巨大发展，随着国家综合实力的提高和经济社会的发展，中国体育发展的基础与条件较之改革开放前 40 年已不可同日而语。进入 21 世纪后，中国体育社会化和产业化已经初具规模，一个由政府、社会、市场、企业、学校、个人等多方构成的多元化体育格局正在形成。这种"全社会办体育"的方式能最大限度地激发社会的动力和活力。

（六）各类体育协调发展是中国体育发展的内在需求

协调发展是新发展理念中的一个重要理念，是解决体育强国建设中不平衡不充分矛盾的重要方法和手段。体育强国建设需要全面协调可持续的体育，需要全民健身、竞技体育、体育产业、学校体育、体育文化五大领域均衡、协调地发展。中国体育发展的经验表明，作为社会主义国家，中国体育必须坚持各类体育在战略总目标指导下的协调与平衡，否则体育发展就会出现偏差。一方面，发展全民健身，增强人民体质、提高全民族的健康水平，尤其是促进青少年的身体健康，强健其体魄是社会主义体育事业的本质特征和首要任务；另一方面，发展以奥运会为最高层次的竞技体育，通过争金夺银展示中华民族敢于拼搏、敢于胜利的中华体育精神，不断振奋民族精神，增强民族凝聚力，并通过观赏高水平体育赛事为人民群众提供良好的娱乐方式与精神享受，是现代体育的重要职责和功能。与此同时，还要发展体育产业，繁荣体育文化与体育旅游，扩大体育消费，推动国民经济发展。

全民健身、竞技体育、体育产业、学校体育、体育文化五大领域存在交叉，有着紧密联系。学校体育是全民健身的重要组成部分，也是培养竞技体育人才的重要渠道；全民健身覆盖不同的年龄段群体，是培育居民体育消费意识和能力的重要途径，是体育产业发展的重要基础；竞技体育为体育产业提供了高水平体育竞赛资源，在国际舞台上弘扬了中华体育精神，展示了国家文化软实力；体育产业的持续快速发展，需要体育文化的助力，体育文化有助于全民健身产品与服务的多样化供给，以及竞技体育水平的提升。因此，我们要推动全民健身、竞技体育、体育产业、学校体育、体育文化协调发展，为加快建设体育强国奠定基础。

思考题

1. 体育的本质功能有哪些？
2. 体育的派生功能有哪些？
3. 确立体育目标与任务的现实意义和基本依据是什么？
4. 实现体育目标与任务的基本途径有哪些？
5. 在完成体育目标与任务的过程中，中国体育发展的基本经验是什么？

推荐阅读

[1] 田雨普. 新世纪我国体育的功能和作用[J]. 体育学刊，2004（3）：5-8.

[2] 卢元镇. 世纪之交体育运动发展的回顾与展望[J]. 体育科学，2000（3）：1-6.

[3] 郝勤. 论中国特色体育发展道路的历程、核心内涵及基本经验[J]. 体育科学，2009（10）：3-8.

[4] 国家体育总局编写组. 深入学习习近平关于体育的重要论述[M]. 北京：人民出版社，2022.

[5] 杨桦. 体育的概念、特征及功能——新时代体育学基本理论元问题新探[J]. 体育科学，2021，41（12）：3-9.

第三章
体育手段

> 体育是提高人民健康水平的重要手段，也是实现中国梦的重要内容，能为中华民族伟大复兴提供凝心聚气的强大精神力量。
>
> ——习近平于2014年2月7日看望索契冬奥会中国代表团时的讲话

学习提示

【内容提要】 体育手段的概念和分类；身体练习的概念和构成要素、动作质量的评定标准与效果评价等。

【学习目标】 通过本章内容的学习，掌握体育手段的基本概念，合理选择和运用体育手段的基本方法；明确动作的构成要素及其作用，能够从多维角度客观评价动作质量与效果；建立整体的、系统的体育观。

【主要概念】 体育手段　身体练习　动作要素　技术基础　技术关键

第一节　体育手段概述

一、体育手段的概念与分类

（一）体育手段的概念

手段是指为达到某种目的而采取的方法和措施。完成任何一项任务，都需要采用一定的手段。体育手段是随着社会的发展沿着由简到繁、由易到难、由少到多、由局部到整体的这样一条轨迹逐步完善起来的。

在现实生活中，为实现体育目标、完成体育任务而采用的各种运动方式和方法被称为体育手段。例如，在全民健身中，我们经常可以看到健身者积极参与广场舞、太极拳、三对三篮球等多种多样的体育运动，这都属于体育手段。随着体育科学的进步和人们认识水平的提高，许多更加科学、更有利于实现体育目标和任务的体育手段不断被创造和挖掘出来。身体运动功能训练就是随着体育的现代化，在体育运动实践中逐渐被人们认识的新型身体训练方法。功能性训练以身体功能动作筛查为切入点，从激活肌肉、动态拉伸、动作整合、神经激活等练习手段出发，发展身体运动快速伸缩、速度、力量、有氧耐力等方面的运动能力，从而提高身体运动能力和健康水平。这些新的运动内容与方法丰富了体育手段的内容，使体育手段更加系统化、多样化。

（二）体育手段的分类

人类有史以来创造的体育手段种类繁多，对人体的影响也各不相同。依据不同的分类标准，可以把体育手段分成不同的类别。

例如，按运动的目的，体育手段可以分为身体锻炼手段、身体娱乐手段、竞技运动手段等；按运动的项目，体育手段可以分为体操、篮球、足球、排球、田径等；按发展人的不同身体素质，体育手段可以分为发展柔韧的手段、发展耐力的手段、发展速度的手段、发展力量的手段和发展灵敏的手段。

值得注意的是，任何一种体育手段都有局限性和个体适应性。我们已经知道体育手段的概念，但在实际运用体育手段时，一方面需要对体育手段本身的特点、适用对象和使用效果有一个清晰的认识，另一方面需要知道体育手段施加对象的身体条件与需求，只有当两者有机地结合在一起时，体育手段的效果才可能实现最大化。

二、体育手段与体育目标的关系

习近平总书记于2017年6月14日会见国际足联主席因凡蒂诺时提出，"建设体育大国和体育强国，是中国人民实现'两个一百年'奋斗目标的重要组成部分"。目标是指引，是奋斗、努力的方向，是人们做某件事情想要达到的预期结果。体育作为现代社会生活的一个重要组成部分，担负着强身健体、愉悦身心、丰富生活等重任，在社会发展中起到越来越重要的作用。体育运动的主体是人，而人是有主观意识行为的，人的活动大都是经过深思熟虑或凭激情行动以达到某种目标的。

体育目标是某个时期体育部门、体育组织或个人对体育所期望达到的境地或标准，它能否实现在很大程度上取决于体育手段的选择和使用。体育手段和体育目标是有机联系在一起的，要实现体育目标必须借助一定的体育手段，而体育手段的发展也必须以实现体育目标为标准，这样的体育手段才能得到更广泛的应用。

三、体育手段的特点

（一）体育手段的历史性

在人类历史发展中，人们为了生存、生活、消遣、娱乐，以及提高技术水平，创造并丰富了各种各样的体育手段。在中国古代就有很多的体育运动项目，如蹴鞠、射箭、投壶、赛马、摔跤等。在历史的发展过程中，这些体育运动项目有的被继承保留，继续发扬光大；有的被淘汰遗失，逐渐淡出人们的视线。体育手段的发展与社会经济、文化、科技水平都有着密切的联系，它随着社会的发展和人的需要逐级提高，不断由低级到高级、由少到多地发展着。此外，不同时代的体育手段不仅能反映该时代人们的需求水平，也能反映那个时代社会的文明程度。

（二）体育手段的国际性

由于不受政治和国界的限制，具有健身价值、有趣味、易于推广的体育手段能够被推向世界,被大多数国家接受。体育作为以身体运动为表现形式的文化活动,具有国际通用性特征。例如,体育具有国际上统一规定的比赛规则,是一种国际通用的语言,无论国籍与语言有何区别,只要到运动场上,大家都要遵守同一比赛规则,这也是体育运动能够成为国际"通用语言"的重要因素。随着奥林匹克文化的普及,奥运会成为国际上参与人数、参与国家最多的全球性文化活动。

(三)体育手段的民族性

体育手段的产生和运用总是与一个国家或地区的民族传统文化和习俗有关。目前,在很多国家广泛开展的体育项目,如中国的武术、韩国的跆拳道、日本的柔道等,已经逐步成为人们非常喜爱的健身锻炼手段,成为整个人类社会的共有财富。我国很多少数民族均有代表性的传统体育项目,如朝鲜族的荡秋千、蒙古族的搏克、苗族的拉鼓等,都具有鲜明的民族特色和区域特征,在不少民族地区的社区和校园里拥有较为广泛的群众基础,在不断的传承与发展中焕发出新的生机与活力。因此,由于地域环境、民族喜好不同,体育手段还具有民族性的特点。

(四)体育手段的地域性

体育手段的产生与人们的生产和生活密切相关,而各地区的群众由于地理位置、气候条件及民族文化等不同,在各自的发展过程中就形成了具有地方特色、体现地域特征的各种体育运动项目。例如,处于寒冷地带、冰冻期较长的国家和地区,冰雪项目就开展得较好;气候较热和水域较多的国家和地区,水上运动就比较容易普及;草原地带畜牧业发达的国家和地区,骑马就较普及。在我国"带动三亿人参与冰雪运动"的战略目标下,很多南方城市也都拥有了室内冰场或雪场,冰雪项目得以"南展西扩东进",迎来了黄金发展期(拓展阅读见二维码)。

"南展西扩东进"战略显成效 群众冰雪运动持续火热

四、体育手段的科学基础

体育手段是随着人类社会的发展而不断发展变化的,长期以来形成了众多功能不同的手段。不同形式、不同特点的体育手段对人体的健身作用是不一样的,因此体育手段的选择与使用都应该围绕着人的需求而确定。人作为这个世界的主体，既具有生物属性，又具有社会属性，为了更好地满足人的不同需求，有必要对体育手段的生物学基础和社会学基础有所了解。

（一）体育手段的生物学基础

人在进行运动时，体内会产生一系列的生理生化变化，而人体的各个器官系统对体育锻炼带来的变化有一个逐步适应的过程，然后形成一定的规律。人的生理生化的变化有一定的共性，掌握这些共性，寻求其内在的规律，对我们正确地选择适宜的体育手段具有重要的指导意义。

在运动实践中，我们应该注意到人的运动适应性是普遍存在的。也就是说，锻炼会对身体产生影响。锻炼时运动量必须适宜，否则运动量过大，不仅不会使机体产生运动适应，还容易造成运动损伤；运动量过小，对机体产生的刺激过小，也不会产生运动适应，更达不到锻炼身体的目的。因此，体育手段的选择应该因人而异，根据自身的实际情况选择适宜的手段，才能取得更好的锻炼效果。

另外，不同性质的运动刺激会对机体产生不同的运动适应。通俗地讲，就是练什么，提高什么。例如，采用一定的体育手段练习柔韧素质，就会使机体的柔韧性增强；采用一定的体育手段练习力量，就会使力量有所增长。因此，选择体育手段前应对自身的体质状况有一个清晰的认识，了解了自身的不足和需求，再选择适宜的体育手段进行有针对性的训练，以取得事半功倍的锻炼效果。

运动的适应性还具有异时性的特点，即每个人对不同性质的运动刺激产生的运动适应时间是不同的。简单地说，有的运动素质比较容易提高，而有的运动素质就很难提高，需要付出更长时间的努力。例如，耐力素质采取一定的方法手段就容易提高，效果能很快地显现出来；而力量素质就较难提高，效果不是很明显。因此，在健身锻炼中，对不同身体素质提高的异时性应有心理准备，相信它可以提高，坚持锻炼，不要放弃。我们在运动实践中要引起机体产生应激反应和适应，还必须对机体保持持续的适宜的运动刺激（拓展阅读见二维码）。例如，人的耐力素质如果不持续锻炼，几周之后就会消退。

（二）体育手段的社会学基础

体育运动不仅是一种身体的活动，更是一种社会活动。体育手段是体育运动的基本形式，在培养人、塑造人、把生物人变成社会人的过程中起着重要作用，而人的活动又是在一定的社会环境中进行的，因此，对体育手段的社会学基础有所了解，可以使我们更准确地认识和利用体育手段为人的自身发展服务。

社会是人的集合，也是人们相互关系的集合。人的活动创造了社会，而社会又不断地影响着人。对于一个人来说，社会是他生存的环境，会对他的生存与发展产生很大的影响。体育运动作为一种社会文化现象发展至今，它的功能已经不再局限于体育领域了，它对整个社会的政治、经济、文化、教育、娱乐等方面都产生了或大或小的影响，成为人类社会中一种很普遍的社会文化现象。体育运动可以使我们更接近自然，充分释放自己，丰富社会交往，是健康文明生活方式中不可缺少的重要组成部分。因此，我们作为社会生活的主体，在进行体育运动或者选择体育手段的过程中也会受到社会、文化的影响和制约。例如，体育运动本身具有特定的竞赛规则，遵循公平竞争的原则，参与者创造出色的运动成绩或者违反规则会得到相应的奖励和惩罚，这些与社会的契约精神和文明生活方式都是非常接近的，对参与体育实践活动的人来说，这是一种良好的社会适应性学习过程。另外，从文化的角度看，体育文化的价值在于它是人向自身、向社会人的"复归过程"，为体育事业高质量发展提供丰厚滋养和内生动力，具有强大的感召力、影响力、凝聚力（拓展阅读见二维码）。

让世界看到自信从容的中国

正如马克思所说："任何一种解放都是把人的世界和人的关系还给人自己。"体育运动作为一种实践活动，其文化价值在于对人自身的影响，即促进人的全面、自由、和谐发展，有利于个体人格和社会人格的和谐与统一。

体育运动存在于不同的社会文化生活中并发挥着重要的作用，因此，我们在选择、利用及发展体育手段时，要与社会生活相联系，丰富和完善体育手段的内容和形式，不断满足个体及群体的不同需求。

第二节　身体练习

一、身体练习的概念

身体练习是构成体育手段的各种具体动作，它是人们为了增强体质、欢娱身心或提高运动技术水平而专门采用的身体活动。身体练习是构成体育手段的基本单位，因此带有一定目标的身体练习是体育手段的具体体现，而离开了身体练习的体育手段是没有任何实际意义的。

身体练习是各种体育动作的总称，它既指单个动作，又包括成套动作，也可以叫作运动动作。一般来说，人们在完成动作的时候，往往会有多种手段或多种方法供人们选择，这些手段或方法有正确的，也有不正确的；有效果明显的，也有效果不明显的，但这其中总有一些方法或手段最能合理有效地帮人们完成动作，我们把这种方法称作运动技术。

一个动作的完整技术包括技术基础和技术细节两个方面。技术基础即指按一定顺序、节奏组成的动作的基本结构。例如，急行跳远的技术基础是由助跑、踏跳、腾空、落地四个环节所构成的，任何人在进行急行跳远时都必须有这四个环节，否则就会破坏跳远的技术结构。另外，在构成技术基础的各个环节中，总有一个环节对运动效果起着关键的、决定性的作用，我们称此环节为技术关键。例如，跳远技术环节中的踏跳对跳远成绩至关重要，因此，跳远的技术关键就是踏跳。而技术细节是运动的次要特征，也是技术比较灵活的部分，具体指在不影响运动技术基本结构的条件下所表现出来的个人技术特点。这种次要特征在不违背技术基础的条件下，可以因人而异。之所以每个人技术的细节不同，主要是因为每个人的身体形态、身体素质、技能特点和技术水平都不同。例如，跳远运动员由于身高或技术水平和身体素质的不同，其助跑的距离也会不同。因此，在技术细节上不应强求一律，不应盲目地模仿一些优秀运动员的技术细节，而应根据个人的条件，形成自己的技术特点和风格，发挥自己的优势。

我们知道运动技术并不是一成不变的，正如恩格斯所说："世界不是既成事物的集合体，而是过程的集合体。"随着科学技术的发展，以及人们认识水平的不断提高，各种新的锻炼方法和训练手段、高科技的场地和器材不断涌现，会导致运动技术的更新，原来合理有效的运动技术在情况发生变化后可能会失去其原有的作用，因此，我们要用发展的眼光分析和评价运动技术。

二、身体练习的构成要素

在做动作时，除了研究分析它的技术结构外，还要注意其他技术要素，这些技术要素主要指的是身体练习的构成要素。身体练习的构成要素一般有七个，即身体姿势、动作轨迹、动作时间、动作速率、动作速度、动作力量、动作节奏。这些要素是每个动作本身都具备的，只是在各自的动作中表现的形式和程度不同，从而形成了不同风格的技术特征和运动形式，这些要素对运动成绩的提高和锻炼身体的效果也有不同的影响和作用。例如，静止用力练习，力量要素就会显得特别突出，而并不表现出轨迹、速率、节奏等要素。我们在运动实践中，要研究分析这些要素，根据自己的学习任务、练习性质及自身的具体情况，针对动作的各个要素进行深入的分析，明确问题所在，并采取有针对性的手段和措施，以便更好地掌握技术动作，提高运动技术水平，获得良好的健身锻炼效果。

（一）身体姿势

身体姿势是指身体及其各个部分在做动作过程中所处的状态和位置，属于动作的空间特征。一个完整的动作，一般由开始姿势、动作进行过程中的姿势和结束姿势组成。

开始姿势是指动作开始时，身体及其各个部分所处的准备状态。它的作用主要体现在为完成主要阶段的任务创造最有利的条件。开始姿势可分为静力性开始姿势和动力性开始姿势。有的静力性开始姿势可以使注意力高度集中，如射击的举枪动作；有的静力性开始姿势可以使身体处于最有力的位置，如短跑的蹲踞式起跑姿势；还有些静力性开始姿势则是规则本身所要求的，如团体操的造型等。动力性开始姿势有利于加长工作距离，达到最快的速度，同时为最后用力创造良好的条件，像标枪的引枪动作、铅球的背向滑步等都属于动力性开始姿势。因此，为了提高动作的质量，开始姿势必须要符合运动生物力学、运动解剖学、技术规则及美学的要求。

动作过程中的姿势是指在完成动作过程中，身体所处的相对静止状态。动作过程中保持最佳姿势，对练习的效果和成绩起主要作用。根据运动项目的特点，动作过程中的姿势可分为相对稳定姿势和不断变化姿势。相对稳定姿势在周期性运动项目中体现明显，如游泳中的水平姿势、速度滑冰中的低姿滑行、途中跑上体适当前倾等，其目的都是减少阻力、促进身体快速前进。不断变化姿势是指身体姿势经常处于变化之中，这种姿势在非周期性练习中体现明显，其目的是保持相应姿势、顺利完成动作。例如，背越式跳高的空中过杆姿势，使身体尽量贴近横杆并形成中间高、两头低的"桥"形姿势，从而使动作的经济性和实效性得到较大限度的发挥。因此，在教学、训练及身体锻炼中，要想尽快掌握动作，提高运动技术水平，取得良好的锻炼效果，就要牢牢掌握动作过程中的姿势。

结束姿势是指动作结束时，身体及其各个部分所处的状态和位置。结束姿势对于维持身体的平衡和稳定、提高动作的质量与效果、防止犯规和预防运动损伤都具有积极意义。有些运动项目对结束姿势要求严格，如竞技体操、花样滑冰等，有些运动项目则没有明确规定。另外，在一些连续的成套动作中，前一个动作的结束姿势就是下一个动作的开始姿势，它的完成质量如何将直接影响下一个动作的完成。

（二）动作轨迹

动作轨迹是指进行身体练习时身体或身体各部分移动的路线，属于动作的空间特征。动作轨迹指整个身体重心的轨迹，也指身体某一点的轨迹。动作轨迹的三要素是指轨迹的形式、轨迹的方向、轨迹的幅度。

轨迹的形式可分为直线运动和曲线运动两大类。直线运动的特点是移动方向是恒定的，身体或身体的某一部分沿直线进行运动。但由于人体是一个由许多关节和轴构成的复杂整体，它的动作轨迹实际上很少有绝对的直线运动，往往会包括一些旋转运动和弧形动作，如武术的冲拳、直线跑等。曲线运动的特点是运动方向不断变化，身体或身体某一部分沿着一定的弧线进行运动。曲线运动大致可分为折线运动、抛物线运动、转动三种形式。折线运动，如蛇形跑、变向跑等。其抛物线运动是指身体有腾空的动作轨迹，如跳高、跳远等。不同的动作，抛物线的方向、长度和形状各不相同，如跳远、跳高和三级跳的抛物线形式都不同，分析这些抛物线的特点是进行技术分析的一个重要方面。转动一方面是指身体沿某一中心点或轴进行旋转的动作，如前后空翻、单杠大回环、花样滑冰原地旋转等；另一方面是指以身体某一部分为轴进行转动的动作，如臂绕环、踢腿等。

轨迹的方向有前、后、左、右、上、下六个基本方向，在这六个基本方向的基础上还可以分出更多的方向，如左斜上、右斜上、前斜上、后斜上等。轨迹的方向在身体练习中起着非常重要的作用，如果做动作时方向偏差很大，其不仅会影响动作完成质量与练习效果，甚至会使整个动作失败，直接影响运动成绩。

轨迹的幅度，也称动作幅度，是指动作的活动范围，可以用身体与身体某个部位所形成的角度或身体与练习的器械所形成的角度来衡量，也可以用移动的距离来衡量。动作幅度取决于神经系统的支配能力、关节的灵活性、韧带和肌肉的弹性。动作幅度对动作效果和质量的影响也是非常大的，因此，做动作时应根据动作的具体要求掌握好动作幅度。如做鞍马全旋动作时，动作幅度越大越好；而排球的快球和乒乓球的快速推挡却要求动作幅度要小而快；还有些动作要求幅度要适当，如短跑，步幅过大会影响频率，步幅过小会影响速度。

（三）动作时间

动作时间是指完成动作所需要的时间，或者说是动作所持续的时间。动作时间往往是动作完成质量和运动成绩的标志。对某些动作来讲，持续时间的长短直接关系到该动作完成与否，如举重时杠铃举起后所持续的时间和吊环十字悬垂动作持续的时间都直接关系到该动作是否完成。此外，动作的时间又是调节运动负荷的一个因素，通过延长或缩短动作时间可以加大或减小运动负荷。

（四）动作速率

动作速率是指在单位时间内动作重复的次数，又称频率，属于时间特征。在一定的时间里，动作重复的次数越多，速率越大。一方面，速率是决定移动速度的重要因素，在步幅相对不变的条件下，频率越大，速度越快；另一方面，速率又是调节运动负荷的一个因素，在时间相对不变的条件下，速率越大，练习的强度也就越大。

（五）动作速度

动作速度是在单位时间里，人体在空间的位移，属于空间—时间特征。它是由身体或身体某一部分移动路线的距离和在该距离内所花费的时间来确定的，通常以米/秒为单位。动作速度包括整个身体移动的速度和身体的某一部分移动的速度。整个身体移动的速度，不仅有赖于身体个别部分动作的速度，而且有赖于其他一系列因素，如肢体的长度、肌肉的力量、神经系统反应的灵活性，以及外界的阻力和助力。例如，球类运动员在比赛中的反应速度，在很大程度上取决于运动员神经系统反应的灵活性。动作速度对运动成绩有特别重要的作用。不同的动作有不同的速度要求，多数动作要求快速，如跑的速度、投掷出手的速度、足球射门的速度等；但也有一些动作要求中速甚至慢速，如花样滑冰中的慢节奏动作、太极拳等都不要求动作快速。因此，研究动作必须明确动作的速度要求，用最适宜的速度去完成各种不同的动作才能提高动作的质量和效果。

（六）动作力量

动作力量是指人体通过肌肉收缩来完成某一动作的能力，属于动力学特征。动作力量受人体自身内部力量的影响，也受各种来自外部力量的影响。任何一个动作的力量都是由内力和外力相互作用而产生的。内部力量主要包括肌肉的拉力、组织器官的阻力、动作过程中身体各部分的相互作用力；外部力量主要包括人体重力、支撑反作用力、摩擦力及外界环境的阻力。人体的内力与外力必须在一定条件下有机结合，才能使人体快速有效地进行各种各样的运动。动作力量对任何动作来说都是不可缺少的因素，特别是一些力量性、速度性项目，如跑的后蹬、跳跃的踏跳及跳跃的最后用力等。动作力量直接决定着这些动作的效果和成绩。

（七）动作节奏

动作节奏是指动作的快慢、用力的大小、肌肉收缩与舒张，以及时间间隔的长短合理交替的一种综合特征。它既具有时空特征，也具有动力学特征，是一种综合性特征。

动作节奏在整体上联系着动作的各个环节，节奏的合理标志着动作的力量、时间间隔比较得当，能保证动作协调、省力、效果好，符合技术的要求。任何动作都不可能一直使肌肉紧张，必须要有紧张（收缩）与舒张（放松）的交替、工作与休息的合理交替，正确的节奏应使最大的肌肉用力集中在最需要用力的环节上。例如，蛙泳的收、翻、蹬、夹，要把最大力量用在"蹬"上，这样动作加速阶段的强度较大，动作的效果就好。相反，动作节奏的破坏会导致整个动作变形，以致失去它应有的效果。以蛙泳为例，如果"收"的力量过大，不仅在体力上是一种浪费，使运动员得不到必要的休息，而且会由于收腿过猛，加大了水的阻力，进而影响游进效果。多数的体育动作都有一定的节奏要求，即使是速度较慢的动作也有节奏上的要求，如武术套路动作，它的动作节奏是通过动静、快慢、虚实、刚柔、起伏相互间的变化表现出来的，而动静、快慢、虚实、刚柔、起伏在武术运动中代表了不同的节奏形式，练习武术套路必须掌握好这些节奏上的要求，否则无法真正领会武术的精髓所在。而且不同的武术套路对节奏的要求不同，这也是中国武术源远流长、武术流派林立、拳种多样的重要原因所在。另外，在学习新动作时，让学生了解动作的节奏有助于初学者加深对动作各环节之间内在联系的理解，加快其对新动作的掌握速度。在集体活动中，正确的节奏可以使众多人的动作协调一致、整齐划一。因此，在体育活动中，注意动作的节奏是非常重要的。

综上所述，动作的各个要素是相互影响交织在一起的，普遍存在于各种动作之中。例如，动作速度和动作幅度直接与动作力量呈正相关；动作速率与动作幅度相互制约，共同决定着动作速度的快慢。从运动生物力学的角度来看，各个动作要素都反映了不同的动作特征。它们之间的联系见图3-1。

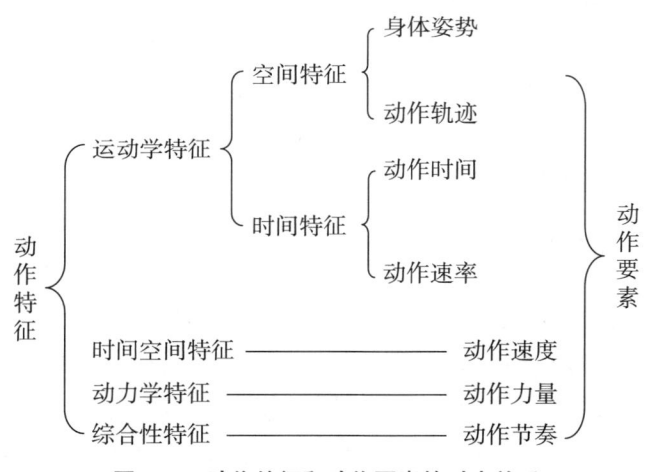

动作特征 {
　运动学特征 {
　　空间特征 { 身体姿势、动作轨迹 }
　　时间特征 { 动作时间、动作速率 }
　} 动作要素
　时间空间特征 ——— 动作速度
　动力学特征 ——— 动作力量
　综合性特征 ——— 动作节奏
}

图3-1　动作特征和动作要素的对应关系

由于动作要素是构成整个动作的各个部分，所以在对动作进行教学训练时，特别是在进行技术分析时，必须要深入研究动作的各个要素。正确理解和运用动作要素，有利于教学、训练和科研工作（拓展阅读见二维码）。

为冰雪运动装上"科技的眼睛"

三、动作质量的评定标准

动作质量的评定通常可以从动作的准确性、协调性、力量性、经济性、弹性等方面进行。

（一）动作的准确性

要求动作从开始到结束的整个过程必须完整准确，符合解剖学、生理学和生物力学原理。在实践中，一般从以下几个方面进行评定。从技术上分析，动作是否符合技术规格要求，达到所要实现的目的，如投篮命中率、射箭的环数关注的就是动作的准确性；从动作的形式上分析，是否准确地完成了规定的动作要求，如体操、跳水等规定动作都必须严格准确地按规定去完成。

（二）动作的协调性

动作协调的标志是动作连贯、节奏合理、各要素的配合恰当，身体及其各个部分在完成动作时配合协调。协调性对动作技术的掌握非常重要，协调性好，学什么动作都快，而且动作连贯、舒展大方，非常漂亮；协调性不好，就会导致动作不连贯，甚至漏洞百出，这对于一些竞技运动项目来说是非常不利的，甚至会直接导致比赛失败。对于普通人来说，协调性不好，做动作就很僵硬、不灵活，对一些紧急的情况就无法做出规避动作。协调性与先天素质有关，但不是绝对的，经过后天特别训练，也可以达到很好的标准。因此，训练时应注意对协调性的培养。

（三）动作的力量性

动作有力是由身体练习本身的目标所决定的。它是动作水平高低的一个重要标志。身体练习是为了实现体育的目标任务，它的动作必须有一定的力量和速度，从而对人体产生一定的生理负荷，否则不可能产生"超量恢复"而达到预期的效果。即使是某些讲究美的动作，也应追求力度的美，要柔中有刚，避免那种软绵绵、毫无生机的动作。

（四）动作的经济性

动作的经济性是动作准确性和协调性的一种综合体现，具体是指在做动作过程中，要把动作做得好且省力，尽量减少时间和能量的消耗，即用最少的消耗取得最佳的动作效果。因此，在完成动作的过程中，既要将动作做得熟练、准确、协调，没有多余动作，又要使力量分配恰到好处。例如，在长跑中，跑步姿势和体重成为衡量其经济性的决定性因素。

（五）动作的弹性

有弹性的动作能表现出人体的活力，动作的弹性能加强动作的缓冲性，减缓来自对手和器材（如摔跤、接球等）的打击力量，以保证动作的完成和避免受伤；动作的弹性能减弱人体向前的推动力和落地时的冲力，以防止犯规和受伤；动作的弹性还可以加强动作的美感，如现代健美操中的弹簧步，可使动作更加轻盈优美。

评定动作质量的标准多种多样，随着动作技术的不断完善，人们还会总结出一些新的评价标准。

四、身体练习的选择与运用

我们知道身体练习的内容是多种多样的，这些内容在形式和效果上对人体的影响各不相同，如何根据不同的目的选择适宜的身体练习内容就显得非常重要。我们在进行体育教学、体育锻炼、运动训练、体育科学研究工作等时，都需要选择不同的身体练习内容，如果将所有的内容混为一谈，不加以区分地选择就会影响其任务的完成，达不到各自所需要的目的。另外，我们在掌握了身体练习诸多作用的同时，还应该了解身体练习的局限性和不足之处，这对我们根据自己的实际需求选择身体练习的内容是非常必要的。因此，选择身体练习的内容时，在遵循人体发展的自然规律的前提下，要因时、因地、因人而异，还要有明确的目的性、可靠的实效性和切实的可行性。

首先，选择身体练习要从具体任务出发，有明确的目的性。例如，在学校体育与健康教学中，应以发展各种基本技能和身体素质的练习手段为主，重点发展学生的健康素质，而一些为提高运动成绩而设计的身体练习内容就不适宜直接应用于体育与健康教学中，否则非但不利于健身，反而会对人体健康产生明显的损害或潜在的负面效应。在群众性身体锻炼活动中，应选择适合自己身体条件和兴趣爱好的练习手段，进而达到增强体质、增进健康、延缓衰老的目的。其次，身体练习的选择和运用应从个人的实际出发，充分考虑年龄、性别、自身健康状况、体育基础等因素，科学合理地选择和运用相应的练习手段。对于想要通过身体练习达到增强体质、增进健康的人来说，身体练习手段不宜过多，选择一种适合自己的手段并且长期坚持下去，就能取得良好的健身效果。

五、身体练习效果的评价

对身体练习效果的评价主要包括主观评价和客观评价两方面。通过评价，练习者可以检验身体练习的成效，学会合理地安排运动负荷，并能根据自身的具体情况调节和控制运动负荷。对身体练习效果进行评价也是衡量练习者运动量选择是否合适、运动效果是否明显的一个重要标准，同时还能防止运动损伤和过度疲劳。

（一）主观评价

主观评价主要是根据练习者运动后的情绪、体力、食欲、睡眠和学习效率等情况的一种主观自我感觉，是对练习者全身各系统功能状况的综合反映，可以根据自我感觉来判断所采用的练习手段对机体产生的影响。

参加身体练习的活动主体在运动后正常的感觉应该是精神饱满、体力充沛、食欲良好、睡眠质量高、心情愉快，参加体育活动的愿望比较强烈。每次练习后身体稍有疲劳且肌肉有酸痛感，但是经过一定的休息很快就能恢复，如果练习后感到精神不振、困倦、情绪低落或烦躁，甚至出现恶心、头晕、呕吐等现象，经过休息后仍不能消除，说明运动量过大或身体健康状况不佳。自我评价是在活动过程中自身反应最直接的感受，而且评价者可根据情况随时对自身练习状况进行评价，简单易行。因此，它对于练习者及时调整锻炼方案、安排运动量等具有重要的实际意义。

（二）客观评价

对身体练习效果的客观评价主要通过能全面、准确地反映机体状况的客观指标对身体练习的运动量和运动负荷作出准确的判断。

心率是衡量机体练习效果的一个客观指标，通过运动前后心率的变化可以判断练习效果对机体的影响。一般来说，在进行体育运动时，随着运动量的加大，心率会有不同程度的加快。对心率的测定一般采用脉搏测定法。与健身锻炼有关的脉搏有基础脉搏、相对安静脉搏、运动后脉搏。基础脉搏一般在清晨醒来但还没有起床的情况下进行测定。相对安静脉搏可以在练习前的相对安静状况下进行测定，也可以在准备活动前进行测定。基础脉搏和相对安静脉搏是评价机体对身体负荷适应性的重要指标之一。对于运动员和经常锻炼的人来说，基础脉搏和相对安静脉搏要比普通人低。同时，通过观察基础脉搏和相对安静脉搏，还可以检测一段时间内的运动负荷是否适宜，如果在观察中发现连续几天基础脉搏偏高，身体又没有生病、发烧等症状，说明这段时间的运动负荷过大，身体有疲劳现象，应该及时调整锻炼计划或练习形式。运动后脉搏恢复时间的测定是检验心脏功能的有效指标，脉搏恢复时间越短，说明心脏功能越好。

体重也是衡量机体练习效果的一个客观评价指标。锻炼者在参加运动后，体重会发生一些变化。对于长期参加健身锻炼的人群来说，体重的减轻主要是脂肪的燃烧。而短时间内体重的下降，主要是大量出汗，减少了体内水分和一部分无机盐所致。一般来说，坚持参加锻炼3～4周，体重会下降1～2千克，相当于总体重的2%～3%；坚持参加锻炼5～6周，体重较为稳定，运动减轻的体重会在1～2天恢复；而坚持运动7周以上，身体瘦弱者体重可能上升，身体肥胖者体重可能有所下降。锻炼者可以每周测量一次体重，由于影响体重的因素较多，如进食前后、大小便后、所穿衣服的厚薄等，所以每次测量时尽量选择在同一条件下进行。

运动能力的变化也可以作为衡量机体练习效果的客观评价指标。一般来说，身体运动能力是个体表现出的综合性的活动能力，是身体素质与运动技能的综合表现，是人们在参加运动过程中所具备的能力，包括身体形态、身体素质、身体机能、运动技能等。人们通过长期进行规律性、有针对性的身体练习，可以提升自身的运动能力。例如，课内外一体化的运动训练能够提高孩子们的力量、速度、耐力、柔韧、灵敏等身体素质；经常参加乒乓球、羽毛球等运动，不仅能够提高运动技能，还可以提高自身的反应能力；长距离跑、游泳等有氧运动，对于提高人的心肺功能作用显著，从而全面提高人体机能；经常参与器械力量练习，可提高肌肉力量，增加肌肉体积，促进骨骼发育。科学合理的体育锻炼，除了能改善健康状况外，还能提高机体的运动能力，是检验身体练习效果的重要评价指标。

思考题

1. 什么是体育手段？体育手段的类型有哪些？
2. 体育手段有什么特点？
3. 简述体育手段的理论基础。
4. 举例说明什么是运动动作的技术基础、技术关键。
5. 一个完整的动作是由哪些要素构成的？分析各要素在体育实践中的意义。
6. 简述动作特征和动作要素的对应关系。

7. 如何对身体练习的效果进行评价？

推荐阅读

［1］周西宽.体育基本理论教程［M］.北京：人民体育出版社，2004.

［2］马莉.运动技术理念的隐喻与诠释［M］.北京：北京体育大学出版社，2008.

［3］张健.运动技术动作分析方法［M］.北京：北京体育大学出版社，2017.

［4］石井慎一郎.基于姿势控制原理的基本动作分析与评估［M］.牟海晶，译.北京：人民邮电出版社，2022.

第四章

体育体制

> 要科学研判体育发展面临的新形势,坚持问题导向,聚焦重点领域和关键环节,深化改革创新,不断开创体育事业发展新局面。
>
> ——习近平 2020 年 9 月 22 日在教育文化卫生体育领域专家代表座谈会上的讲话

学习提示

【**内容提要**】体育体制的概念、构成，以及目前主要体育体制的类型与特点；我国体育管理组织体系及我国体育体制改革的探索与发展等相关问题。

【**学习目标**】通过本章内容的学习，掌握体育体制的概念、构成及不同类型体育体制的主要特点，了解体育体制对我国体育事业发展的作用，了解我国体育管理的组织体系及体育体制改革；培养分析我国体育体制现象与问题的能力；增强爱国主义意识。

【**主要概念**】体育体制　社会主导型体育体制　政府主导型体育体制　政府与社会结合型体育体制　举国体制

第一节 体育体制概述

一、体育体制的概念

体育体制是关于体育事业的机构设置、隶属关系、职责和权益划分的体系与制度的总称。体育体制涉及体育事业多方面的组织与制度问题，包括体育管理体制、体育训练体制、体育竞赛体制、体育投资体制和体育分配体制等。其中，体育管理体制是体育体制的核心，从宏观上决定了其他体制的构成和运行。

二、体育体制的构成

体育体制的基本构成可以分为三个部分，即体育管理的组织机构、体育组织的职能及权限划分、体育相关的法规制度。这三个部分三位一体，相互影响、相互制约，共同支撑着体育事业的运行和发展。

（一）体育管理的组织机构

体育管理的组织机构设置是指由体育专职人员组成的，专门从事体育管理工作的专业部门的设置和安排，是体育管理活动赖以进行的依托和组织保证。机构设置是任何一项管理体制构成的前提和基础。组织机构是管理活动中各要素、系统之间的"结构"，是联系系统诸要素之间的纽带。离开了相关的机构设置，体育体制将成为无本之木、无源之水，管理活动也将无从谈起。同时，机构设置是否科学、合理、精干、高效，将对管理工作产生决定性的影响。

（二）体育组织的职能及权限划分

职能是指特定的管理主体依照一定的法律和规则对某一社会事务进行管理所承担的相应职责和具有的功能。管理职能的界定既明确了管理主体所拥有的权限，又明确了限制其实施权限的领域，使不同管理主体之间的管理活动能够正常、有序地进行。因此，管理职能的明确划分是体育体制良性运行和体育事业协调发展的必要条件。

（三）体育相关的规章制度

规章制度的建设是体育体制良性运行的保证。在现代社会，无论是组织，还是个体，其活动都要受到一定规章制度的规范和约束，这不仅是目标达成的需要，更是社会各系统之间保持相对稳定，以及社会总体上相对稳定、安全运行的保证。因此，在构成体育体制的诸要素中，制度建设必不可少。

三、体育体制的类型

体育体制是一个国家实现其体育总体发展目标的组织保证。纵观世界各国不同体育体制的基本特征，较为典型的体育体制类型主要包括政府主导型体育体制、社会主导型体育体制和介于两者之间的政府与社会结合型体育体制。

（一）政府主导型体育体制

政府主导型体育体制是一种通过政府设立的专门的体育管理部门，以指令性计划和行政手段为主，实施体育管理和调节体育运行效率的体育体制。其主要特点是，由政府设立专门的组织机构管理体育。政府的权力高度集中，依照计划机制原则，采用行政的方式进行管理，从宏观到微观各个层面制定总体发展规划。这种类型的管理体制主要存在于一些中央集权制的国家，如苏联、东欧各国、古巴、朝鲜等，我国在20世纪50—80年代也曾经采用典型的政府主导型体育体制，这种制度有利于集中有限的资源，实现预期目标。

（二）社会主导型体育体制

社会主导型体育体制是建立在社会自治的基础上，以社会组织为主要依托，通过财税、立法等间接手段实施体育管理和运行调节的体制类型。其主要特点是，由各种社会体育组织管理，政府一般不设立专门的体育管理机构，对体育的介入和干预很少。即使政府进行干预，也是运用市场机制，采用法律、经济手段间接实施。其代表类型是美国、意大利等一些发达国家，这种体制有利于调动社会体育资源，发挥社会各方面的积极性（拓展阅读见二维码）。

（三）政府与社会结合型体育体制

政府与社会结合型体育体制是将政府主导调控和社会组织自治相结合，综合运用行政管理和市场机制实施体育资源配置和运行调节，介于政府主导型和社会主导型之间的一种体制类型。其主要特点是，由政府和社会共同管理体育事业。政府设立专门的体育管理机构，或是指定相关部门负责管理，但政府只是在宏观层面制定方针、政策和规划，发挥领导、监督、协调作用。社会体育组织在国家宏观调控下负责具体体育事务与微观操作。世界大多数国家采用这种体育体制，如英国、法国、韩国和加拿大等。这种制度有利于发挥政府对体育事业的主导作用，鼓励社会支持和参与体育事业的发展。

四、体育体制对体育事业发展的作用

一个国家的体育体制是决定体育事业发展的基本方向、发展规模与速度的重要前提。纵观世界各国不同的体育体制，无论是哪种体育体制，都会对一个国家的体育事业发展产生根本性的影响。

（一）体育体制对体育事业发展起着导向性作用

体育体制不仅是体育工作的组织制度，而且是实现体育事业目标的组织保证。虽然受不同经济体制、政治体制及文化体制的影响，不同国家采取了不同类型的体育体制，但是无论哪种体制，都具有领导和指挥体育事业发展的作用。这种领导和指挥作用具体表现为体育组织机构的设置、各级机构的职能分配及体育事业具体运行等方面。

（二）体育体制对体育运行权限做出了制度安排

体育体制对各个体育组织机构的权限和职能做出明确的划分和界定，并制定相应的规则，有利于各管理主体明确自身责、权、利，从而在管理实践中对管理及其目标有清楚的认识，有利于具体管理活动的开展和进行。我国社会主义市场经济的飞速发展决定了体育体制必然随之进行相应的改革，即体育管理由高度集中的行政管理转变为适应市场经济体制的分权管理，将体育行政管理部分不应由政府行使的职能转移给事业单位、体育社会组织，实现政事分开、管办分离。只有明确了权限和职能的划分，才能使各个部门各司其职，共同为体育事业的平衡发展作出贡献。

（三）体育体制对体育资源的分配确定了基本原则

体育体制对组织机构职能的规定、对权限分配及运行机制等方面的界定与划分，都使国家和地方的体育资源得到更加优化、有效的整合与统筹，避免了体育行业一盘散沙的局面，其职能分配更是避免了管理越位与管理缺位的现象。这有利于对国家体育资源进行统筹、协调，提高体育资源的利用率，减少体育资源的浪费。

（四）体育体制对体育事业发展路径做出了选择

体育事业发展的任务、目标需要通过一定的途径才能落实，从而变为现实。虽然任务、目标是设计或发展路径的前提，但一个好的发展路径不仅有利于各项任务的落实和各个目标的实现，也有助于体育组织的内部协调，形成合力，从而提高体育事业的综合实力，推进体育事业高质量发展。

第二节　我国体育管理的组织体系

我国体育管理的组织体系主要由两部分构成，即政府体育管理组织和社会体育管理组织（图4-1）。

国务院
- 政府体育管理组织
  - 国家体育总局
  - 国务院各部委体育管理机构
- 社会体育管理组织
  - 社会体育组织（包括中华全国体育总会、中国奥林匹克委员会、中国体育科学学会等）
  - 社会群众团体（包括中华全国总工会、中华全国妇女联合会、中国共产主义青年团等）
  - 民间体育组织（包括依法登记、得到体育部门承认和指导的组织）

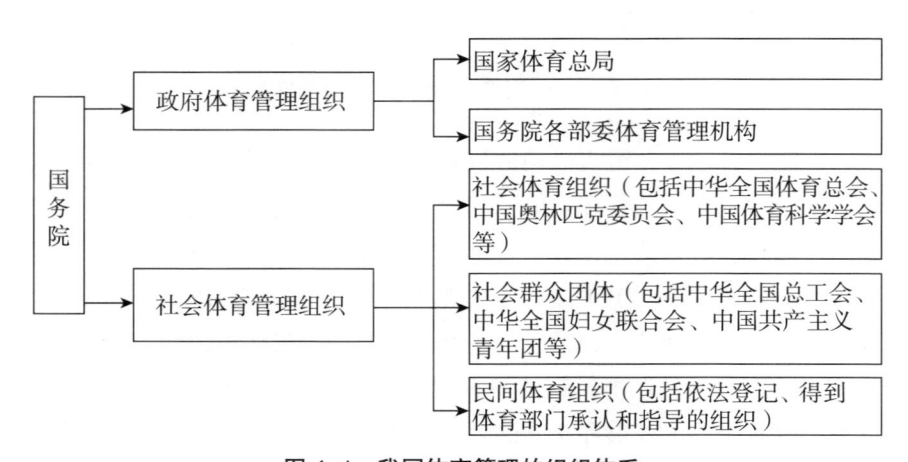

图4-1　我国体育管理的组织体系

资料来源：伍绍祖.中华人民共和国体育史（综合卷）[M].北京：中国书籍出版社，1999：51.

一、政府体育管理组织

政府体育管理组织包括专门体育管理组织和非专门体育管理组织。

（一）专门体育管理组织

我国从1952年开始，在中央人民政府和地方政府设体育运动委员会，并使其作为政府的组成部门，行使政府管理体育的行政权。1998年，我国政府实行机构改革，撤销国家体育运动委员会，设立国家体育总局。国家体育总局作为国务院的直属机构，调整了部分职能，但仍是政府专门的体育管理机构。地方政府也进行了相应改革，一般都撤销了体育运动委员会，设立体育局并调整了部分职能。

（二）非专门体育管理组织

在国务院组成部委中，一些部门设有体育工作的管理部门，如教育部设有体育卫生与艺术教育司，负责全国教育系统的体育教育管理工作；国家民族事务委员会设有文化宣传司，负责研究少数民族文化、艺术、体育、卫生和语言文字、新闻出版的特殊问题并提出相关意见，配合制定少数民族文化、体育、卫生等有关发展政策和规划，主办重大民族文化活动，承办全国少数民族传统体育运动会等工作。国防部、民政部和国家卫生健康委员会也设有体育行政管理部门，负责本系统的体育工作。

二、社会体育管理组织

我国的社会体育管理组织包括社会体育组织、社会群众团体和民间体育组织。

（一）社会体育组织

社会体育组织主要包括中华全国体育总会、中国奥林匹克委员会、中国体育科学学会。

1. 中华全国体育总会

中华全国体育总会是中华人民共和国全国性的群众体育组织，是党和政府联系体育工作者的纽带,是依法成立的非营利性的社团法人。它实行的是会员制,其团体会员包括省、自治区、直辖市体育总会;全国性的单项运动协会;行业、系统、基层的体育协会;中国人民解放军的群众体育组织,如中国人民国防体育协会。

2. 中国奥林匹克委员会

中国奥林匹克委员会简称"中国奥委会",成立于1910年。1979年11月26日,经国际奥委会全体委员表决,恢复了中国奥委会在国际奥委会中的合法地位,我国体育开启了新的局面。中国奥委会是以推动奥林匹克运动和发展体育运动为宗旨的全国性群众体育组织,由隶属国际奥委会所承认的国际单项运动联合会的全国运动协会的代表、国际奥委会的中国委员、社会和体育界人士组成。

3. 中国体育科学学会

中国体育科学学会成立于1980年12月,是体育科学技术工作者全国性的群众学术团体,是中国科学技术协会的下属组织。它采用会员制,在省、自治区、直辖市设有分会,并设有20个专业委员会。中国体育科学学会的宗旨是团结和组织广大科技工作者,倡导献身、创新、求实、协作的科学精神,在严格遵守国家宪法、法律和社会道德风尚的情况下,广泛开展体育科技活动,促进体育科技事业的发展和体育科技人才的成长,为增强人民体质、提高运动技术水平服务。

(二)社会群众团体

在我国,一些社会群众团体组织,如中华全国总工会、中华全国妇女联合会、中国共产主义青年团、中华全国青年联合会、中华全国学生联合会等,积极配合有关部门,动员和组织群众参加体育活动,一般都设有专门主管体育工作的体育机构。

(三)民间体育组织

民间体育组织是指根据法律法规进行注册登记,得到体育部门和相关部门的承认并接受其指导、监督的社会体育组织,如各类社区(青少年)体育俱乐部和体育中介机构等。

三、体育管理组织的职能及权限划分

（一）国家体育总局

国家体育总局是国务院主管体育的行政部门，负责统一领导、协调、监督全国的体育工作，其主要职责如下。

（1）研究体育发展战略，协调区域性体育发展，负责推动多元化体育服务体系建设，推进体育公共服务和体育体制改革。

（2）拟订体育事业发展规划和政策，起草有关法律法规草案并督促实施。

（3）统筹规划群众体育发展，负责推行全民健身计划，监督实施国家体育锻炼标准，推动国民体质监测和社会体育指导工作队伍制度建设，指导公共体育设施的建设，负责对公共体育设施监督管理。

（4）统筹规划竞技体育发展，设置体育运动项目，指导协调体育训练和体育竞赛，指导运动队伍建设，协调运动员社会保障工作。

（5）统筹规划青少年体育发展，指导和推进青少年体育工作。

（6）拟订体育产业发展规划、政策，规范体育服务管理，推动体育标准化建设，负责体育彩票发行管理。

（7）指导、管理体育外事有关工作，组织开展国际间和与港澳台的体育交流与合作。

（8）组织开展体育领域重大科技研究、技术攻关和成果推广。

（9）负责组织、协调、监督体育运动中的反兴奋剂工作。

（10）承办国务院交办的其他事项。

（二）教育部体育卫生与艺术教育司

教育部体育卫生与艺术教育司是学校体育管理的最高行政部门，其职能如下。

（1）指导大中小学体育、卫生与健康教育、艺术教育、国防教育工作。

（2）拟订相关政策和教育教学指导性文件。

（3）规划、指导相关专业的教材建设以及师资培养、培训工作。

（4）协调大中学生参加国际体育竞赛和艺术交流活动。

（三）中国奥林匹克委员会

中国奥委会是国际奥委会的会员组织，也是中国参加国际奥委会的唯一合法代表组织，其业务范围如下。

（1）依据《奥林匹克宪章》，在全国范围内发展和维护奥林匹克运动，宣传奥林匹克主义的基本原则，保证《奥林匹克宪章》在中国得到遵守。

（2）促进竞技体育和群众体育的协调发展，鼓励和支持妇女全面参与体育事业。

（3）全权代表中国参加地区、洲级和国际综合性体育赛事，包括冬/夏季奥林匹克运动会、冬/夏季亚洲运动会和东亚运动会，以及其他与奥林匹克运动有关的活动。在有关全国单项体育协会的配合下，选拔运动员，组成中国体育代表团参赛，并提供必要的费用和体育装备。

（4）在中国选定有条件申办和举办奥林匹克运动会、亚洲运动会或东亚运动会等国际综合性体育赛事的城市。

（5）协助其他全国性体育组织举办全国综合性的比赛活动。

（6）反对体育运动中任何形式的歧视和暴力，禁止使用国际奥林匹克委员会、世界反兴奋剂机构和国际单项体育联合会公布的禁用药物和方法。

（四）中国体育科学学会

中国体育科学学会是由全国从事体育科学及相关学科研究的科学技术工作者及相关单位和团体自愿结成的全国性、学术性、非营利性社会组织，其主要业务范围如下。

（1）开展国内外体育科学学术交流活动，组织学术会议，活跃学术思想，促进学科发展，推动自主创新；组织重点学术课题探讨和科学考察等活动，密切学科间、学术团体间的横向联系与协作。

（2）多渠道、多形式地开展体育科普宣传、健康教育活动，普及体育科学技术知识，推广科学健身理念与方法，开展青少年体育教育活动，向社会提供咨询与服务，提高全民身体素质、体育素养。

（3）开展体育科学相关继续教育、技术培训活动，不断更新会员和体育科技工作者的知识结构，提高会员和体育科技工作者的学术水平和创新能力。

（4）开展体育科学相关技术研究、技术咨询、技术服务和咨询服务。受政府委托承办或根据学科发展需要举办相关科技产品展览展示，推广先进科技成果，推动科技成果转化与应用，促进产学研结合，促进多方科技合作。

（5）依照有关规定主办科技期刊、编辑出版论文专辑、科技文献、体育学术与科普书刊相关的音像制品和其他技术资料；组织编写学科发展报告，引领体育学科发展；用各种方式传播体育科学技术信息。

（6）开展国际性、地域性的民间科技交流活动，建立与国（境）外相关团体和体育科技工作者的联系和交往，加强与国际、我国港澳台地区体育学术交流活动和科学技术合作；推举会员代表参加相关的国际学术组织及其活动。

（7）组织开展重大问题调查论证，为政府及有关部门制定战略决策、政策规划、法规标准提供咨询服务和技术支持，为政府科学决策提供依据。经政府有关部门批准，组织开展国家科学技术奖推荐、机构和人员评价、科技项目评估与论证、科技成果的鉴定与推广等工作，参与制定行业技术标准和规范等工作。

（8）按照规定经政府有关部门批准开展中国体育科学学会科技奖的评审与奖励工作，表彰、奖励在体育科技活动中作出突出贡献的会员和体育科技工作者，以及在学会工作中成绩突出的学会专、兼职工作人员；发现、推荐和培养优秀体育科技人才。

（9）推动体育科学研究诚信监督机制的建立和完善，促进科学道德和学风建设。

（10）维护体育科技人员的合法权益，向有关部门反映会员和体育科技工作者的建议、意见和诉求，为会员提供多方面服务和各种活动。

（11）兴办有利于体育科学技术发展的社会公益事业，兴办与学会宗旨相符的其他社会公益性活动，依法组织各种志愿者活动。

（12）承担政府有关部门及其他单位委托组织开展的有关工作。

此外，中华全国总工会、中华全国妇女联合会、中国共产主义青年团、中华全国青年联合会、中华全国学生联合会等社会群众团体组织，各类社区（青少年）体育俱乐部和体育中介机构等，在动员和组织广大群众参加体育活动，配合其他部门、社会组织开展体育工作方面发挥了积极作用。

第三节　我国体育体制改革的探索与发展

一、我国体育体制改革的发展历程

（一）我国体育体制的创立阶段（1949—1978年）

中华人民共和国成立初期，中共中央委托中国共产主义青年团管理体育工作，建立和健全各级体育组织，拟定体育发展的各项目标、方针和政策，确保我国体育各项事业平稳起步。1949年10月，中华全国体育总会筹备委员会成立，共青团中央负责领导。1952年，共青团中央与中央军委有关部门一道组建了以军事项目为主的中央国防体育俱乐部，后来与中华全国体育总会合并统一管理。同年，在学习苏联的基础上，成立了中央人民政府体育运动委员会，任命贺龙为体委第一任主任。中央体委的框架基本形成，原来由教育部管理的国防体育俱乐部和体育总会交由体委负责管理。中华全国体育总会成立大会通过《中华全国体育总会章程》，其规定：中央国防体育俱乐部改为中国人民国防体育协会，实行协会制。同时，中华全国体育总会（对外称中国奥委会）协助政府组织、领导并推进国民体育运动，实行会员制。1954年，国家机构改革后，政务院改为国务院，中央人民体育运动委员会改为中华人民共和国体育运动委员会（简称国家体委）。1956年，国家体委颁布《体育运动委员会组织简则》，提出"中华人民共和国体育运动委员会在国务院领导下负责统一领导和监督全国的体育事业"，实行委员制。到20世纪50年代末，我国初步形成了以国家体委、地方体委、全国体总，以及单项运动协会、行业体协、基层体协和国防体协为领导机构的体育管理体制。至改革开放前夕，受以公有制为主体的计划经济体制和一元化政治管理体制等诸多因素的影响，我国体育体制呈现出强烈的政府主导型特征，即举国体制。

（二）我国体育体制改革的探索阶段（1979—2012年）

1978年党的十一届三中全会后，改革开放成为时代发展的主旋律。政治、经济体制改革不断深入，应情应景，改革求变以顺应社会变革的需求成为体育发展的自然选择。同时，1979年国际奥委会恢复了我国的合法席位，国家体委提出"鉴于目前运动技术水平落后,参加1980年奥运会的任务又即将临近,而我国一些项目的成绩还达不到奥运会报名标准",因此国家体委和省一级体委要在普及与提高相结合的基础上,侧重抓运动成绩的提高。

20世纪80年代初期,国家体委开始进行体育事业的发展战略研究,逐步确定了"以青少年为重点的全民健身战略和以奥运会为最高层次的竞技战略协调发展"。体育管理体制进行了一系列改革,自我发展、依托社会、国家调控,充满生机与活力的体育体制和良性循环的运行机制正在形成。

1986年,国家体委下发了《关于体育体制改革的决定(草案)》,根据我国体育事业发展的内外环境,确立了以社会化为突破口,以竞赛和训练体制改革为重点的改革思路,以及"以革命化为灵魂,以社会化和科学化为两翼,实现体育腾飞"的战略指导思想,分别从体育领导体制、训练体制、竞赛体制、群众体育社会化、体育科研体制、体育宣传工作、体育教育体制、激励体制等方面正式拉开了我国体育体制改革的大幕。

进入20世纪90年代,特别是1992年邓小平同志南方谈话后,党的十四大最终确立了市场经济体制改革的目标,从而把我国推向了全方位深层次的社会转型的轨道。国家体委在20世纪90年代开始了又一轮改革,主题是体育与市场经济如何适应、协调。1992年红山口会议后,足球开始了实体化和职业化改革的试验。1993年《国家体委关于深化体育改革的意见》的发布,确立了"改变原来在计划经济体制下,单纯依赖国家和主要依靠行政手段办体育的高度集中的体育体制,建立与社会主义市场经济体制相适应,符合现代体育运动规律,国家调控,依托社会,有自我发展活力的体育体制和良性循环的运行机制,形成国家办与社会办相结合、集中与分散相结合的格局"的改革总目标。同时,在《关于运动项目管理实施协会制的若干意见》中,提出了"协会实体化"的改革目标。此外,还提出了体育"五化五转变"的改革任务。1995年《体育法》颁布后,该任务改为"六化六转变"。一是生活化,使体育活动费用由福利型向消费型转化;二是普遍化,使体育活动由国家体委一家办向大家办转化;三是社会化,使体育活动组织形式从行政型向社会型转化;四是科学化,体育工作由人治向法治转化;五是产业化,体育设施从事业型向经营型转化;六是法治化,加强体育工作法治观念的教育,强化体育执法管理,完善执法监督体系。以上政策为体育协会改革注入了新的活力。1994年,经中央机构编制委员会批准,国家体委相继成立了冬季、航空无线电模型、射击射箭等12个运动管理中心，运动项目管理进入"项目管理中心＋单项运动协会"模式阶段。1995年、1996年，篮球、排球职业化改革相继启动。1998年，国家体育总局职能业务司被撤销并设立了运动项目中心。截至2007年，国家体育总局共成立了23个直属运动项目管理中心。在"中心＋协会"管理模式运行过程中，其优势得到了充分的发挥。

进入21世纪以后，随着市场经济体制在我国的逐步完善和最终确立，尤其是我国成功取得了北京2008年奥运会申办权之后，中共中央、国务院下发的《关于进一步加强和改进新时期体育工作的意见》中指出，"利用筹备2008年奥运的有利时机……逐步理顺各级体育组织之间的关系，分工合作，形成新时期有利于体育事业发展的组织架构和适应社会主义市场经济要求的运作方式"。国家体育总局制定的《2001—2010年体育改革与发展纲要》中明确指出，"重视体育制度的创新，切实把体育事业的发展方式从行政型转为社会型""深化体育体制改革，加速体育机制转型"。党的十七大报告提出，我国政府机构改革总体要求，要"加快行政管理体制改革，建设服务性政府""着力解决机构重叠、职责交叉、政出多门问题""加大机构整合力度，探索实行职能有机统一的大部门体制"。中央文件精神为体育体制的改革指明了方向，给体育体制的改革带来了机遇，使滞后的体育体制改革加速发展。2009年3月，国务院对国家体育总局的职责进行调整，包括取消已由国务院公布取消的行政审批事项；加强体育公共服务，促进多元化体育服务体系建设，推动全民健身的职责；加强指导和推进青少年体育工作的职责。

（三）体育体制改革的深化阶段（2013年至今）

2013年11月12日，党的十八届三中全会通过了《中共中央关于全面深化改革若干重大问题的决定》，其中指出"激发社会组织活力。正确处理政府和社会关系，加快实施政社分开，推进社会组织明确权责、依法自治、发挥作用。适合由社会组织提供的公共服务和解决的事项，交由社会组织承担。支持和发展志愿服务组织。限期实现行业协会商会与行政机关真正脱钩，重点培育和优先发展行业协会商会类、科技类、公益慈善类、城乡社区服务类社会组织，成立时直接依法申请登记"。2014年10月印发的《国务院关于加快发展体育产业促进体育消费的若干意见》，在主要任务中提到"创新体制机制"，要求"进一步转变政府职能。全面清理不利于体育产业发展的有关规定，取消不合理的行政审批事项，凡是法律法规没有明令禁入的领域，都要向社会开放。取消商业性和群众性体育赛事活动审批，加快全国综合性和单项体育赛事管理制度改革，公开赛事举办目录，通过市场机制积极引入社会资本承办赛事。有关政府部门要积极为各类赛事活动举办提供服务。推行政社分开、政企分开、管办分离，加快推进体育行业协会与行政机关脱钩，将适合由体育社会组织提供的公共服务和解决的事项，交由体育社会组织承担"。

2015年以来，以《中国足球改革发展总体方案》为改革突破口，足球、篮球、排球、乒乓球、网球等多个运动项目的职业化水平不断提升，利用社会市场助力竞技体育发展，形成了一定规模的职业联赛市场，逐渐形成了一批"有传统、有人缘、有明星、有成绩、有关注、有市场"的运动项目，在品牌、营销等方面不断朝着以品牌为中心、服务球迷、服务媒体、服务赞助商的"一个中心、三个服务"方向发展，运动项目职业化改革在探索中前进。

2017年，国家发展和改革委员会同国家体育总局等九部门联合印发了《关于支持社会力量举办马拉松、自行车等大型群众性体育赛事行动方案（2017年）》，社会力量举办大型群众性体育赛事的积极性显著提高，市场机制更加完善，相关消费需求愈加旺盛，群众体育赛事服务质量和水平明显提高，社会力量办体育的机制逐渐成熟。同年，中国足球协会作为首个脱钩的单项协会获得了人事、财务、外事等方面的自主管理权，成为依法自治的社会团体法人。随后，中国滑冰协会、中国铁人三项运动协会、中国篮球协会、中国田径协会等进行了以功能优化为目标的实体化改革试点，姚明、申雪、冼东妹、郎平等多位优秀退役运动员和教练员进入协会领导层，促进单项运动协会专业化运作，推进全国性单项运动协会"脱钩"实体化改革进程。

二、我国体育体制改革的经验

我国体育改革已进入"深水区"，通过增量手段所能释放的红利已不多，需要触动深层次的体制机制方面，以改变原有权力和利益格局为代价，改革难度明显加大。多年来，我国体育事业在不断深化体制机制改革中努力寻求发展空间，坚定不移走中国特色社会主义体育发展道路，形成了具有中国特色的体育体制改革经验。

（一）坚持正确的指导思想

体育体制改革是全面深化改革的重要组成部分，涉及体育工作的全局性、方向性和创新性，其指导思想直接关系到体育事业发展的方向，是改革成功的根本保证。新中国70多年的体育实践表明，党的领导是我国体育事业发展的最根本经验，是做好各项体育工作的根本保证，只有紧紧依靠党的领导，才能克服改革进程中的障碍，保证各项改革举措顺利实施。近年来，体育系统以习近平新时代中国特色社会主义思想为指导，自觉同以习近平同志为核心的党中央保持高度一致，在思想上高度认同、政治上坚决维护、组织上自觉服从、行动上紧紧跟随，坚决贯彻落实习近平总书记关于体育工作的重要讲话、指示批示精神，以及党中央作出的关于体育的重大决策部署，围绕体育强国建设目标，确保体育体制改革健康、有序发展。

要继续深入贯彻落实新发展理念，主动适应新时代社会主要矛盾变化，主动回应人民群众对健康生活和全民健身的内在需要，主动变革体育事业发展的思维、行为和工作方式，全面创新体育发展体制、重塑体育发展生态、聚焦体育发展实践、回应群众体育需求，从而前瞻性地把握中国和世界体育发展大势、厘清体育发展脉络、找准改革关键环节。按照集聚资源、增强活力、促进协同、扩大共享的原则，坚定不移实施开放办体育，打破自我封闭和自我保护的陈旧观念，积极倡导国际合作、资源互补、赛事共办，结合我国的具体国情，借鉴国外体育发展的有益经验，认真鉴别、合理吸收。

（二）坚持举国体制与市场机制相结合

举国体制是指以国家利益为最高目标，国家体育管理机构在全国范围内调动相关资源和力量，国家负担经费来配置优秀的教练员和软硬件设施，集中选拔、培养、训练有天赋的优秀体育运动员参加奥运会等国际体育赛事，在比赛中与他国竞争，争取优异比赛成绩、打破纪录、夺取金牌的体育体制。举国体制的主要优势：一是民主集中制，把充分的民主和正确的集中有机结合，更能做出科学的、正确的决策；二是具有强大的资源整合能力，可以迅速、高效地调动各方面优势力量，聚焦一个主要目标，系统性地攻坚克难、破解难题；三是能够超越局部利益、短期效益的纷争，为国家利益、长远价值谋篇布局、蓄积势能。

随着社会主义市场经济改革的不断深入,"举国体制"赖以生存的社会大环境发生了巨大变化,原有的"举国体制"管理模式及运行机制越来越难以适应当前中国社会经济的发展和竞技体育自身孕育的改革需求,运行中存在的问题与缺陷也日益暴露出来,如政府包办体育、机构运行高度依赖政府行政手段、体育资金高度依赖计划手段和政府财政投入、体育人才难以合理流动、运动员退役和再就业问题难以解决等。70多年来,我国逐步形成了以奥运会为最高层次的竞技体育发展战略,形成了具有中国特色的竞技体育举国体制,充分展示了中国的制度优势和道路自信。与此同时,充分发挥市场机制在体育发展中的重要作用,通过市场机制的引入强化集聚资源、转换动力和创新机制,构建举国体制与市场机制相结合的新机制,是全面建设体育强国战略目标的需要,也是创新中国特色体育发展道路的关键。

坚持举国体制与市场机制相结合,要按照党的二十大报告提出的"充分发挥市场在资源配置中的决定性作用,更好发挥政府作用"的总体要求,在充分分析举国体制和市场机制在体育发展中的优势和劣势的基础上,推动举国体制与市场机制的系统耦合和功能性互补。坚持举国体制与市场机制相结合,一是用市场机制弥补举国体制调动资源能力不强、激励和约束方式单一、资源使用效率不高、推动创新和突破关键技术能力不强等问题;二是用举国体制集中力量办大事,让体育更好地服务于国家战略和中心任务,同时弥补市场机制的无序,防止投机和恶性竞争。

(三)坚持多方协同、形成合力

体育体制改革是一个复杂的系统创新工程,既涉及国家层面,又涉及地方和社会层面,许多体育问题具有跨界性、跨域性、复合性特点,需要多方协同、形成合力。由于机构调整、人员流动等方面的配套政策不到位,体育体制改革的难度较大、成本较高,亟待出台体育改革顶层设计指导性文件,提高改革的系统性、整体性、协同性,摆脱单项推进、单兵突进造成的制度政策困境。为此,国家体育总局成立了全面深化改革领导小组及办公室,统筹拟定体育体制改革方案和具体措施,既有总体把握和整体设计,又有步步为营的改革计划,确定了每项改革工作的重点及每一阶段的重点实施内容。

体育体制改革是整体系统性工程,不能仅依靠自下而上的基层创新,还要进行系统的顶层设计。要坚持从国家强盛、民族振兴的高度进行全局性谋划、战略性布局、整体性推进体育发展，统筹谋划体育体制改革事项，争取政策支持，统揽改革内容、事项及步骤、进度，自上而下推动改革，明确分工，狠抓落实，整合资源，形成特色。在改革实施过程中，强调内部协作与外部合作相结合，积极争取各方支持。既注重发挥国家体育总局的主导作用、各级体育行政部门之间的协调配合，共同协商解决改革中遇到的问题，又积极争取人事、教育、文化旅游、卫生健康等相关组织和部门的大力支持，加强部门间的规划与政策协同，加快对体育改革涉及的机构、人员、资产等问题配套政策的统筹研究。继续完善统筹决策、分工落实、督查督办、协同推进的工作机制，确保各项改革措施稳步推进。通过加强监督问责、完善体育标准、健全体育评价等方式，推进改革任务有效落实，确保改革目标如期完成。

（四）积极稳妥发挥社会力量的作用

长期以来，我国体育体制存在着"政事不分、政社不分、政企不分、管办不分"等问题。政府在体育事务管理上的权力过大，导致体育社会组织地位的边缘化。为此，国家体育总局推出了一系列体育改革措施：在群众体育方面，建立多主体各部门齐抓共管的工作机制，开展社会力量办体育试点工作；在竞技体育方面，探索各运动项目国家队共建方式，形成开放备战格局；在体育赛事方面，取消商业性群众性体育赛事活动审批，推动全运会改革；在体育产业方面，坚持消费引领、市场导向，鼓励各类资本进入；在社会组织方面，推动协会脱钩，研究制定体育社会组织改革相关政策，引导、培育、扶持各类体育社会组织发展。这些举措推进了由体育部门办体育向全社会共同参与办体育的转变。

改革的实质是政府、社会、市场等不同利益主体之间权力与利益的合理配置与博弈。解决体制问题要从根本制度安排上着手，其核心在于确立领域或组织间正式关系架构，即确定各个领域和组织的位置并划定"疆界"。社会组织通过市场机制参与体育公共事务，将是未来很长一段时间内体育体制改革的重要方向。积极稳妥发挥社会、市场力量的作用，不仅有利于破除权力寻租和特殊利益固化的藩篱，而且有利于发挥社会组织专业化优势，提高体育事业效率，促进高质量发展。《中共中央关于全面深化改革若干重大问题的决定》中提出，"推广政府购买服务，凡属事务性管理服务，原则上都要引入竞争机制，通过合同、委托等方式向社会购买"。但当前大部分体育社会组织发育成熟度较低，普遍存在法人治理结构不完善的问题，难以独立生存和承担社会责任，在人民与政府间的纽带作用尚未得到充分发挥；部分官办协会存在定位不准、作用不大、能力不强、管理分散等问题，经费缺乏，人员专业化程度低，无力承接政府职能转移和购买公共服务。因此，一方面，需要政府建立社会组织的培育支持制度和标准，促进扶持有据、培育合法；另一方面，社会组织自身需不断积累承接政府职能、举办赛事活动、开展业务培训等各方面经验，切实提高自身结构科学化与能力专业化水平。

（五）坚持理论创新与依法治体

把握规律性、激发创造性是顺利推进体育体制改革的前提条件，探索和遵循规律需要有科学的理论支撑。以理论创新推动观念、体制、机制创新，通过建立成果库、专家库等多种形式，以国家体育总局决策咨询项目为引领，开展围绕改革重难点的相关学术研究，不断提高理论研究的广度和深度。诸多研究成果被吸收采纳，充分发挥专家学者的专业特长，以改革成果丰富理论，以科学理论引导改革实践，实现理论与实践的有机互动。每项改革措施的出台，都通过研讨会、论证会、座谈会等多种形式反复论证，广泛听取各方面意见，确保改革措施的可行性。

依法治体是实现体育体制创新的重要基石，是推进体育治理体系和治理能力现代化的强有力保障（拓展阅读见二维码）。通过完善体育标准、健全体育评价、健全体育制度、完善体育法治，一方面能为体育体制创新提供法律保障，实现有法可依；另一方面能推进体育工作机制的顺利运行，促进体育治理法治化。通过加快体育领域相关法规文件立、改、废、释工作，促进体育行政机构职能转变中的法治作为，认真落实中央有关创新行政管理方式和依法全面履行政府职能的要求。通过编制国家体育总局部门权力与责任清单，建立完善动态调整机制，全面推进法治政府建设，构建有利于体育社会化和市场化的法治机制。

三、我国体育体制改革的发展趋向

（一）我国体育体制改革的发展目标

当前，政府、市场、社会在体育发展中的贡献程度仍未实现均衡，政府发挥的功能仍然远超市场和社会，包含有为政府、有效市场、有机社会的体育格局尚未完全形成。

一方面，多元主体参与治理的机制设计欠佳；另一方面，政府内部及部门间的协同程度不高。基于上述问题，我国体育体制机制改革的总体目标应为进一步完善社会办体育机制，形成政府部门有效协同、社会主体积极参与的体育治理新机制，为基本实现社会主义现代化体育强国奠定坚实基础。

（二）我国体育体制改革的发展路径

1. 管理体制——以规范"体育权力清单"为抓手，加速推进政府职能转变

"市场在资源配置中起决定性作用"是党的十八届三中全会提出的一个重大理论观点，为我国体育体制改革的发展指明了方向。在这一进程中，政府体育行政部门需要克服自身的管理惯性，改变体育领域中"所执着的发展路径、管理方式"，明确政府行为的范围，理顺核心服务职能，形成基于公共服务理念的"体育权力清单"。在市场经济体制深入改革的当下，我国体育事业发展已经驶向了一个新的起点，"体育权力清单"应该对政府掌控下各类体育资源的配置起到更为规范的调控作用。具体来看，各类具有公益性质的公共体育服务是这一清单的组成内容，应该得到政府体育行政部门的更多关注，并通过自身的发展和完善，为竞技体育和体育产业的发展提供支持。而现有竞技体育"举国体制"中的优质资产部分也应被纳入"体育权力清单"，中国体育事业多年来积淀形成的优秀经验应得到尊重和发展。

2. 竞赛体制——逐步取消赛事审批权，激活体育市场主动性

以全运会为核心的竞赛制度是传统体育体制的重要组成部分，也是目前极易引起争论的焦点。无论是 20 世纪 90 年代清华跳水队的无奈，还是 2014 年全国政协双周协商座谈会上姚明委员对赛事审批制度的痛陈，都表明了一个问题，即由政府体育行政部门完全掌控下的赛事资源无法形成良性的运行环境，这样的竞赛体制是无法迎合现代体育发展需要的。将赛事审批权、举办权牢牢控制在政府体育行政部门的手中，只会导致奥运奖牌、全运会奖牌绑架国家和地方两级财政对其的投入，带来的势必是不择手段、急功近利地攫取奖牌。虽

然目前已经将经营性高危险性项目和部分在华举办国际体育赛事的审批权做了较为积极的调整，但现在所采取的"计划报批，分类审批"方法仍然与取消赛事审批权有一定的距离。竞赛体制改革就是要逐步取消赛事审批权，以此激发市场投资主体对各类商业赛事、友谊赛的热情，真正从市场需求的角度出发，由市场投资主体开发出更符合市场消费需求、更为丰富多彩的体育赛事活动。

3. 人才培养——敞开心胸办体育，实现人才培养主体的多元化

走过半个多世纪的征程，我国体育既创造了竞技体育的辉煌，又由于自身的因循守旧备受责难。通过前面的论述，不难发现这样一个基本事实，即我国体育的成功极大地得益于现行体育体制对竞技体育的支撑，而我国的人才培养也是围绕竞技体育展开的。时至今日，无论是高水平竞技体育人才，还是竞技体育后备人才培养，都面临着"进口"和"出口"的难题，特别是三大球的现状，从另一个角度证明了人才培养方面的严重不足。而这一切的改变都取决于体育系统能否敞开心胸办体育，实现人才培养主体的多元化，让体育成为健全人格的实现途径，而不仅是为了培养获取金牌的"机器"。只有这样，社会组织、市场力量和家庭才更愿意、更有热情投入体育人才培养的过程。

4. 公共体育服务——采取政府购买的方式，规避政府体育行政部门的微观管理行为

无论是政府体育职能转变，还是体育社会组织实体化，抑或是体育产业的做大做强，其前提都要求政府体育行政部门退出体育事务的微观管理领域，为社会体育组织和体育产业发展提供平台和发展空间。政府体育行政部门需要做的就是专注于公共体育服务和必要的竞技体育产品，但这绝不意味着政府体育行政部门要负责整个过程，采取政府购买公共体育产品是一个行之有效的办法。保罗·萨缪尔森曾指出："效率是经济学所要研究的一个中心问题。"体育事业若论绝对数量，每个领域都是值得称赞的，可如果细究投入与产出的比例，第一时间映入脑海的一定是"粗放"二字。这种粗放式管理源于对体制保障的过度依赖，竞技体育投入高、成才率低的情况就是突出的例子。因此，需要对我国体育领域进行更为准确的细分，坚持"问需于民"的原则，为体育类公共产品、私人产品与混合产品确定范围与职能，以"货币化购买"的方式来确保体育事业的公平与效率。

思考题

1. 什么是体育体制？如何理解体育体制对体育事业发展的作用？
2. 不同类型的体育体制各有哪些特点？
3. 我国政府体育管理组织体系有哪些？其职责是什么？
4. 如何认识坚持举国体制与市场机制相结合？

推荐阅读

［1］梁晓龙，鲍明晓，张林.举国体制［M］.北京：人民体育出版社，2006.

［2］国家体育总局编写组.深入学习习近平关于体育的重要论述［M］.北京：人民出版社，2022.

［3］刘青.体育强国建设进程中的体育体制改革［M］.北京：人民体育出版社，2015.

第五章

体育科学

> 建设体育强国，必须实现高水平的体育科技自立自强。要综合多学科、跨学科的力量，统筹推进技术研发和技术转化，为我国竞技体育实现更大突破提供有力支撑。
>
> ——习近平2022年1月4日在北京考察2022年冬奥会、冬残奥会筹办备赛工作时的讲话

学习提示

【内容提要】 体育科学的概念、体育科学的发展历程、体育科学与体育发展的关系；体育科学体系的概念、体育科学的属性及体育科学体系；体育学术组织的作用，国内外体育学术组织简介。

【学习目标】 通过本章内容的学习，了解体育科学与体育发展的关系，掌握体育科学的属性与分类体系；培养体育科研能力；提升体育科学素养，增强体育科技创新意识。

【主要概念】 体育科学　体育科学体系　体育学术组织

第一节　体育科学概述

一、体育科学的概念

体育科学作为科学的重要组成部分，是体育学科的灵魂和纽带。体育作为一种人类社会实践活动，就其本身而言并不等于科学，而基于对体育现象、规律、本质的把握才是体育科学的源泉所在。按照《辞海》对科学的解释，"科学是运用范畴、定理、定律等思维形式反映现实世界各种现象的本质和规律的知识体系"，基于这样的逻辑，体育科学是以现代科学理论为方法论，以基础体育学科及新兴、交叉体育相关学科为构架，通过实证、分析、讨论、综合等途径研究体育现象、揭示体育特征和规律的知识体系。它沿着"是什么，为什么，将是什么"的脉络从整体上研究体育价值和体育规范，合理运用多种有效的科学研究方法与研究范式，探索未知的体育领域，把握体育发展规律、本质和趋势，是对各门体育学科研究范式的概括和总结，是一种抽象性的描述，更多强调构建一种体系和框架。由于体育不是一种"天然的自然现象"，更多的是与人发生关系，是人参与运动、享受生活的重要方式，无形中也使体育科学研究具有了自然属性和社会属性。当然，这种概念界定也会随着时代的发展及人对科学的深层次认识而不断创新发展。

二、体育科学的兴起

体育科学作为现代科学体系中的子系统，是对体育文化和社会现象的理论或学问的知识体系。从概念、内涵到形成学科体系，体育科学经历了漫长的发展过程。

（一）西方体育科学的发展历程

在西方，关于体育科学的研究最早可以追溯到古希腊。古希腊作为西方文明的发源地，是西方现代体育科学思想的摇篮。当时，一些著名的思想家、哲学家、教育家的研究中均涉及体育，如哲学家亚里士多德在《论动物的运动》和《动物起源论》中就对运动进行过描述；历史学家帕萨尼亚斯在《希腊志》

中就介绍了大量游戏、运动及体育教育的历史。但总体来看，这个时期的研究更多孕育在哲学、政治或者伦理思想中，比较分散，而且更多是一种经验性描述，但是它对西方现代体育科学的发展产生了深远的影响。

文艺复兴为体育发展敲开了大门，彻底打破了中世纪神学对人体的束缚，推翻了对运动的种种谬论，冲破了设置千年的认识禁区，学校体育理论的研究几乎成为当时所有知名教育家整个教育理论的组成部分，如《大教学论》《母育学校》《教育漫话》等。与此同时，借助医学研究，1628年英国生理学家哈维的《心血运动论》、1765年瑞士生理学家哈勒的《生理学纲要》等著作奠定了运动医学形成的基础。总之，17—18世纪的科学发展不仅为现代体育和体育科学发展奠定了思想基础，而且开创了近现代科学研究的先河。但总的来说，当时对体育的认识更多来自古希腊竞技和教育的研究，其主要还是属于历史学和教育学的范畴，属于体育科学的探索阶段，还没有达到真正意义上的科学研究。

19世纪作为"科学的世纪"，凭借近代教育和医学的发展与进步，对体育进行分科研究的倾向已逐渐明朗，具有单学科性质的体育学科开始出现，主要表现为以下两方面。一是现代体育教育形成。德国、瑞典、丹麦作为现代体育科学的主要发源地，对现代体育教育的形成起着至关重要的作用。二是运动医学与生物等学科的进一步分化。德国学者韦贝尔兄弟将力学引入运动人体分析，于1836年出版了《人走步器官的运动力学》一书，开创了运动生理学和运动生物力学研究的先河。1871年，比利时学者格特勒出版了《人体测量学》。1889年，法国学者格拉朗热发表了《不同年龄身体练习的生理学》，奠定了运动生理学的基础。事实上，19世纪体育科学的研究视角呈现多元化趋势，体育生物科学基本脱离母体学科而成型，体育教育的科学化进程加快，并且开始出现与其他学科融合的趋势，但是这一时期的体育科学仍属于单学科研究范畴，研究较为分散，并没有形成统一的研究对象和方法。

进入20世纪，随着奥林匹克运动的复兴和学校体育地位的上升，体育科学得到全面发展。20世纪40年代运动解剖学成为独立学科，50年代运动训练学成为独立学科，60年代体育社会学和体育管理学成为独立学科，70年代运动生理学成为独立学科，90年代体育工程学成为独立学科。此外，一些学术机构和刊物相继涌现。1912年，德国成立了运动医学学会并召开了世界上第一次体育科学学术会议——运动医学学术会议；1921年，法国创立了运动医学学会并创办了世界上最早的体育科学刊物《运动医学》；1923年，第一个国际体育学术组织——国际体育教育联合会成立；1928年，国际运动医学联合会成立；随后，国际体育科学与体育教育理事会（1958年）、国际体育情报联合会（1960年）、国际体育社会学学会（1965年）、国际运动心理学学会（1965年）、国际比较体育学会（1978年）、国际运动生物力学学会（1982年）、国际体育史学会（1989年）、国际体育工程协会（1998年）、国际体育经济学会（1999年）及国际体育计算机科学协会（2003年）等国际体育组织也纷纷组建。同时，研究方法上不断突破，内容分析法、访谈调查法、实验法、社会经济模型、博弈论模型、区位分析等方法相继运用到体育科学研究中。研究内容上更加多元化，不仅在运动生物力学、运动心理学、身体活动与锻炼等方面有所延伸，在运动疲劳与恢复、运动创伤、儿童与青少年体育锻炼与健康等方面有所拓展，而且与医学、健康、社会学、计算机科学、工程技术等领域深度交叉融合。

（二）我国体育科学的发展历程

中国的体育科学研究起步较晚，真正意义上的体育科学研究是伴随西方体育的传入而开展起来的，其发展轨迹与世界体育科学的发展轨迹大致相同，同样经历了从孕育、萌芽到单学科发展，再到多学科交叉融合的演变过程。它开始于20世纪20年代，当时以介绍和消化欧美体育科学理论为主，传播色彩较浓，研究主要依据一些实践经验，对某些原理进行阐述或者依据某些理论对运动动作进行分析和解释，具有影响的著作主要有罗一东（1924年）、章凌信和杨少庚（1927年）等编写的《体育学》；陈咏声（1933年）、刘德超（1944年）、王学政（1945年）等编写的《体育概论》；宋君复（1929年）、方万邦（1933年）、吴蕴瑞和袁敦礼（1933年）、江良规（1944年）等编写的《体育原理》。但整体而言，体育科学发展缓慢，以引进为主，缺乏较系统的全面研究和组织计划，研究方法单一，学科体系研究处于起步阶段。

中华人民共和国成立以后，为进一步促进体育科学的发展，截至目前，国家先后成立了15所体育院校（详见二维码），为体育科学的发展奠定了坚实的人才基础。1958年，新中国第一个专门体育科研机构——北京体育科学研究所（国家体育总局体育科学研究所前身）成立。同年，国家体委研究制定了我国第一个体育科学研究工作十年计划。1960年，全国总工会和国家体委在北京召开了第一届全国体育科学工作会议。1964年，国家体委科学工作委员

全国15所体育院校简介

会成立，同年在北京召开了第一届全国体育科学报告会。1978年，召开了全国科学大会，会上通过了《1978—1985年全国科学技术发展规划纲要》，为体育科技发展指明了方向。1979年，召开了第二届全国体育科学技术工作会议，提出了体育科研为体育运动实践服务、为提高全民族健康服务，明确了体育科技工作的重点任务。1980年，中国体育科学学会成立。1982年，我国首次编写完成《中国大百科全书·体育卷》。1984年，召开了中华人民共和国成立以来首次全国性体育论文报告会。1986年，中国教育学会体育研究会和中国高等教育学会体育研究会成立。1991年，全国体育系统政治思想工作研究会成立。1993年，我国第一个社会体育科学研究所成立。1996年，全国哲学社会科学规划领导小组正式将体育社会科学列为国家统一规划管理的一级学科，标志着体育社会科学研究开启新的篇章。

进入21世纪以来，体育科学研究蓬勃发展，新理论、新技术、新方法不断涌进体育领域，尤其是党的十八大以来，随着2014年全民健身上升为国家战略，体育科学研究进入了新时代。一方面，学科不断完善与成熟，研究领域不断拓展，呈现出内容新、方法新、功能新、业态新、理念新的特征；另一方面，体育科学学术交流不断深化，科技成为体育发展的新引擎。2007年，北京承办了第5届世界体育大会，这是中国举办的首次国际体育大会。2008年，北京奥林匹克科学大会以"21世纪的体育科学与和谐社会"为主题，吸引了近70个国家和地区的约2000名体育科学学者、专家及奥林匹克科学大会相关工作人员出席。2011年，第14届世界群众体育大会在北京召开。2015年，以"运动休闲　畅享自然"为主题的世界休闲体育大会在青岛举办。2019年第十一届、2021年第十二届、2023年第十三届全国体育科学大会分别以"体育发展的科技力量""科技赋能体育·创新驱动融合""科技赋能体育强国"为主题。2023年7月，第31届世界大学生夏季运动会FISU世界学术大会在成都开幕，大会以"大学体育：相拥多彩世界"为主题，围绕"运动、健康、科技、文化"等话题展开研讨，来自美国、澳大利亚、德国、阿根廷、芬兰、瑞士、新加坡等30个国家和地区的530余名专家学者参会。

通过对中西方体育科学发展历程的梳理，体育科学发展经历了从感性到理性、从不规范到规范、从浅层到深层、从结构到功能的演变，为深刻认识体育科学体系奠定了基础，社会需求、科学研究方法创新、科学技术支持、重要科学家的贡献是推动体育科学研究不断前进的动力来源。

三、体育科学与体育发展

（一）体育发展需要体育科学的支持

体育科学作为一门应用型科学，解决运动实践中的关键性问题是体育科学的价值所在，更是体育科学的魅力所在。我国20世纪60年代兴起的"三从一大"训练原则，曾引领中国女排取得了"五连冠"的佳绩，但这种理论实际上在很长一段时间内被片面地理解为增加训练次数、延长训练时间的训练方式，结果训练效益很低，同时"时间战"和"消耗战"不仅使运动员没有时间和精力进行文化学习，使处在生长发育阶段的青少年运动员群体更易出现较严重的运动损伤，而且使教练员无暇回顾、思考、总结自己的训练模式，因循守旧、墨守成规。这一切说明了什么？恰恰说明了体育的发展需要科学的指导，科学是体育进一步发挥潜力、创造奇迹的支撑，是体育展现魅力的源泉，仅靠运动员和教练员的汗水取得优异成绩的时代已经一去不复返，先进的计算机、高速摄影机、电子传感器等高科技设备进入体育领域后，这种被动的局面发生了革命性的改变，标志着科技体育时代已经来临，激烈的竞技舞台已经幻化为现代技术的舞台，体育的竞争归根结底就是科技的较量。尤其是当竞技体育向高、难、精、尖迅猛发展的时候，更需要借助现代科学技术手段，依靠多学科的协同作战把握体育运动规律，最大限度地挖掘人的潜力，提高人的能力。目前，生物技术、多媒体技术在训练实践中已开始广泛应用，为提高的运动水平提供了可靠支持（拓展阅读见二维码）。

科学助力体育发展

同时，像奥运会这样的国际赛事，数百万民众在一段固定时间内聚集在一个相对狭小的空间，如此庞大的规模无论是对某个地区还是国家来说，都是一个挑战，这里牵涉到交通、安全、卫生、媒体及赛事管理等诸多问题，这都需要科学的指导，缺少任何一方的联动，都会产生极大的问题。现代奥林匹克运动从产生、发展到逐渐走向成熟的100多年中，科学技术正以加速度式的发展在奥运会这个平台上得到了完美体现，从第二次世界大战前屈指可数的小试牛刀到如今信息时代的大展神通，科技正全方位武装奥运、服务奥运，并且渗透到奥运盛典的每一个微小细节，从某种程度上可以说，科技甚至成为奥林匹克精神物化的象征。北京2022年冬奥会之所以能够实现历史性突破，"科技办奥"理念发挥了重要作用，无论是场馆和基础设施建设、赛事组织、赛会服务，还是场馆运行、观赛体验、疫情防控等，科技的身影无处不在，如研发了科学化训练方法和装备及云转播平台、VR观赛、智能语音服务等技术，建成了包括二七厂科训基地体育综合风洞、涞源跳台滑雪专业风洞在内的"体育风洞"集群，解决了雪车雪橇赛道、国家跳台滑雪中心和速滑馆等场馆设计、建造和运维技术难题，打造了"永不熄灭的火炬"，完成了水下火炬传递。

事实上，不仅在体育运动自身的发展与繁荣上需要科技支撑，还在体育理论创新上需要科学指导。奥林匹克主义使奥林匹克运动不同于一般的体育运动，它本身就具有极强的教育价值和文化价值。科技发展为奥林匹克文化、教育活动提供了技术支持，促进了奥林匹克精神的传播。北京2008年奥运会提出的"绿色奥运、科技奥运、人文奥运"就是体育科学人文素养在体育价值上的表现，为全新认识体育创造了条件。"一起向未来（Together for a Shared Future）"作为北京2022年冬奥会和残奥会的主题口号，充分体现了团结和集体的力量，体现了奥林匹克运动的核心价值观和愿景，以及追求世界统一、和平与进步的目标。

（二）体育科学为体育发展提供了有力支撑

体育科学作为综合性科学，随着现代科学向体育科学领域的渗透、移植和应用，产生了许多体育科学的新方法、新学科、新技术，为科学训练创造了条件，如运用微分方程对运动员动作的角度、作用点和力量大小进行分析和判断；运用概率论的有关理论对球类运动的命中率进行推断；运用对策论对运动比赛战略战术进行优化；运用模糊数学方法对运动员的选拔和成绩预测进行定量处理。现代训练已从自然训练阶段过渡到技术革新阶段，大运动量训练阶段过渡到多学科综合利用阶段，人类的潜力几乎达到极致。为充分发挥人类体育运动潜能，探求更快、更高、更强、更团结，无形中激励了新技术、新材料、新装备的产生，尤其是奥林匹克运动，将这种渴求表现得更加突出。事实上，精确的成绩测量和记录使成绩评定更为准确、客观，为运动成绩的评判提供了依据。1912年瑞典斯德哥尔摩第5届现代奥运会上，电动计时器和终点摄影装置被首次采用，使成绩计时被精确至1/10秒，大幅减小了人为误判的可能性，促进了田径运动技术水准的提高和发展；1972年德国慕尼黑奥运会光电测距仪被首次采用，成绩被精确至1/1000秒。第26届奥运会女子100米决赛中，凭借高科技电脑可以分辨出，美国选手德弗斯以0.005秒的优势战胜奥蒂获得金牌，再次显示了科技的力量。

在新材料方面，撑竿跳杆非常具有代表性。在早期的木制杆时代，世界上有据可查的最早成绩是 1789 年德国的布施跳过的 1.83 米。1896 年第 1 届奥运会的撑竿跳高比赛，美国运动员威廉姆·霍伊特用木杆跃过了 3.30 米，这是当时首屈一指的成绩。随之更具弹力的竹竿和金属杆出现，让世界纪录得到了显著提升。1942 年，美国的 C. 沃梅达以 4.77 米的成绩创造了竹竿最高纪录；1960 年，美国运动员 D. 布雷格又以 4.80 米创造了金属杆的最高纪录。在更轻、更韧、更富有弹性的"玻璃纤维杆"和"碳纤维杆"问世后，撑竿跳高这项运动发生了翻天覆地的变化。1994 年，乌克兰选手布勃卡用玻璃纤维杆创造了男子 6.14 米的世界纪录。2008 年，俄罗斯选手伊莲娜·伊辛巴耶娃则使用碳纤维杆将女子世界纪录提升到了 5.05 米的新高度。

科技在发展，体育在创新，凭借新技术、新方法、新材料，体育赛事变得更加精彩，人类潜力不断提升。体育科学为体育发展提供了有力支撑和保障（拓展阅读见二维码）。

当前，新一轮科技革命和产业变革正在加速演进。以 Web 3.0、人工智能、元宇宙、区块链、B5G、6G 等为代表的高新技术，正通过重构人、场地、设施与体育活动等要素之间的关系，为全民健身、竞技体育、体育产业提供强劲的发展动能和广阔发展空间，更是三者协同发展的重要牵动力。"体育＋科技"的有机联动一方面促进了高科技与体育的紧密结合，使科技在深化主动健康意识、推动健康关口前移、建立运动促进健康新模式等方面发挥着重要作用；另一方面渗透竞技体育发展各个环节，从"智慧选材""冠军模型"，到"医体融合、体科互参、防治康训一体化"的竞技保障，再到自主研发装备，如 2021 年红旗雪车的交付使用，彻底结束了国外品牌垄断的历史。此外，研发主动健康可穿戴设备、智能健身器材和体育设施智能设备，帮助民众实时记录运动数据、制订健身计划、科学管理健康，打破运动健身的空间与时间限制，实现健身方式的数字化与科学化，从而享受更加便捷、科学和健康的生活方式。

（三）体育科学与体育发展的冲突

科学不断创造性的发展加速了科技与体育的融合，也为体育的新发展搭建了平台，提供了空间。然而，体育科学发展本身就如一把双刃剑，它虽能为运动员打破世界纪录创造条件，带来突破人类极限的可能，但又在无形中损害了

体育科技在奥运会中的应用情况

机体，剥夺了人类自身价值的体现；虽能把竞技体育带入自由王国，但又陷入了道德困境，违背了公平原则。兴奋剂问题作为体育发展的头号敌人，它的使用不仅直接危害了运动员的身体健康，甚至是生命，而且违背了公正原则，更关键的是威胁到竞技体育的存亡与可持续发展。奥运史上最大的一宗兴奋剂丑闻就是1988年汉城奥运会的"约翰逊"事件。2007年，美国前奥运会冠军马里昂·琼斯承认在2000年悉尼奥运会期间服用了类固醇类药物。兴奋剂正在一步一步地蚕食奥林匹克精神，在挑战人类的容忍度。正是因为对名誉和利益的追逐，体育科技发展出现扭曲，科学理性完全掌控了一切，价值理性被边缘化，造成了兴奋剂的泛滥。事实上，为杜绝兴奋剂在奥运赛场的使用，1961年国际奥委会医学委员会（简称IOC-MC）在希腊成立。1964年东京奥运会上首次进行赛前兴奋剂检测，虽然成效甚微，但首次表明了奥运会对兴奋剂的禁绝态度。1999年11月，国际奥林匹克委员会在瑞士洛桑成立世界反兴奋剂机构，标志着国际反兴奋剂协调行动的开始。2000年2月，中国成为世界反兴奋剂机构理事国。2003年，世界反兴奋剂机构首次通过《世界反兴奋剂条例》，2021版《世界反兴奋剂条例》自2021年1月1日起生效。党的十八大以来，我国持续开展反兴奋剂斗争，不断完善反兴奋剂制度规范体系。习近平总书记在教育文化卫生体育领域专家代表座谈会上明确提出，"要坚决推进反兴奋剂斗争，强化拿道德的金牌、风格的金牌、干净的金牌意识，坚决做到兴奋剂问题'零出现''零容忍'"。自2021年3月1起施行的《中华人民共和国刑法修正案（十一）》中增设"妨害兴奋剂管理罪"，作为第三百五十五条之一："引诱、教唆、欺骗运动员使用兴奋剂参加国内、国际重大体育竞赛，或者明知运动员参加上述竞赛而向其提供兴奋剂，情节严重的，处三年以下有期徒刑或者拘役，并处罚金。组织、强迫运动员使用兴奋剂参加国内、国际重大体育竞赛的，依照前款的规定从重处罚。"2022年6月修订的《体育法》中新增"反兴奋剂"一章，再次表明我国在反兴奋剂问题上的坚决态度。

"科技改变生活"已成为人们的共识，而当科技改变体育赛事结果，或者改变人们对体育赛事的惯有认知和期待时，人们对新科技的包容与接纳程度就会出现波动。数字化赋能下的体育，其发展空间得到拓展、创新模式得到丰富、服务效率得到提高，数字体育、智能体育等新形态的出现，拓宽了体育发展新空间。然而，数字时代也在深刻改变人类的生产、生活、学习方式，随之

第五章　体育科学

出现的网络沉迷、手机依赖、信息茧房等问题，"小眼镜""小胖墩""脊柱侧弯"等问题，成为影响青少年体质健康的堵点，对民众的身心健康和体育发展带来挑战。数字化建设越是提速、人类对数字技术越是依赖，体育在促进个体完善、增进沟通交流、保证社会和谐方面的重要就越发凸显，就越需要弘扬体育精神，发挥体育独特功能，实现科技进步与人的全面发展之间的良性互动。

总之，科学技术作用于体育是体育未来发展趋势，也是未来发展的必然结果，它将极大地促进体育的发展，对体育运动的各个方面都将产生深刻的影响，为体育朝着更高的目标迈进提供了有力保证，同时体育的发展也为体育科学提供了舞台和展示科学魅力的空间，两者既相互依赖，又相互影响，是合作中较量，是较量中均衡，是前进中冲突，是冲突中完善。

拓展阅读　"鲨鱼皮泳衣"之痛

"鲨鱼皮泳衣"可以说是体育科学与体育发展融合与矛盾冲突的典型代表。1999年10月，国际泳联正式允许运动员穿鲨鱼皮泳衣参赛。2000年，悉尼奥运会上伊恩·索普穿着鲨鱼皮泳衣一举夺得3枚金牌，从而使鲨鱼皮泳衣名声大震。2004年的雅典奥运会中，获得奖牌的运动员中有47人是穿着鲨鱼皮泳衣登上领奖台的。2007年，鲨鱼皮泳衣协助世界各国运动员先后21次打破世界纪录。但是，在这背后隐藏着的是什么？是人类自我的丧失。奥林匹克之所以具有如此大的魅力，在于它充分展示了人类征服自然、挑战自我的潜能，而科技的过度充斥和膨胀，使众多参与者被一种异己的力量所支配，丧失了主动性和控制力，成为竞技体育的附庸，也使人们原本丰富的人生蜕化为"技术的人生"，缺失了人文精神的滋养，带给运动员的只能是身体上的伤害和精神上的创伤。与此同时，体育比赛公平性被肆意践踏。公平、公正作为体育竞赛的根本原则，是体育道德体系中最基本的内涵和基础，更是竞技体育的精神核心。《奥林匹克宪章》明确规定："公平竞赛是奥运赛事的根本原则，要努力在运动中普遍贯彻公平竞争的精神。"而事实是并不是所有参赛选手都有机会利用高科技来提高运动成绩，面对高科技，一方面是欧美国家的普遍性，另一方面是拉美国家的稀缺性，两者形成鲜明的对比，导致了公平竞争精神日益受到破坏和侵蚀，违背了体育竞赛的根本原则。因此，2009年7月，国际泳联决定于2010年5月之后规定全球禁用高科技泳衣。从2000年开始使用到2010年被禁止，鲨鱼皮泳衣的传奇结束了，取而代之的是体育竞技场上的公平性。

第二节 体育科学体系

一门学科成熟的标志在于学科意识的形成与规范，体育科学从古代体育发展为近代体育科学，从近代体育科学发展为现代体育科学，历经两次重大变革，逐步形成现代体育科学新体系。事实上，科学把握一门学科的内在结构体系，认识其内外构成要素间的相互关系，既是一门学科传承发展的必备条件，也是学科不断成熟的必要途径。

一、体育科学体系概念

学科体系作为一种对知识加以分类的学科分类制度，是一种结构化知识分析方法，它的划分更应遵循知识体系自身的逻辑，因此学科及其分支是相对稳定的知识体系。即使是新兴的交叉学科、边缘学科和综合性学科也都有自身相对稳定的研究领域，而体育科学体系就是将这些相关学科作为一个整体来看待，根据各门学科的研究对象、相互关系及区别，对学科进行划分和组织，确定其在整个科学体系中的地位，揭示整个学科的内部结构。当然，体育科学各学科之间不仅存在平面网络式关系，而且呈现出立体层次及交叉关系，它们之间不但相互吸收和兼容，而且广泛吸取其他学科的研究成果，通过分化、融合产生新兴学科，从宏观上、总体上探讨体育科学结构及其与各分支学科的关系。它既要体现体育科学的内在逻辑和学科特点，反映体育各学科间的关系和体育实践活动，又要符合现代科学体系和国内外常用学科分类方法，使体育科学体系成为一个完整、有序的构架。事实上，体育科学体系的构建与完善也会增强各分支学科的科学性和系统性。

概念是认识的反映，是学科发展的前提。体育科学体系是概括、总结体育若干基本领域或分支学科发展趋势，理顺体育科学结构和关系，构建特定功能的一种知识结构体系。尽管体育科学还很年轻，但它同其他学科一样，具有自身的体系机构，这是体育科学发展的必然趋势和结果。

二、体育科学属性

科学分类是一门研究科学之间关系的学问。恩格斯认为,"每一门科学都是分析某一个别的运动形式或一系列互相关联和互相转化的运动形式的,因此,科学分类就是这些运动形式本身依其内在序列所进行的分类、排序,科学分类的重要性也正在于此"。体育科学体系分类是运用分类学原理探讨体育科学内部结构和相互关系的过程,是现代科学技术和现代体育结合和发展的必然结果。1997年教育部颁布的《授予博士、硕士学位和培养研究生的学科、专业目录》,预示着体育学科体系的初步形成,这极大地推进了中国体育学科的建设和发展。相比于其他学科,体育科学从建立到发展积极吸收了其他学科的养分,正是得益于诸学科的发展,体育科学在自身的演变和发展的历程中形成了独特的模式。

虽然不同研究者从不同视角阐述了对体育科学属性的认识,但是当前对"体育科学具有人文与社会科学属性"已成为学术界多数人的共识。基于体育科学研究对象的自然和社会二重性,因此就其知识内容体系而言,体育科学是一种二元结构,既包含社会科学知识体系,又包含人文科学知识体系;就学科的派生关系而言,既来源于自然科学,也来源于人文与社会科学;就与实践的密切程度而言,既涵盖理论学科,也有应用学科、应用技术、生命学科等不同层次。因此,对体育科学属性的认识关键在于将体育科学作为一个整体、一个体系来把握。

人文科学就是研究人类经济技术赖以运行和发展的人文背景,它力图透过客观事实的世界,构建一个理想化、完美性、超越性的价值世界,其基点在于以人为本、为人服务。事实上,体育科学与人文科学一样,具有相同的夙愿,那就是对人的尊重、对人的价值的尊重。人文科学从人的内心世界和情感世界进行探析,着眼于从价值形式与意义角度来理解人;体育科学则是在具体某一体育运动现象中对人的研究,是从体育功能、关系、机制、制度的约束和时空角度来"分析"人。实际上,不管是人文科学还是体育科学,都是以人为关注点,只是在关注的角度、方式上存在差异。体育科学更多关注体育状态或者体育社会状态下的"竞技人""社会人""经济人""健康人"。体育科学不仅能从科学层次来理解,而且能从人文视角来诠释。从科学层面看,体育科学是一门系统化的科学;从学科层面看,体育科学是人文科学,但这种人文科学并非单纯的人文科学，而是各种综合学科的反映。

社会科学的研究对象是人，特别是由人组成的社会的运行和变迁规律，而体育是由社会关系所决定的，是一种社会现象。随着现代社会结构的不断分化，"社会问题"不可避免地越来越多、越来越复杂。体育科学同样也会陷入这些"社会问题"之中，也需要客观、历史、辩证地分析。体育科学发展至今已有80多门学科，其中体育社会科学就达20多门，为社会服务、为实践服务，这是体育科学学科的存在价值。根据《体育科学学科发展研究报告（2020—2023）》，当前的研究重点集中在体育哲学思想与体育哲学理论构建、体育法的阐释、体育美学与生命生活关系、体育道德、兴奋剂问题、中国体育外交实践与政策研究、体育文化传承、全民健身智慧化与更高水平的全民健身公共服务体系、奥林匹克文化与传播、农村体育与乡村振兴、户外运动休闲、社区公共体育服务、体育社会组织改革与发展、全球体育治理、国际体育发展与变革、体育与青少年、全民健身与全民健康、体育精神等方面。

当然，把体育科学完全归属于人文科学与社会科学也并非尽善尽美。体育这种特殊的人文社会现象和包容的人体生物运动等自然现象纠缠在一起，本身就很难分清，况且随着社会发展，研究对象体育本身的内涵、范畴、特征不断变化与更新，体育科学的属性问题也会不断清晰，对它的认识也会不断深化。

三、体育科学体系分类

自1997年体育学科体系初步形成，历经20多个春秋，体育科学体系研究取得了丰硕的研究成果，积累了丰富的研究经验，但就体育科学分类体系而言，由于主管部门对体育的认识不同，《学科分类与代码》《研究生学科专业分类》《本科专业分类》《中图法》等分类标准中也并不一致，加之新时代体育的快速发展，体育学科强化了与生物学、医学、生命科学、经济学、管理学、人工智能、工程等学科的交叉融合，进一步认识和厘清体育科学体系的意义就更加凸显，本书综合前人研究，从宏观、中观、微观视角对体育科学体系进行了划分。

（一）宏观层面

哲学作为一切科学思考的出发点和归宿，是体育科学体系的基础。体育哲学作为马克思主义哲学在体育和运动领域的具体运用，从宏观上和整体上探讨体育及其发展与人类对体育认识的发展关系，是认识论和方法论综合的学科，在体育科学分类体系中居最高层次，是体育科学体系内其他大部类的共同指导学科。当然，体育科学宏观层面的研究对象并非体育相关科学研究对象的拼凑及研究内容的简单相加，它从体育现象与社会现象外部的角度、体育主要构成要素的角度来展示体育的整体性，其中也会涉及哲学的研究方法，如矛盾分析法、归纳和演绎、分析和综合、抽象和概括、逻辑和历史的统一等。

（二）中观层面

由于体育科学本身就是一个学科群，自然会涉及多学科的机制内容和思想，体育科学从建立之初就受到教育学、解剖学、医学、心理学、生物学、生理学、社会学等基础学科的影响，因此在学科中会有所体现。根据学科的分类，体育科学的基础学科主要涵盖自然科学、人文和社会科学、医药科学与工程技术科学4个基础学科，运动生理学、运动解剖学、运动生物力学、运动生物化学等学科是自然科学的基础学科；体育社会学、体育管理学、体育经济学、体育人类学、体育伦理学、体育美学、体育法学、体育史学等学科是人文和社会科学的基础学科；运动医学、运动营养学、运动保健学、运动康复学、运动与公共健康学等学科是医药科学的基础学科；智能体育工程、运动能力开发、体育系统工程等学科是工程技术科学的基础学科。这些学科构成了体育科学的基石，是体育微观层面中应用学科的基础。

（三）微观层面

这里的微观层面更多的是从应用角度而言的，它是关于各门学科专门的或特定的方法和技能的研究，具有独立性、单向性和个体性的特征。它运用中观层面的理论知识，探讨体育运动中各种现象与规律，属于体育专业理论，主要包括实用类和技术类，实用类分为体育统计学、体育测量学、体育评价学、体育选材学、体育绘图、体育场地与设施、体育心理学等具体应用性的学科；技术类包括田径、篮球、排球、足球、体操、武术、水上运动和冰雪运动等，它是体育科学体系中最活跃、最富生命力的研究领域，是体育学科重要的实践场所。微观层面涉及的研究方法最多，既有自然科学中普遍使用的观察法、实验法、归纳法等，也有社会科学中普遍运用的问卷调查、访谈法、田野研究、定性研究法、有元分析法、数据建模与仿真等，这些方法的普及和运用扩展了视野，增添了研究的角度，扩大了研究的领域和范围。

体育科学分类体系作为体育科学成熟与完善的标志，既有赖于体育科学整体发展的科学化、规范化，也有赖于研究方法的创新与完善，是时代性与科学性的有机结合。

第三节 体育学术组织

一、体育学术组织的作用

体育科学要发展，首先要有载体，而体育学术组织作为体育科学的依托，是体育科学赖以生存的基础。体育学术组织是指以从事体育科学研究，推动体育科学技术发展为目的的、具有高度自主性的社会实体。它承担着推动体育学科发展、促进体育科技人才培养、普及和推广体育科技成果的重任，是联系体育科技工作者的桥梁和纽带，是传播体育科技文化的重要基地与发展体育科技事业的重要力量。凭借组织自身的特点，搭起建国内与国外、圈内与圈外交流学习的平台，为广大体育科技工作者参与科学研究创造条件。体育学会组织作为对外交流的平台和窗口，由于体育运动的技术规律是相同的，与社会制度和意识形态无关，没有阶级性，因而体育运动不受民族、语言、地域等因素的影响，世界各国的体育科技工作者因为体育团聚在一起，相互交流、共同学习、切磋技艺，加深了他们对各国文化的了解，增进了友谊，推动了人类的进步。

未来体育科学的发展是多学科、多方法的联合，单纯依靠某一个人或群体已不现实，取而代之的是联动与协作。体育科学研究从一种效仿自然科学发展到自然科学和社会科学两类学科结合的有机体，从单学科发展到多学科综合发展，从单一研究法发展到多学科综合研究法发展就是最好的证明，体育的发展需要更多的力量。作为体育运动理论和实践的时代反映，体育科学研究应适应社会发展及学科规律，需要采用不同的研究方法，相互配合、相互促进。

面对体育向现代化、社会化、国际化发展的趋势，体育学术组织更应勇担责任、不畏困难、迎头而上，运用现代科学的手段和方法，通过客观指标的测试，全面综合评价和预测体育发展态势，为全民健身、竞技体育、体育产业繁荣发展保驾护航。体育需要科技，科技推动体育。科技兴体不仅是我国体育发展的重要战略构思，而且是实现体育科学化、现代化的客观要求，是体育高质量发展的必然趋势。体育作为综合国力和社会文明程度的重要体现，在新时代新征程上，要为社会发展赋能，要为自信自立铸魂，要为全球体育增力。体育学术组织必须认清责任和方向，坚持以增强人民体质、提高全民素养和生活质量为目标，高度重视并充分发挥体育在促进人的全面发展、促进经济社会发展中的作用，紧追国际体育发展前沿，汲取各国体育市场化、职业化、法治化等方面的先进经验，实现竞技体育与全民健身协调发展，推动体育产业高质量发展，形成与新时代发展相匹配的体育发展新格局，全方位融入国家发展大局，推动体育强国和健康中国建设。

二、国际体育学术组织

（一）国际体育科学与体育教育理事会（ICSSPE）

国际体育科学与体育教育理事会（International Council of Sport Science and Physical Education，ICSSPE/CIEPSS，网址 https://www.icsspe.org）于 1958 年在法国巴黎成立，原名为国际体育运动理事会。1982 年将"体育科学"一词纳入其名称，改用现名。现行章程是由 1988 年 9 月召开的第 13 届代表大会通过，于 1989 年 1 月 1 日生效的。

国际体育科学与体育教育理事会工作主要集中在以下三方面：体育科学——促进体育科学领域成果的传播及其在教育和文化领域中的应用；体育运动——将研究成果应用于体育教育和体育运动实践；科技服务——提供信息交流服务。该理事会的出版物主要包括《观点》《体育科学评论》《体育科学研究》《技术研究》《公报》《会议日程》。在 60 多年的发展过程中，国际体育科学与体育教育理事会与许多国际组织建立了密切的合作关系，是教科文组织常设咨询机构，定期代表联合国机构开展研究和其他项目，也是国际奥委会的"认可组织"，与世界领先的体育机构有着悠久的合作传统。此外，其与世界卫生组织在体育活动和健康促进领域也有合作。

（二）国际体育社会学学会（ISSA）

国际体育社会学学会（International Sociology of Sport Association，ISSA，网

址 https://www.issa1965.org/）于 1965 年 4 月在波兰成立。原名"国际体育社会学委员会"，1994 年改为现名，是联合国教科文组织（UNESCO）辖属的国际学术组织，在业务上属于国际体育科学与体育教育理事会（ICSSPE）和国际社会学学会（ISA）的下属组织。其主要任务是促进体育社会学领域的国际合作，在所有国家之间交流有关体育社会学研究信息，召集体育社会学各方面的国际大会、研讨会或专题讨论会等。《体育社会学国际评论》作为国际体育社会学学会的官方期刊，于 1965 年创办。

（三）国际运动医学联合会（FIMS）

国际运动医学联合会（International Federation of Sports Medicine / Fédération Internationale de Médécine du Sport，FIMS，网址 https://www.fims.org/），原名国际运动医学协会（Association Internationale Médico-Sportive，AIMS），于 1928 年 2 月在瑞士圣莫里茨成立。1998 年该组织名称修改为 FIMS，并沿用至今。

FIMS 以促进运动医学在世界范围内的研究和发展，通过锻炼和体育参与来保护和改善人类健康，科学研究体育锻炼和体育参与的自然和病理影响，组织或赞助运动医学领域的国际科学会议、课程、大会和展览，在运动医学及相关领域与国内外组织开展合作，发表运动医学及其他相关领域的科学信息为使命。国际运动医学联合会有 4 个常设的专门委员会，即教育委员会、联合会协调委员会、联络委员会、科学委员会。其出版物为国际运动医学联合会通讯和一年 4 期的《运动医学世界》杂志。

（四）国际运动生物力学学会（ISBS）

国际运动生物力学学会（International Society of Biomechanics in Sports，ISBS，网址 https://isbs.org/）于 1982 年 6 月在美国成立。该学会的宗旨是为运动生物力学的科研人员、教师、教练和实践者提供论坛；促进运动生物力学理论研究与运动实践的结合；收集和传播运动生物力学信息和资料。

《运动生物力学》杂志是国际运动生物力学学会的官方科学期刊。该杂志旨在产生提高运动成绩和减低受伤发生率的知识，并将这些知识传达给体育科学家、教练和体育参与者。

（五）国际体育信息协会（IASI）

国际体育信息协会（International Association for Sports Information，IASI，网址 https://www.iasi.org/）是体育信息与体育文献领域的国际组织，其前身是1960年在罗马成立的国际运动与体育理事会（ICSPE）的下属工作机构"文献与信息局"。1974年该局独立出来，成立了国际体育信息协会。目前世界各大洲的60多个国家有其会员。国际体育科学与体育教育理事会（ICSSPE）是其协会董事会成员之一，1994年获得国际奥委会承认。

该协会的主要任务是：鼓励和支持所有国家的体育教育、体育活动和体育文献和信息活动；按照国际标准协调这一领域，公布公众感兴趣的项目，并以网络的形式协助实现这些项目；为国际体育科学与体育教育理事会的成员和其他组织提供服务；组织各种形式的交流；支持和进行体育文献和信息方面的研究；加强国际数据库间的交流等。该协会举办各种体育信息研讨会，出版协会通讯，建有英语的体育信息库，与世界各地的体育信息中心关系密切。

（六）世界体育管理协会（WASM）

世界体育管理协会（World Association for Sport Management，WASM，网址 https://wasmorg.com/），成立于2012年。WASM以促进全球体育管理研究和卓越教学为使命，以促进、加强和支持体育管理方面的国际合作；交流有关体育管理研究结果信息；召开体育管理各方面的国际大会、研讨会或专题讨论会；促进和加强各区域协会之间的合作，并建立其他大陆、区域和国家体育管理协会；与国际体育协会（如国际奥委会）保持联系等为目标。

WASM每两到三年举行一次会议，目前已分别在西班牙马德里（2014年）、立陶宛考纳斯（2017年）、智利圣地亚哥（2019年）、卡塔尔多哈（2023年）举行了四次会议。

（七）国际体育经济学会（IASE）

国际体育经济学会（International Association of Sports Economists，IASE，网址 https://www.iase-sport.org/）于1999年7月在法国利摩日成立，是世界知名的体育产业研究的国际性学术组织。它以推动经济理论和方法应用于体育组织、体育市场和体育政策，组建全球体育经济网络，营造一个对体育及体育相关机构和政策进行批判性评估和循证分析的环境，为体育经济学和相关领域的研究人员提供普遍交流思想为目标。

自 1999 年在法国利摩日主办了第一届体育经济学国际会议以来，该协会先后在葡萄牙里斯本（2000 年）、西班牙马拉加（2001 年）、美国纽约（2002 年）、瑞士纳沙泰尔（2003 年）、希腊雅典（2004 年）、加拿大渥太华（2005 年）、德国波鸿（2006 年）、美国代顿（2007 年）、西班牙希洪（2008 年）、南非斯泰伦博斯（2009 年）、美国波特兰（2010 年）、捷克布拉格（2011 年）、英国伦敦（2012 年）、美国西雅图（2013 年）、巴西里约热内卢（2014 年）、法国利摩日（2015 年）、意大利威尼斯（2016 年）和中国上海（2017 年）举办体育经济学会议，开展学术研讨和交流。

其他国际体育学术组织简介详见二维码。

三、我国体育学术组织

（一）中国体育科学学会（CSSS）

中国体育科学学会（China Sport Science Society，CSSS，网址 http://www.csss.cn/）成立于 1980 年 12 月 15 日，是我国成立时间长、运作规范、社会影响较大，集学术性、科普性、公益性于一体的最大规模、最高层次的体育科技学术社会团体。它的宗旨是团结和组织广大科技工作者，倡导献身、创新、求实、协作的科学精神，在严格遵守国家宪法及其他法律和社会道德风尚的基础上，广泛开展体育科技活动，促进体育科技事业的发展和体育科技人才的成长，为增强人民体质、提高运动技术水平服务。

中国体育科学学会设有 20 个分会、7 个工作委员会和 3 个会刊［《体育科学》《中国运动医学杂志》《运动医学与健康科学》（英文）］，全国 27 个省（区、市）和 3 个计划单列市建立了地方体育科学学会。目前，中国体育科学学会开展的主要工作有：开展国内外体育科学学术交流活动，组织重点学术课题探讨和科学考察等活动，密切学科间、学术团体间的横向联系与协作；多渠道、多形式地开展体育科普宣传、健康教育活动；开展体育科学相关技术研究、技术咨询、技术服务和咨询服务；依照有关规定主办科技期刊、编写学科发展报告，传播体育科学技术信息；开展国际性、地域性的民间科技交流活动；开展中国体育科学学会科技奖的评审与奖励工作；推动体育科学研究诚信监督机制的建立和完善，促进科学道德和学风建设等。

（二）国家体育总局体育科学研究所（CISS）

国家体育总局体育科学研究所（China Institute of Sport Science，CISS，网址 https://www.ciss.cn/）成立于1958年9月18日，是国家级、多学科、综合性的社会公益类体育科研事业单位。它的主要任务是引领和推动我国体育科技事业发展，把握国际体育科学前沿领域和未来体育事业发展中的重大科技问题，以国民体质监测和健身方法研究、优秀运动员竞技能力研究、体育政策研究、体育工程技术研究等领域为主要方向开展基础研究和应用研究，为我国群众体育、竞技体育和体育产业的可持续发展，以及提高国际竞争力提供科技支持和服务。

国家体育总局体育科学研究所现有国民体质与科学健身研究中心、运动训练研究中心、体能训练研究中心、运动心理与生物力学研究中心、运动生物科学研究中心、运动康复研究中心、体育社会科学研究中心、体育工程研究中心8个研究中心和1个综合实验中心，拥有"运动训练监控重点实验室""运动心理重点实验室"2个国家体育总局重点实验室。国家国民体质监测中心、中国体育科学学会的日常办事机构挂靠在国家体育总局体育科学研究所。此外，国家体育总局体育科学研究所还编辑出版中国体育科学领域内具有高水平的学术期刊——《体育科学》《中国体育科技》。

（三）北京大学运动医学研究所

北京大学运动医学研究所是国内最早的、唯一的集医疗、教学、科研及下队服务为一体的综合性运动医学研究所，它于1959年1月在北京大学第三医院（以下简称北医三院）成立，前身是原北京医学院创建的医疗体育医师督导教研组及医疗体育科（1955年）。经过60多年的风雨历程，该研究所已发展为涵盖运动创伤、运动康复、运动营养和医务监督4个专业，目前中国最大的、最具影响力的综合性研究所，全面开展对运动损伤的防治及运动相关疾病的研究工作，为国家各级运动员、奥运会等体育赛事和全民健身提供高质量的医疗服务和强有力的医疗保障，为国家竞技体育的发展保驾护航。近年来，研究所运动创伤发展迅猛，成立膝、肩、髋、踝4个临床亚专科，开展的关节镜微创技术已经成为重要的运动伤病诊治手段。1999年成为唯一的中国奥委会和国家体育总局指定的运动员伤病诊疗中心，2007年成为卫生部和中国医师协会认证的全国最大的关节镜培训中心，2023年北医三院运动医学运动员诊疗康复基地揭牌。

（四）国家体育总局运动医学研究所

国家体育总局运动医学研究所于1987年7月正式建成。2000年，于国家科技体制改革之际，国家体育总局将体育科学研究所运动医学研究室和训练局医务处建制划归国家体育总局运动医学研究所，建立体育医院，并于2001年12月正式挂牌运行，其任务是为国家队运动员和国内外大型赛事提供医疗保障，同时积极面向社会开展医疗服务。2007年，兴奋剂检测中心和兴奋剂检查处成建制划归新成立的反兴奋剂中心。2011年1月19日，国家运动营养测试研究中心和国家体育总局运动营养重点实验室同时在国家体育总局运动医学研究所挂牌。当前，国家体育总局运动医学研究所主要职责是开展国家队医疗保障工作，负责国家队的医疗服务和管理；负责体育医院的业务管理，同时根据需要选派医护人员下国家队服务；开展运动医学的科研工作，组织开展国家队医疗科技攻关；组织开展队医和营养师的业务培训和资格审定工作，开展运动医学的学术交流，编辑出版《中国运动医学杂志》，加强重点实验室建设和管理等工作。

（五）国家体育总局体育信息中心

国家体育总局体育信息中心是国家体育总局直属事业单位，2001年5月由原国家体育总局体育信息研究所、电子信息中心和训练局的电教室合并组建而成。它是中国体育信息及信息化研究开发和管理应用单位，主要任务和职责是承担国内外体育信息的收集、研究、咨询和服务保障；承担全国体育系统信息化的规划、建设和管理工作；承担大型体育比赛电子信息工程的组织管理和技术保障工作；负责我国电子竞技运动项目的管理等。

思考题

1. 如何认识体育科学？
2. 如何把握体育与科学的关系？
3. 如何理解体育科学的学科性质？

4.如何理解体育科学的分类体系?

5.举例说明国内外体育学术组织。

推荐阅读 >>>

［1］黄汉升.体育科学研究方法［M］.北京:高等教育出版社,2006.

［2］中国体育科学学会.体育科学学科发展研究报告(2020—2023)［M］.北京:人民邮电出版社,2023.

第六章

学校体育

> 要坚持健康第一的教育理念,加强学校体育工作,推动青少年文化学习和体育锻炼协调发展,帮助学生在体育锻炼中享受乐趣、增强体质、健全人格、锻炼意志。
>
> ——习近平2020年9月22日在教育文化卫生体育领域专家代表座谈会上的讲话

学习提示

【内容提要】学校体育的概念、目标任务、组织形式,以及学校体育与人才培养的关系;体育教学的概念、特点、目标任务、原则和方法;课外体育活动、课余体育训练和体育竞赛的概念、特点、目标任务及组织形式;我国学校体育管理的机构、内容、依据、方法;学校体育的改革发展。

【学习目标】通过本章学习,了解学校体育及各组织形式在我国体育和教育中的地位、作用,理解、掌握相关概念,了解我国学校体育管理体制、相关政策法规;具备辨别和分析学校体育现象和问题的能力;树立正确的学校体育发展观,明确学校体育在我国教育及体育事业发展中的地位和作用。

【主要概念】学校体育 体育课教学(体育教学) 课外体育活动 课余体育训练 学校体育管理

第一节　学校体育概述

一、学校体育的概念

学校体育是随着学校教育的出现而出现，并随着社会及学校教育的不断发展而逐步形成体系的。在我国，学校体育既是学校教育的重要组成部分，又是竞技体育、社会体育及全民健身的重要基础，在培养身心健康、全面发展的人才方面有着不可替代的作用和功效。

学校体育是指为提升学生体育素养、促进其身心健康全面发展，在以学校教育为主的环境中，依据国家教育方针、社会需要及学生身心发展特征，运用身体练习、卫生保健措施等手段，通过多种组织形式对学生施加的有目的、有计划、有组织的教育活动。这些活动包括体育课，以及以学校为主体组织开展的课外体育锻炼、课余体育训练和体育竞赛。

学校体育的概念蕴含了如下三层含义。

（1）学校体育是在以学校教育为主的环境中进行的，这是学校体育与竞技体育、全民健身及其他体育组成部分的主要区别之一。但同时，学校体育也不等同于青少年体育，其与学生在非学校组织的体育培训、训练、竞赛等体育活动既有区别又有联系。

（2）学校体育是以身体练习、卫生保健措施为手段的，这是学校体育与智育、德育、美育等其他学校教育内容和形式的主要区别之一。

（3）学校体育相关教育活动是在一定目标统领之下进行的，该目标的制定有社会需求、国家教育方针、学生身心发展特征等多重依据。

二、学校体育的目标任务

学校体育的目标任务是指在一定时期内，学校体育实践所期望达到的结果。它指明了一定时期内学校体育工作的方向，是一定时期内一切学校体育工作的出发点和归结点。

确定学校体育目标任务时，既要考虑学校体育固有的特性，也要反映国家、社会、学校及学生个体的现实和发展需求，同时还要充分考虑实现目标任务所需的环境和基本条件。

2020年10月，中共中央办公厅、国务院办公厅印发了《关于全面加强和改进新时代学校体育工作的意见》，该意见从指导思想、工作原则、主要目标三个方面提出了新时代我国学校体育工作发展的总体要求，为学校体育工作指明了方向。其中，新时代我国学校体育的主要目标是：到2022年，配齐、配强体育教师，开齐、开足体育课，办学条件全面改善，学校体育工作制度机制更加健全，教学、训练、竞赛体系普遍建立，教育教学质量全面提高，育人成效显著增强，学生身体素质和综合素养明显提升。到2035年，多样化、现代化、高质量的学校体育体系基本形成。

三、学校体育的组成

《学校体育工作条例》规定，学校体育工作是指普通中小学、农业中学、职业中学、中等专业学校、普通高等学校的体育课教学、课外体育活动、课余体育训练和体育竞赛。学校体育工作是实现我国学校体育目标的基本途径，对促进学生身心的健康成长有重要意义。

（一）体育课教学（体育教学）

体育教学是学校体育工作的中心环节，它与其他学科的教学一起对培养合格的社会主义建设者起着重要的作用，是实现学校体育目标的重要途径之一。

（二）课外体育活动

课外体育活动是学校体育工作的重要内容之一，是体育课堂的延伸，是落实"阳光体育运动一小时"的重要保证和主要形式，是学生经常性参加校园体育活动的重要途径。

（三）课余体育训练

课余体育训练是学校体育的重要组成部分，也是我国竞技体育的战略基础。积极开展课余体育训练有利于培养造就一批优秀的体育后备人才和学生体育活动的骨干力量。学校应根据学校体育的总体规划和目标，针对青少年学生的身心特点，根据学校的具体条件，认真组织、开展好学校课余体育训练。

（四）学校体育竞赛

学校体育竞赛是学校体育的重要组成部分，是实现学校体育目标任务的基本途径之一，在培养学生终身体育意识、提高学生体质健康水平、丰富校园文化生活，以及培养学生智力、道德、人格等方面都发挥着重要作用。

体育课教学、课外体育活动、课余体育训练和体育竞赛既有区别，又有联系。在实际工作中，要注意各种途径的特点，使之相互配合、相互促进，共同实现学校体育的目标任务。

四、学校体育与人才培养

（一）学校体育可以培养身心健康、全面发展的合格人才

立德树人是我国教育的根本任务，培养什么人则是教育的首要问题。学校体育是学校教育的重要组成部分，是落实立德树人根本任务、培养德智体美劳全面发展的社会主义建设者和接班人的主要阵地和重要途径，有着不可替代的作用和效果。

学校体育通过健身、益智、促群和塑美等途径来实现其"育人"的本质功能，从而培养社会需要的身心健康、全面发展的合格人才。

（二）学校体育可以培养和输送竞技体育人才

学校体育是竞技体育的基础。各个运动项目的运动员必须经过多年系统训练，才能达到世界水平。从青少年儿童中发现并培养大批后备力量，是提高我国竞技体育运动技术水平的一个主要途径。学校可通过组建运动队、俱乐部等体育训练组织，开展多种形式的课余体育训练，有条件的还可组建高水平运动队，为国家培养竞技体育后备人才。

（三）学校体育可以培养合格劳动者、社会体育的骨干和指导力量

体育锻炼是影响人体生长发育积极而重要的因素。在学生时期加强体育锻炼，可以改善和提高学生的体力、体质、素质，成长为合格的劳动者。同时，学生时代受到良好的体育教育，毕业后可以成为社会体育的骨干和指导力量，推动社会体育运动的发展。

第二节　体育教学

一、体育教学的概念

体育教学（体育课教学）是指在教育教学目的制约下，师生共同参与，通过运用适当的方法、策略，指导学生学习教师设计的教学内容，掌握体育与健康的基本知识、基本运动技术和技能，不断提升学生体育素养、增强学生体质的有计划、有组织的体育教育活动。

上述概念包括以下三重含义。

（1）体育教学是师生共同参与的双边活动，缺一不可。

（2）这一活动过程以身体练习为主要媒介和内容。

（3）这一活动过程是在一定教育教学目标制约下有计划、有组织地进行的。

二、体育教学的特点

和其他教学相比较，体育教学具有以下特点。

（一）教学内容的实践性

体育教学是以身体练习为主要手段进行运动技术学习和体育锻炼的过程。而身体练习包括跑、跳、投等多种活动内容和方式，具有鲜明的实践性特点。

（二）教学活动的复杂性

体育教学常在室外进行，教学环境多处于开放状态，干扰较大；而教学内容的实践性特点也要求学生在跑、跳、投活动的过程中得到提高和发展；体育教学的组织形式灵活多变；体育教师和学生之间、学生和学生之间的互动多、角色转化多，人际关系呈现多边性；教学中涉及、运用了多门学科。这些特点综合在一起就形成了体育教学的复杂性特点。

（三）身心负荷的双重性

体育实践课教学中，学生在从事各种身体练习时，人体各器官系统会积极参与活动并协调配合，学生身体要承受一定的生理负荷，会对机体产生刺激，加速新陈代谢，这是体育实践课教学所独有的特点。但是，体育教学活动并不是单纯的身体活动，师生双方在体育教学过程中，不仅要动身，还要动心，"身心"并用才能完成教学任务。所以，体育教学具有身心负荷的双重性。

（四）教学效果的综合性

体育教学效果的综合性与教学目标的多元化有着直接而密切的联系。

体育教学既有强身健体、提高运动技能的目标，又有调节情感、提高心理素质的目标，还有促进交往、建立和谐关系、规范运动行为、促进社会化等方面的目标；在特殊的社会发展阶段，往往还会出现其他代偿性目标。

由于体育活动的多种功能和体育教学目标的指引，体育教学在效果上对学生产生了较全面的综合教育作用。学生在体育教学中明显体现出既练体又学技、育心的多重教育效应，有"增知识、调感情、调精神"的综合教育作用。

三、体育教学的目标与任务

体育教学的目标任务是指在一定时间和范围内，体育教学所要达到的规格、结果或状态。它是学校体育指导思想的具体体现，是开展体育教学工作的出发点，也是评价体育教学工作效果的重要依据。

科学的确定依据是体育教学目标任务顺利实现的前提。确定体育教学目标任务的依据包括：国家的教育方针、体育方针，体育课程标准，体育教学的本质特征和功能，学生的身心发展特点和规律，以及教学的实际条件和环境。

我国体育教学的目标是：提高学生综合体育素养和能力，促进学生全面健康发展，养成良好的体育意识和习惯。

我国体育教学的目标要通过下面具体的任务来实现。

（1）向学生传授体育和卫生保健的基本知识、技术和技能。

（2）提高体能，增强体质，促进学生全面、均衡发展。

（3）强化终身体育意识，培养学生正确的生活观念和方式。

（4）进行思想品德教育和意志品质的培养。

上述体育教学的目标任务在大、中、小学又表现为不同的学段教学目标任务。

四、体育教学的原则与方法

(一)体育教学原则

1. 概念

"没有规矩,不成方圆。"体育教学原则就是体育教学的"规矩",构建科学的体育教学原则体系具有重要的实践价值。

体育教学原则是对体育教学客观规律的反映,是长期体育教学经验的总结和概括,是进行体育教学必须遵循的准则和依据。

体育教学规律是体育教学原则体系构建的依据和基础。体育教学过程的基本规律包括适应社会发展需要规律、符合学生身心发展规律、符合人们认识事物的规律、遵循动作技能形成规律、符合生理和心理活动起伏变化的规律。

2. 体育教学原则体系

体育教学是教学的一部分,除了应遵循一般教学原则,如全面发展、循序渐进、因材施教、师生协同、启发性、可接受性、自觉积极性等原则外,还要根据体育教学的基本规律,遵循体育教学特有的教学原则,具体包括增强体质与促进学生全面发展相结合原则、安全性原则、合理安排负荷与休息原则。

正确理解和贯彻体育教学原则,对于把握体育教学规律、不断提高教学质量、顺利完成教学任务有着重要的意义。

(二)体育教学方法

1. 概念

体育教学方法是指在体育教学过程中,师生双方为实现、完成体育教学的目标任务而采取的教学途径和手段的总称。

上述概念蕴含了以下三层信息。

(1)体育教学方法具有一定的目的性,其选用以圆满完成教学任务为前提。

(2)体育教学方法实施主体具有双边性,既包括教师用的方法,又包括学生学练的方法。

（3）体育教学方法具有多样性，包括多种教学途径和手段。

体育教学方法是体育教学过程整体结构中的一个重要组成部分，是体育教学的基本要素之一。

2.常用体育教学方法及分类

为了更加系统地理解体育教学方法，就需要对庞大的体育教学方法体系进行分类。分类依据不同，划分建立的体育教学方法体系就不同。目前常见的分类如下。

（1）根据教学方法实施主体的双边性特点，可以分为教师教的方法和学生学练的方法。

（2）根据教学内容的特点，可以分为理论知识的教学方法、运动技能的教学方法、身体锻炼的方法和思想品德教育的方法。

（3）根据体育教学与一般教学的区别，可以分为一般教学方法和特殊教学方法。

（4）根据教学中体育教师和学生之间信息传递的途径，以及这种途径之下学生的认知特点，可以分为语言类、直观类、本体感知类、统合感知类的教学方法。这是目前比较新也是认可度比较高的一种分类方法，具体包括的方法如表6-1所示。

表6-1　常用体育教学方法分类

语言类教学方法	直观类教学方法	本体感知类教学方法	统合感知类教学方法
讲解法	示范法	完整法	游戏法
问答法	演示法	分解法	比赛法
提示法	观察法	领会教学法	发现法
讨论法	预防与纠正错误法	循环练习法	榜样法
—	—	重复练习法	问题探究法
—	—	变换练习法	小群体学习法
—	—	放松练习法	—

3.体育教学方法的选择和运用

教学方法就像我们开门的钥匙,钥匙选用是否正确,直接决定了我们开门的准确性和速度。体育教学方法的选择和运用是否正确,对提高教学质量、完成教学任务有着重要的影响。实践中,体育教师要根据以下六个方面的依据来选择和配置体育教学方法:体育课的目标与任务,教学内容的性质和特点,教学对象的特点和需求,体育教师自身的条件和特点,不同体育教学方法的功能特点、适用范围、使用条件,教学时间和效率。

4.体育教学方法的发展趋势

(1)体育教学方法的心理学化。体育教学方法朝着心理学化方向发展有两个原因。

第一,任何学习都是心理过程。体育教学过程不是单纯的身体活动,它是集身体活动、心理活动及强烈的情绪体验为一体的综合过程,在选择大量身体练习方法的同时,必须施加一些关注、发展学生心理的方法,促使学生身心全面发展。

第二,对体育教学方法影响最大的基础学科是学习心理学和体育心理学。随着脑科学的发展和心理学的发展,它们的研究成果在体育教学方面的应用会越来越多,会给体育教学方法的改进与创新提供更多理论支持。

(2)体育教学方法的现代化。体育教学方法的现代化主要表现在教学设备、手段的现代化上。从最初的录音机到录像机再到现在的计算机辅助教学,可以看出现代化设施在不断进入体育课堂,丰富了教学方法。近年来,随着信息技术的飞速发展及在体育实践中的大量应用,智慧体育迅速走进校园。智慧体育服务平台以云计算和大数据为核心,结合智能穿戴设备、人工智能技术,将体育资源、学生锻炼需求和相关体育信息作为基础,为学生提供场地预订、个性化指导、过程性健身需求、交流解惑、运动监测等服务。而慕课、微课等平台的飞速发展,使翻转课堂、线上与线下混合式教学逐渐成为体育教学的常态。今后,大量运用多媒体等现代化教学手段来辅助教学,这是一个非常清晰的发展趋势。

(3)体育教学方法的个性化。体育教学方法的个性化包括两层含义。

第一,强调体育教师授课的个性化,即要求体育教师在探索一般教学规律和形式的基础上，发挥个人特长，形成自己与众不同的授课风格。正所谓"教学有法，但无定法，贵在得法"。

第二，尊重、满足学生的个性化发展需求。传统的班级授课制具有很强的统一性，学生的个性发展受到很大限制。新时期教育教学重视对学生个性的培养，要求我们尊重学生个体差异，在考虑学生群体特征的基础上，根据个体特点和需求选择适合的教学方法，有的放矢，满足学生个性化的发展需求。

（4）体育教学方法的公平化。"人人享有均等受教育权利、追求教育公平"是现代教育的发展趋势之一，而体育教学方法的公平化则是教育公平化的要求和体现，是教育公平化的一个方面。这就要求我们进行体育教学时，要尊重学生个体差异，根据个体特点和需求选择，设计教学方法，满足学生个性化发展需求的同时，促使所有学生个体在体育学习中都得到提高和发展。

（5）体育教学方法的民主化。传统体育教学方法比较强调教师的传授作用，忽视学生学的方法。在这种教学过程中，学生只能被动吸收、消化、储存知识，模仿技术，掌握技能，没有自主选择的机会和权利，失去了学习的积极性和主动性。

现代教育特别强调学生的主体地位，因此，在选用教学方法时应坚持以学生为主体，强调教与学的辩证统一，在重视教师教法的同时，更重视学生的学法；加强学法指导，从学生的特点、兴趣、需求角度出发选择合适的教学方法，培养学生参与意识，实施愉快教育，让学生获得成功的体验，从而激发学生学练兴趣，变学生被动学习为主动学习。

第三节　课外体育活动

一、课外体育活动的概念

课外体育活动是学校有计划、有组织地让学生在课余时间里进行各种身体练习，并以复习和巩固课堂教学内容、发展身体、增进健康、提高运动技术水平和丰富业余文化生活为目的的体育教育活动。

课外体育活动是学校体育工作的重要内容之一，与体育课教学紧密结合，共同促进学生健康发展，实现学校体育的目标任务。

二、课外体育活动的特点

（一）活动时间的课余性

从作息制度上来看，学生校内的课外体育活动都安排在早晨、课前、课间和下午的课余时间，即使校外的课余体育锻炼，也都是利用节假日进行的，所以课外体育活动完全是课余性的。

（二）活动内容的广泛性

根据教学计划和有关文件要求，体育课教学的内容通常比较系统、正规。而课外体育活动的内容则丰富多彩，远远超出了体育课堂教学的内容。除了复习和巩固体育课堂教学的内容外，还包括很多其他内容，从儿童松散的游戏活动到仪式正规的运动竞赛，从娱乐性体育活动到竞技性运动项目，凡是能用于身心锻炼与娱乐的体育手段都可作为课外体育活动的内容。

（三）活动形式的灵活性

课外体育活动可以是全校的、年级的，也可以是班级的、小组的、个人的；可以是正式组织的，也可以是非正式组织的。学生可以自由选择自己喜欢的活动内容、活动环境、活动形式，满足自己的需要，实现活动的目标。

（四）活动空间的广阔性

课外体育活动的空间非常广阔，从校园到校外，从家庭到大自然，到处都是体育活动的场所，都可以进行学生喜欢的体育活动。这种空间领域的广阔性，为学生提供了宽广的活动范围。

（五）活动人员的复杂性

体育课教学主要是体育教师和学生参加，人员成分比较单一；而课外体育活动不仅参加的学生人数多，而且参加组织的人员成分也多，有校领导、班主任、体育教师、团组织和少先队干部，甚至学生家长、社会体育指导员，各方面协调配合才能组织好课外体育活动。

（六）活动性质的双面性

学校课外体育活动是国家法规明文规定的、必须开展的体育教育活动，具有法定活动强迫性质。其中某些活动形式（如早操、课间操）是学生必须参加的，属强迫性体育活动。但课外体育活动中的绝大多数活动形式又属于学生自愿参加的、乐趣性很强的自主性活动，如自由课间体育活动、家庭体育活动等。因此，课外体育活动的性质具有双面性。

三、课外体育活动的目标与任务

课外体育活动是学校体育的重要组成部分，必须以实现学校体育目标与任务、促进学校教育目标的全面达成为己任。

我国课外体育活动的目标是：与体育课教学相辅相成，培养身心健康、全面发展、具有终身体育意识、良好体育素养与生活行为方式的社会主义事业的建设者和接班人。

课外体育活动的任务主要有以下五个方面。

（1）配合体育课教学，复习、巩固体育课传授基本知识、技术和技能。

（2）全面锻炼身体，丰富、扩展体育知识、技能，提高体育综合素养。

（3）丰富学生的业余文化生活，培养良好的思想品德，促进个性发展。

（4）激发体育动机，培养体育兴趣，形成终身体育的习惯。

（5）培养体育骨干和运动人才，提高学校竞技运动水平。

四、课外体育活动的组织形式

课外体育活动由校内课外体育活动和校外课外体育活动（即校外体育活动）两部分组成。

（一）校内课外体育活动的组织形式

校内课外体育活动的常见组织形式有早操、课间操（大课间活动）、班级体育锻炼、运动会、课余运动训练、运动竞赛、体育节（或体育周）、节假日体育、单项比赛等。早操、课间操（大课间活动）要天天坚持，班级体育锻炼要经常进行，体育节或运动会要每学年召开。

1. 早操

早操（早晨锻炼或课前操）是指清晨或者上午第一节课前进行的体育锻炼活动。其首要作用在于迅速唤醒处于休息状态的神经细胞（特别是大脑皮质），使之达到适宜的兴奋状态，为一天的学习生活做好准备。同时，它还具有健身、锻炼学生意志品质的作用。此外，它也是管理学生（住校生）的手段。

早操可以全校、全年级、全班进行，也可以以锻炼小组或个人方式进行。内容以跑步、广播操、健身健美操、武术和发展身体素质的练习为主，运动负荷不宜过大，并要根据季节、环境和条件等因素的变化进行调整。

寄宿制学校要坚持每天出早操，并将早操列入学校体育工作计划进行管理。

2. 课间操（大课间活动）

课间操通常指每天上午第二节课后休息时间内进行的体育锻炼。过去主要指大、中、小学学生在上课间隙时间集体做广播体操，现已发展为大课间活动。

大课间活动是在原课间操基础上发展和演变形成的学校体育活动新形式。通常由学校统一安排，学校领导和班主任、体育教师管理和指导，在校内全校性开展；时间一般为25～30分钟；活动内容丰富多彩，组织形式灵活多样。和以往的课间操相比较，大课间活动时间较长，活动量较大，练习强度适宜，对学生身心有较大的锻炼作用；同时对场地和器材也没有严格要求，可因地制宜、因校制宜，实效显著。

3. 班级体育锻炼

班级体育锻炼是指以班或锻炼小组为单位，在班主任和体育教师的领导和帮助下，由班体育委员和锻炼小组长主持进行的体育活动。组织形式上可以全校统一进行或按年级进行，也可以以班级为单位进行。一般以《国家体育锻炼标准》规定的内容为主，也可复习、巩固体育课上所学的基本技术与技能；或结合学校传统的体育项目和竞赛项目，组织、开展锻炼活动。在运动负荷安排上，可以稍大于早操和课间操，但应注意区别对待。

班级体育锻炼要列入课表，不得随意占用，最好与体育课错开安排，每周至少两次，每次1小时左右。

4.体育节（或体育周）

体育节（或体育周）是高等学校及部分有条件的中学组织的一种课外体育活动形式。体育节一般用一段时间，体育周则用一周时间，但都是在课外时间进行。和其他课外体育活动相比，体育节（或体育周）的活动内容丰富多彩，包括游戏、竞赛、表演、体育工作者（含运动员）的报告演讲、各种体育宣传等，是传播体育文化，促进校风建设，培养学生热爱体育、热爱生活和竞争意识的良好途径。

5.体育类课后服务

2017年2月24日，教育部办公厅颁发了《关于做好中小学生课后服务工作的指导意见》。课后服务是指在义务教育阶段，学校结束常规教学任务之后，以学校为主渠道，以社会教育资源为补充，为缓解家长焦虑、满足学生多样化需求而开展的一项教育活动。课后服务需要学校提供场地、设施设备、服务监控。体育类课后服务是课后服务的重要内容，包括体育社团活动、体育兴趣班等。

（二）校外课外体育活动（校外学校体育活动）的组织形式

校外课外体育活动（校外学校体育活动）是由学校有计划组织的、学生在校外参加的体育活动。它与校内课外体育活动相互联系、密切配合，共同构成了学生的课外体育活动，是学生体育生活的重要组成部分。其组织形式包括校外个人自我锻炼、校外家庭体育活动、青少年体育俱乐部活动、体育夏（冬）令营活动及青少年户外体育营地活动等。

1.校外个人自我锻炼

校外个人自我锻炼是指学生为了完成体育作业或练习内容，在校外自觉进行的个人体育锻炼。

校外个人自我锻炼虽然是学生在校外的一种个人自主体育锻炼，但仍然是校园体育活动的延伸，与学校体育有着密切的联系，因此在内容选择上应尽量与学校体育的内容紧密结合。

校外个人自我锻炼有助于丰富学生业余文化生活，扩大社会交往，提高体育素养、完善自我，培养现代文明生活方式，实现个体社会化。

2. 校外家庭体育活动

校外家庭体育活动是指学生与家庭成员为了完成学校体育课外作业或进行体育社会实践而共同组织的体育活动。可供选择的家庭体育活动的内容很多，如假期家庭晨跑、家庭球类比赛、家庭跳绳比赛、假期家庭游泳、家庭身体素质专项练习等；校外家庭体育活动主要在每天的早晨、傍晚、周末、节假日中进行；地点可以在家中，也可以在体育场（馆），尤其适宜在大自然优美清新的环境中，对健康更为有利；活动组织形式一般以学生个人为主、家长为辅，家长起到辅导、监督和指导的作用。

3. 青少年体育俱乐部活动

青少年体育俱乐部是指依托学校、体育协会、社区、公共体育场所、业余体校等，用体育彩票公益金创建的青少年体育活动中心。这种俱乐部最早是从2000年5月开始，由国家体育总局、教育部和团中央三家单位共同发起创建的。近年来，在全国各地迅速发展，北京和东南沿海地区部分省份发展规模较大。各俱乐部主要采用运动项目会员制的管理模式，除固定开展日常的例行活动外，还积极参加和举办各级各类竞赛活动。

青少年体育俱乐部活动则是由学校牵头，组织学生加入青少年体育俱乐部，以会员形式进行的体育活动。经常参加青少年体育俱乐部活动，有助于促进青少年利用业余时间进行课余体育锻炼、发挥体育特长。

4. 体育夏（冬）令营活动

体育夏（冬）令营活动是指以体育活动为主题的夏（冬）令营活动。它是一种综合性的活动，通常可安排游泳、攀岩、篮球、乒乓球、定向运动等内容，并结合参观、野炊、露营、联欢、晚会等形式，使学生达到增强体质、全面发展的目的。

体育夏（冬）令营可以有多种组织形式，或以班级为单位，或以体质较弱者为单位，还可以以体育爱好者为单位，也可以由学生自主自愿报名参加。在活动过程中，每个学生都能积极参与，不仅学习与巩固了各种运动技能，为体育教学打好基础，还可以培养吃苦耐劳精神、提高学生自理自立和社会适应能力，同时对学生的社会交往能力也有很大提高。

体育夏（冬）令营活动是加强未成年人思想道德教育的重要渠道，是学校教育和家庭教育的良好补充，是实施素质教育的有效途径。

5.青少年户外体育营地活动

青少年户外体育营地是指由政府倡导、体育彩票公益金资助，依托江河湖海、山地森林、公园景区等自然资源，按照一定标准建设与管理，具有相应服务设施，以户外体育项目活动为主要内容的青少年活动场所。这是新时期国家体育总局探索适合我国国情的青少年体育活动阵地的一项新举措，是对"全民健身工程"模式的补充和为青少年建设更多校外活动场所的有益尝试，具有示范性、探索性。

青少年户外体育营地活动类似于体育夏（冬）令营活动，但活动场所和活动项目有所区别。前者都是在户外特殊的场地（营地）进行，（营地）占地面积大，项目与服务齐全，运动项目以野外拓展为主，奇特多样。

学校应鼓励和组织学生从室内走向室外、从校内走向校外，认识、拥抱、保护大自然，在大自然中强健体魄、陶冶情操，提高体质健康水平。

第四节　课余体育训练和体育竞赛

课余体育训练和体育竞赛是学校教育的一部分，也是学校体育工作的基本任务和重要工作。开展课余体育训练和体育竞赛，可以增强学生体质，提高学校体育运动水平，丰富校园文化生活，培养体育人才，推动学校体育发展，为竞技体育发现和输送人才。

一、课余体育训练和体育竞赛的概念

课余体育训练是学校利用课余时间，对部分在体育方面有一定天赋和爱好的学生，以运动队、代表队、俱乐部等形式，组织他们进行系统的训练，为全面发展他们的身心健康，提高运动技术水平，培养体育后备人才而专门组织的一种体育教育过程。

课余体育竞赛是指学生在校内外参加的所有体育运动项目比赛的总称，包括学校（本校或外校）组织的比赛，各级教育部门、体育部门组织的比赛，以

及国际体育组织的、有关学生的国际性体育比赛。

二、课余体育训练和体育竞赛的特点

（一）训练和竞赛对象的特殊性

课余体育训练和体育竞赛的对象都是在校的学生，处于身心成长的关键时期。对大多数运动项目来说，课余体育训练和体育竞赛必须遵循青少年儿童的生长发育规律和身体状况，在选择内容、运动负荷、方法和手段上都应紧密结合他们的生长发育特点，与专业运动员有着较大区别。

（二）训练和竞赛时间的课余性

课余体育训练和体育竞赛对象的"学生身份"这一特点决定了他们的首要任务是学习，体育训练和竞赛必须在不影响完成文化学习任务的前提下来进行，因此在时间安排上，只能在课余进行。

（三）训练和竞赛性质的基础性

从运动训练阶段性和运动员成才规律而言，学校课余体育训练和体育竞赛处于基础训练阶段，主要任务是掌握基本技术，全面发展身体素质，为今后提升运动技术水平、创造优异运动成绩打下良好的基础。

（四）训练和竞赛内容的全面性

与专业体育训练相比，课余体育训练内容包括体能、技战术、心理、思想品德和智能等多方面，比较全面、系统。训练内容的专项性相对来说不是很强，尤其不能为了提高专项成绩而采取专业训练的手段做强化训练。即使初步定下了专项项目，一般身体训练和各种基本动作技能练习的内容仍占很大比例。这是因为运动员最终运动才能、最终表现运动才能的专项，在儿童少年时期是很难确定的，过早确定专项不利于他们的持续发展与最终表现。因此，学校课余体育训练和体育竞赛的任务只是为竞技体育发现和培养人才，为将来进一步发展和提高打基础；应避免过早地进行专项训练和相应的专项身体素质训练。

三、课余体育训练和体育竞赛的目标与任务

（一）课余体育训练和体育竞赛的目标

课余体育训练和体育竞赛的目标是：通过训练和竞赛，对运动有兴趣和特长的学生进行系统训练，培养掌握专项运动项目的基本技战术，为进一步的专项化训练打好各方面的基础；发现、培养、输送竞技体育人才。

（二）课余体育训练和体育竞赛的任务

课余体育训练和体育竞赛在不同学段表现的任务不同。

1. 小学阶段

（1）促进身体正常生长发育，提高各器官系统的机能能力，进行全面的身体训练，发展各项身体素质和基本运动能力。

（2）培养对运动的兴趣，提高对体育的认识，初步学会某一运动项目的基本知识、技术。

（3）培养团结协作、吃苦耐劳、勇敢顽强的意志品质。

（4）为上一级学校或优秀运动队培养体育后备人才和体育骨干力量。

2. 中学阶段

（1）进一步加强全面身体训练，促进各项身体素质全面协调发展。

（2）形成对运动的爱好，掌握某一运动项目的基本知识、技战术。

（3）培养团结协作、吃苦耐劳、勇敢顽强的意志品质。

（4）积极参加各类运动竞赛，争取优异成绩。

（5）为上一级学校或优秀运动队培养体育后备人才和体育骨干力量。

3. 大学阶段

（1）全面、协调发展各项身体素质，提高专项运动素质水平。

（2）形成专项的情感和爱好，较全面、准确、熟练地掌握某一运动项目的技战术，并能灵活自如地运用。

（3）形成顽强的意志、拼搏的精神等良好心理品质。

（4）提高竞技能力，创造优异运动成绩，为学校和国家争光，为群体性体育活动培养骨干。

四、课余体育训练和体育竞赛的组织形式

（一）课余体育训练的组织形式

1. 普通中小学校运动队

普通中小学校运动队是我国学校运动训练最基础、最普遍、最富有活力的运动训练组织形式。常见的有班级代表队、年级代表队和学校代表队等形式。班级代表队、年级代表队是校内以班级、年级为单位组建的代表队，主要参加校内运动会、班级、年级之间的比赛。学校代表队是以学校为单位组建的能代表学校参加校际和校外比赛的代表队，其训练时间、地点、学生、教师都相对固定。

有条件的普通中、小学校也可经省级教育行政部门批准开展国家高水平体育后备人才的运动训练。

2. 体育传统特色学校运动队

体育传统特色学校是我国原有的体育传统项目学校与体育特色学校整合之后的学校。

体育传统项目学校（以下简称传统校）是指开展学生体育活动形成传统，并在至少两个体育运动项目技能上具有特色的中、小学校。我国体育传统项目学校于1983年开始创办，分为国家、省（区、市）、普通三级，实行审定命名制度。国家体育、教育行政部门对全国传统校进行管理。县级以上（含县级）地方各级人民政府体育、教育行政部门负责对本行政区域内传统校进行管理。体育行政部门负责传统校的体育业务指导工作，教育行政部门负责传统校的日常管理工作。凡符合普通传统校命名条件的学校，可以向所在地体育、教育行政部门进行书面申报，经审核批准并报省（区、市）体育、教育行政部门备案后，由所在省（区、市）体育、教育行政部门联合命名。国家级传统校由各省（区、市）体育、教育行政部门向国家体育、教育行政部门提出申报，国家体育、教育行政部门组织审核并命名。具体标准和评定办法，由国家体育、教育行政部门联合制定。省

（区、市）级传统校由各省（区、市）体育、教育行政部门审定，报国家体育、教育行政部门备案。具体标准和评定办法，由各省（区、市）体育、教育行政部门参照国家级传统校标准和评定办法，自行制定。

1993年，中共中央、国务院颁布了《中国教育改革和发展纲要》，首次提出了创建特色学校的要求，其中指出：中小学要走上全面提高国民素质的轨道，面向全体学生，全面提高学生的思想品德、文化科学、劳动技能和身体心理素质，促进学生生动活泼地发展，学校办出各自的特色。体育特色学校是特色学校中的典型代表，体育特色则是这些学校在自身长期办学过程中形成的、具有显著体育色彩与学业成效的整体办学风貌。

2020年，国家体育总局和教育部联合印发《关于深化体教融合 促进青少年健康发展的意见》，提出按照"一校一品""一校多品"的学校体育模式，原体育传统项目学校和体育特色学校进行整合，由教育、体育部门联合评定体育传统特色学校。教育、体育部门共同完善体育传统特色学校的竞赛、师资培训等工作。

拓展阅读 "一校一品"

"一校一品"是指一所学校有一项全校学生共同学习的、具有品牌性质的运动项目，其目的是通过打造一个学校体育特色项目，使学生至少掌握一项运动技能，从而通过扩大体育参与，提高学生的体质健康水平。2020年10月，教育部办公厅发布的《关于公布2020年全国青少年校园篮球、排球、冰雪体育传统特色学校等名单的通知》中，教育部认定并命名的篮球体育传统特色学校有2796所，排球体育传统特色学校有1428所，冰雪体育传统特色学校有1026所，北京2022年冬奥会和冬残奥会奥林匹克教育示范学校208所，校园篮球"满天星"训练营29个。

多年来，各级各类体育传统校和特色学校全面贯彻党的教育方针，在普及学校群众性体育活动、增强学生体质、提高学生运动技术水平方面作出了突出贡献，促进了体育和教育事业的发展。整合之后的体育传统特色学校也将在教育、体育部门的协同指挥下，通过运动队的训练和比赛突出本校的体育传统和特色，成为我国培养体育后备人才、贯彻素质教育、培养学生终身体育运动兴趣和锻炼习惯的重要基地。

3. 国家高水平体育后备人才基地运动队

为了贯彻"十一五"规划、落实《奥运争光计划纲要》，推动各级各类体育学校的建设和发展，促进高水平体育后备人才的培养，国家体育总局实施了国家奥运战略后备人才精品工程——"国家高水平体育后备人才基地"。

国家高水平体育后备人才基地（以下简称基地）按照奥运会周期每4年进行一次的方法由国家认定实施。凡是体育运动学校、竞技体育学校、单项运动学校、少年儿童体育学校、体育中学均可申请参加基地认定，但根据基地认定条件，达到基地认定条件优秀标准，且大赛成绩满40分的学校可作为基地备选学校进行申报。

经统评达到基地条件的学校，由国家体育总局统一命名为该奥运周期的基地；凡被命名基地的学校，国家体育总局将予以表彰，在本周期内每年对学校进行适当资金投入；基地学校所在省（区、市）体育行政部门应按照不低于1∶1的比例经费进行配套投入。资金投入主要用于基地学校改善训练、科研、教学等条件。

凡被认定为基地的学校，应根据奥运项目的要求来设置运动队，并严格按照学校运动训练的要求进行训练，实现培养高水平体育后备人才的预期目标。

4. 普通高等学校高水平运动队

我国高等学校高水平运动队的创建是从1987年开始的，当时在全国范围内条件较好的51所高等学校率先开展试点工作。1995年，国家教委重新确定了53所高校办高水平运动队。2005年4月，经教育部组织专家评审后，确定全国235所高校创办高水平运动队。2010年，又确定了北京大学等268所高校具有招收高水平运动员的资格。2022年，全国共有230所高校在14个项目上保留高水平运动队的招生资格。

高水平运动队的训练包括田径、篮球、排球、足球、游泳、羽毛球、乒乓球、网球、橄榄球、手球、棒球、垒球、击剑、武术、定向越野、射击、攀岩、健美操、摔跤、柔道、跆拳道、帆板、赛艇、皮划艇、龙舟、棋牌、冰雪类27个项目。

经过多年的摸索和实践，我国高校高水平运动队已初具规模，并逐渐形成了一套较为有效的运动队管理模式。

（二）课余体育竞赛的组织形式

课余体育竞赛形式繁多，各有特点，目前常见的组织形式有以下几种。

1. 学校运动会

学校运动会是学校规模最大的竞赛活动，包括田径运动会、趣味运动会、阳光体育运动会、综合运动会、亲子运动会等多种形式。

2. 单项比赛

单项比赛是指只进行一个运动项目的比赛，如各种球类比赛、田径中的某一个单项比赛、越野赛、广播体操比赛、健美操比赛、跳绳比赛、拔河比赛、踢毽子比赛、滚铁环比赛、定点投篮比赛等。单项比赛项目单一，组织工作较为简便，易于开展。

3. 以节日命名的体育比赛

一些学校经常会利用"五四"青年节、元旦、"六一"儿童节、国庆节等节假日举办各种校园比赛，如"迎元旦校园接力赛"、"五四"广播体操比赛、"六一"趣味体育活动比赛等。这种以节日命名的体育比赛能紧密结合思想教育，对学生进行革命传统教育、爱国主义教育、集体主义教育，被越来越多的学校接受和采纳。

第五节 我国学校体育管理与发展

一、学校体育的管理

学校体育管理是指遵循学校体育工作的客观规律，按照教育、体育和学校体育方面的规范性法律文件，结合实际，用尽可能少的人力和物力，以最佳的手段和方法，对学校体育工作进行计划、组织、控制和评估等一系列活动。

（一）学校体育管理机构

按照管理范围的不同，学校体育管理机构可分为各级政府行政部门管理机构和学校内部体育管理机构两大部分。高等教育、职业教育管理体制有别于基础教育，这里主要介绍基础教育学校体育管理机构。

1. 各级政府学校体育管理机构

对我国学校体育工作有管理职责和权限的政府行政机构以国务院主管的教育部和国家体育总局两大系统为主，其他部委主管本行业系统教育工作的部门、有关社会团体（如工会、共青团、妇联、学联等）和社会体育组织（体总、地方体协、单位体协等）对学校体育工作有一定的指导和协助义务。以下主要介绍国务院统管下的教育部和国家体育总局两大系统。

国务院是我国学校体育管理的最高行政机关，具体管理工作由教育部和国家体育总局分别负责，教育部由其体育卫生与艺术教育司负责管理，具体工作部门为其内设的体育与卫生教育处；国家体育总局由其青少年体育司负责管理，具体工作部门为其内设的发展指导处。地方各级人民政府是地方学校体育管理的最高行政机关，具体管理工作由地方教育行政部门和体育行政部门分别负责，但是，县（区、市）由于近年来政治体制改革，大部分地区把原设有的教育局和体育局合并为教育体育局或教体局。各省级教育行政部门，除北京、天津、上海、重庆4个直辖市称为教育委员会外，其他各省（区、市）基本都称为教育厅。省级教育厅（教委）内设体育卫生与艺术教育处，地市级教育局内设体育卫生与艺术教育处，县市级教育体育局内设基础教育股或体育股管理属地学校体育工作。此外，各级教育行政部门的教研单位也对各级学校体育进行指导，教育部直属教研机构为中央教育科学研究所；各省、市级教育行政部门相应设置教研单位，有的称为教育科学研究院（所），有的称为教育研究院（所）；县级教育行政部门教研单位一般称为教研室。

2. 学校内部体育管理机构

大多数中、小学校体育管理机构是由校领导分管，相关部门组成的学校体育运动委员会，具体工作由体育教研室（部、组）牵头，体育教师、年级主任、班主任、其他文化课教师等来开展实施。

（二）学校体育管理的依据

国家教育方针、国家各时期的教育改革和发展规划；教育、体育和学校体育方面的法律、法规、部门规章等规范性法律文件；管理学的基本原理；学校工作规划的实际情况。

（三）学校体育管理内容

1.各级政府学校体育管理机构对学校体育管理的内容

中央及各地人民政府对学校体育实施的管理，按层次可分为国家、省（区、市）、市（区、盟）、县（区、市、旗）4个层级，其管理内容大致相同，只是体现了逐级指导与被指导、宏观到具体、要求到操作的特点。其管理内容主要包括制定法律、法规、规章和指导性文件；设置行政机构，划分行政部门职责；统筹发展，实施重大决策；实施学校体育行政监督。

各级教育行政部门对本级学校体育进行统一管理。其管理内容主要包括执行各级政府学校体育决策和决定；制定学校体育规章制度；协调政府有关部门，共同开展工作；制定学校体育各项标准；加强学校体育基础建设；确保学校体育经费投入；加强体育师资队伍建设；举办各项体育活动；开展学校体育教学、科学研究；全面监测学生体质健康状况；掌握学校体育工作信息；学校体育评估与督导；加强学校体育工作宣传。

2.学校内部体育管理机构对学校体育管理的内容

学校管理的具体内容包括制定体育管理制度，建立体育管理机构，制定体育发展目标，国家课程校本化实施，加强体育教学质量管理，组织开展课外体育锻炼，组织开展学校竞技体育，举（承）办体育活动，体育场地设施使用与维护，体育器材购置与使用，学校体育师资配备与培训，学生体质健康测试与公告，学生体育社团管理，校园体育文化建设。

体育教研室（部）管理是学校体育管理的具体操作环节，具体管理内容包括制定体育管理制度，制订体育教学方案，加强教学过程管理，体育器材利用与开发，安排好每天阳光体育一小时，开展学生竞技体育，组织学生学业评价，举办各种学生群体性活动，组织《国家学生体质健康标准》测试，体育教师基本管理，体育教学档案、图书馆建设。

（四）学校体育管理的方法

1. 政策法规管理法

即指运用国家各种有关学校体育的法令、条例、决议、规章制度等来管理学校体育的方法。

目前，我国还没有学校体育专门性的法律，只是部分教育、体育法律中涉及学校体育的内容，如《中华人民共和国义务教育法》《中华人民共和国教育法》《体育法》等；关于学校体育行政法规，目前有一专项行政法规是《学校体育工作条例》，还有一项是《中共中央 国务院关于加强青少年体育增强青少年体质的意见》（中发〔2007〕7号）；有关学校体育的规章，目前没有专项规章，大多是含于其他规章中，如《学生伤害事故处理办法》；关于学校体育规范性文件有很多，如《教育部关于保证中小学体育课课时的通知》《教育部 国家体育总局关于实施〈国家学生体质健康标准〉的通知》《体育与健康课程标准》《全国普通高等学校体育课程教学指导纲要》等。国家体育总局颁发的《运动员技术等级制度》《裁判员技术等级制度》《体育运动竞赛制度》等对学校体育同样具有法规效力。

2. 行政管理法

即指运用行政组织的职能和手段，对各级学校实施管理的一种方法。这是目前常用的一种管理方法。

3. 目标管理法

即依据学校体育工作有关计划、规划，确定出一定时期工作目标并通过实施、检查达到目标的一种方法。在体育教学、课余体育训练、学生课外体育活动等方面，经常运用目标管理法。

4. 评估与奖惩法

即指对完成学校体育工作的程度采取奖励或者惩罚的方式来管理。它强调对集体和个人的体育工作成绩进行肯定、表扬，以起到激励、示范和推动学校体育工作的作用。

二、学校体育的改革与发展

1978年党的十一届三中全会后，我国进入了改革开放和社会主义现代化建设的新时期，学校体育也进入改革发展阶段。世纪之交，我国基础教育课程改革全面启动，并且已经取得了初步成果。这一时期，我国学校体育发展中比较重要的事件如下。

（一）全国体育卫生工作经验交流会（"扬州会议"）

1979年5月，在扬州成功召开了新中国学校体育历史上的一次重要会议——全国学校体育卫生工作经验交流会。会议对学校体育的地位、目的进行了重申，并讨论制定了《中小学体育工作暂行规定》等几个有关学校体育工作的制度。在这种改革的背景下，学校体育工作开始拨乱反正、全面恢复，引发了一系列的广泛变革。

（二）《学校体育工作条例》和《学校卫生工作条例》

1990年3月12日，国家教委和国家体委联合发布并实施了《学校体育工作条例》。1990年6月4日，国家教委和卫生部发布并施行了《学校卫生工作条例》。这两个文件的发布标志着新中国学校体育卫生工作进入了法制化的轨道。两个"条例"是检查和评估我国学校体育工作的根本依据，对于推动我国学校体育卫生事业的发展，提高学生的身体健康水平具有深远的战略意义。2017年《学校体育工作条例》进行了修订（详见二维码）。

（三）《九年义务教育全日制小学体育教学大纲》和《九年义务教育全日制初级中学体育教学大纲》

1992年11月，国家教委颁布实施了《九年义务教育全日制小学体育教学大纲》和《九年义务教育全日制初级中学体育教学大纲》，明确规定"体育是义务教育的重要组成部分，是完成九年义务教育，培养德、智、体全面发展的社会主义建设人才的重要手段之一"。

（四）《体育与健康课程标准》《全国普通高等学校体育课程教学指导纲要》

2001年6月，教育部制定颁发了《体育（1～6年级）体育与健康（7～12年级）课程标准（实验稿）》，并于2001年9月开始在全国范围内进行试验；2002年颁布《全国普通高等学校体育课程教学指导纲要》，并于2003年开始实施；2003年还颁布实施了高中阶段的《普通高中体育与健康课程标准》；2011年对义务教育阶段的《义务教育体育与健康课程标准》进行了修订。《普通高中体育与健康课程标准（2017年版2020年修订）》《义务教育体育与健康课程标准（2022年版）》（详见二维码）的修订、颁布则开启了以培养学生体育核心素养为目标的课程改革新篇章。

拓展阅读　体育核心素养

体育核心素养是指学生在学校体育系列教育活动中逐步培养形成的正确价值观、必备品格和关键能力，包括运动能力、健康行为和体育品德等方面。

（五）全国学校体育工作会议

2006年12月23日，中华人民共和国成立以来的第一次全国学校体育工作会议在北京召开。会议强调："要将加强青少年学生的体育与健康作为重要突破口，坚决遏制青少年学生体能素质的持续下降，切实提高青少年学生的体质健康水平；要科学把握学校体育课程、课外体育活动和课余体育训练的关系，全面推进学校体育工作。体育课程是学校体育的关键，要帮助学生养成锻炼习惯、掌握体育知识、发展运动特长；要建立更加完善的保证监督机制，确保学校体育工作各项政策措施的落实；全社会都要支持学校体育工作，关心青少年学生的健康成长。"会议决定启动"全国亿万学生阳光体育运动"。

（六）《国家学生体质健康标准》

1989年12月国家体委发布实施《国家体育锻炼标准》，这是我国从20世纪50年代建立起来的一项基本体育制度。要求各级各类学校应把这项工作列入计划，根据实际情况，把积极开展"达标"活动与体育课教学、课外体育活动、实施学生体育合格标准等工作结合起来。《国家体育锻炼标准》的施行，对广大青少年儿童从小进行体育锻炼，促进他们身体素质的发展有十分重要的意义。

1990—1992年，国家教委先后颁布了《大学生体育合格标准》《中学生体育合格标准的试行办法》《小学生体育合格标准实施办法》，把体育合格作为对学生进行全面评价的重要条件，并与升学结合起来，这是我国采取的一项新的教育政策，有助于教育行政部门和学校落实《学校体育工作条例》，全面贯彻教育方针。

随着我国教育和体育事业的不断发展，原有的国家体育锻炼标准，以及大、中、小学校体育合格标准已经不能适应时代发展的需要。因此，教育部和国家体育总局在2002年试行《学生体质健康标准（试行方案）》的基础上，于2007年下发了《国家学生体质健康标准》及实施办法，该标准对学生体育测试的项目、实施办法等都作了明确规定，各级各类学校必须严格实施测试工作，为学校、社会、国家提供学生体质健康的测试结果，为学校、各级教育与体育行政部门有效指导学校体育工作提供依据和参考。2014年7月18日，教育部公布最新修订的《国家学生体质健康标准（2014年修订）》（详见二维码）。

（七）《中共中央 国务院关于加强青少年体育增强青少年体质的意见》

2007年5月7日印发的《中共中央 国务院关于加强青少年体育增强青少年体质的意见》（详见二维码），是新中国历史上第一个以中共中央、国务院的名义针对学校体育卫生工作颁布的最高级别的文件。该文件的颁发为当前我国学校体育卫生工作指明了方向，明确了具体的要求和措施，对我国学校体育的发展具有重大意义。

（八）《国家中长期教育改革和发展规划纲要（2010—2020年）》

2010年7月29日，中共中央、国务院印发了《国家中长期教育改革和发展规划纲要（2010—2020年）》，并发出通知，要求各地区、各部门结合实际认真贯彻执行。这是我国21世纪第一个中长期教育改革与发展规划，是今后一个时期指导全国教育改革和发展的纲领性文件。

（九）《关于进一步加强学校体育工作的若干意见》

为深入贯彻落实《中共中央 国务院关于加强青少年体育增强青少年体质的意见》(中发〔2007〕7号)和《国家中长期教育改革和发展规划纲要（2010—2020年）》，推动学校体育科学发展，促进学生健康成长，2012年10月，教育部、发展改革委、财政部、体育总局联合颁布了《关于进一步加强学校体育工作的若干意见》（详见二维码）。该意见指出，要充分认识加强学校体育的重要性，并对当前和今后一个时期加强学校体育工作的总体思路、主要目标、重点任务、要求都作了明确指导。

（十）《国务院办公厅关于强化学校体育促进学生身心健康全面发展的意见》

为了进一步推动学校体育改革发展，促进学生身心健康、体魄强健，2016年，国务院办公厅公布了《国务院办公厅关于强化学校体育促进学生身心健康全面发展的意见》（详见二维码）。该文件指出：强化学校体育是实施素质教育、促进学生全面发展的重要途径，对于促进教育现代化、建设健康中国和人力资源强国，实现中华民族伟大复兴的中国梦具有重要意义。该文件对近期我国学校体育工作的总体要求和为达到总体要求的思路和举措进行了详细表述。其中，总体要求部分包括指导思想、基本原则及工作目标；工作举措则包括"深化教学改革，强化体育课和课外锻炼""注重教体结合，完善训练和竞赛体系""增强基础能力，提升学校体育保障水平""加强评价监测，促进学校体育健康发展""组织实施"五个方面。

（十一）学校奥林匹克教育

自1894年国际奥委会成立以来，体育、教育与世界和平的理念就交织在一起。如今，随着奥林匹克运动在世界范围内的广泛开展，以竞技体育项目为主要载体、以参与竞技运动为重要内容、以弘扬奥林匹克精神为核心思想的奥林匹克教育越来越受各国关注。在国际奥委会的倡导与推动下，世界多个国家制定实施相关政策，开展了一系列各具特色的教育活动。

2001年，北京获得了2008年第29届夏季奥林匹克运动会的主办权。随后，按照国际奥委会的要求，北京奥运会组织委员和教育部制定并实施了系列奥林匹克教育计划，旨在通过传播奥林匹克精神，推动全国中小学校体育发展。

2018年1月30日，教育部、国家体育总局会同北京冬奥组委共同制订、印发并实施了《北京2022年冬奥会和冬残奥会中小学生奥林匹克教育计划》（详见二维码）。该计划的印发，弘扬了奥林匹克精神，推动了冰雪运动在学校的普及。

奥运会在我国的成功举办，掀起了学校奥林匹克教育热潮。全国各地将奥林匹克教育纳入学校常规教育教学工作，广泛开展奥林匹克教育文化活动，积极组织奥林匹克交流活动，不仅推进了奥林匹克项目在学校的普及发展，而且加快了奥林匹克知识的广泛传播，成为学校全面实施素质教育、促进学生全面发展的有效途径。

（十二）《关于深化体教融合 促进青少年健康发展的意见》

20世纪80年代中期，为了克服竞技体育人才培养的体制机制障碍，"体教结合"被提出并付诸实践，逐渐成为培养体育后备人才的重要举措。最初的体教融合，更多的是强化体育与教育部门在竞技人才培养上的资源整合，是体育部门对教育部门在文化教育、后备人才培养、退役运动员安置方面的利益诉求。2020年4月27日，习近平总书记主持召开中央全面深化改革委员会第十三次会议，审议通过了《关于深化体教融合 促进青少年健康发展的意见》（详见二维码），该意见聚焦青少年健康发展这个目标，着力破解体教融合中的人才、赛事、资源等制度性难题，是一项带有战略性的制度安排。

新时代的体教融合关注的是青少年全面健康发展，从人的全面发展层面，强调体育与教育在价值、功能与目标上的充分融合。

（十三）《关于全面加强和改进新时代学校体育工作的意见》

为贯彻落实习近平总书记关于教育、体育的重要论述和全国教育大会精神，把学校体育工作摆在更加突出位置，构建德智体美劳全面培养的教育体系，全面加强和改进新时代学校体育工作，2020年10月，中共中央办公厅、国务院办公厅印发了《关于全面加强和改进新时代学校体育工作的意见》（详见二维码）。该意见不仅从指导思想、工作原则、主要目标三个方面提出了新时代学校体育工作发展的总体要求，还从"不断深化教学改革""全面改善办学条件""积极完善评价机制""切实加强组织保障"四个领域提出了改革发展的14条具体举措。

（十四）《关于进一步加强普通高等学校高水平运动队建设管理的意见》

2020年9月22日，习近平书记在教育文化卫生体育领域专家代表座谈会上明确指出："要创新竞技体育人才培养、选拔、激励保障机制和国家队管理体制。"这个重要论述对竞技体育提出了创新的总体要求。

2022年1月发布的《教育部关于进一步加强普通高等学校高水平运动队建设管理的意见》（详见二维码）中强调，在普通高等学校建设高水平运动队是国民教育体系通过体教融合培养优秀竞技体育后备人才的重要实践。根据《关于全面加强和改进新时代学校体育工作的意见》《关于深化体教融合 促进青少年健康发展的意见》精神，高校高水平运动队建设要纳入国家竞技人才培养体系，需要在内涵建设、竞赛组织、评价考核和组织管理等方面进一步完善，促进高校高水平运动队服务于学校体育发展和国家竞技人才培养。该意见提出了普通高校高水平运动队管理的总体要求，并从"准确把握功能定位和建设目标""明晰各管理主体职责""严格运动员学籍和学分管理""规范运动员伤退、离队与退学管理""细化运动员的奖励与处罚管理""加大组织实施及监督力度"六个方面作出了明确规定和指示。

（十五）《体育法》的修订和改变

作为我国体育事业的重要组成部分，学校体育工作也是《体育法》中的重要管理内容。新修订的《体育法》将"学校体育"的章名修改为"青少年和学校体育"，明确提出"国家实行青少年和学校体育活动促进计划，健全青少年和学校体育工作制度"，将青少年和学校体育置于优先发展的战略地位，多方位地对青少年体育权利进行保障。2022年新修订的《体育法》规定：学校必须按规定开齐、开足体育课，确保体育课时不被占用；保障学生在校期间每天参加不少于一小时体育锻炼；学校应当每学年至少举办一次全校性的体育运动会；国家将体育科目纳入初中、高中学业水平考试范围。

《体育法》是我们对学校体育工作进行管理的法律依据，新修订的《体育法》对新时代学校体育工作作出的新规定和变化，为今后学校体育工作的发展提供了方向和指示。

当前，国际学校体育的发展呈现出四个趋势：指导思想呈多元化；学校体育课程向综合化、主体化、个性化、民主化方向发展；学校体育与健康、生活教育相结合，形成学校、家庭、社区体育一体化的新体系；学校体育管理向科学化、规范化、法制化方向发展。对于我国来说，当前和今后一个时期学校体育的工作思路，就是认真贯彻落实党和国家的方针政策和新时代学校体育工作相关"意见"的各项精神，抓好学校体育各项工作，向国际学校体育发展趋势靠拢。

思考题

1.什么是学校体育？如何理解学校体育与人才培养的关系？

2.实现学校体育目标与任务的组织形式有哪些？它们之间有什么区别和联系？

3.谈谈我国学校体育的管理体制。

推荐阅读 >>>

［1］周登嵩.学校体育学［M］.北京：人民体育出版社，2004.

［2］周西宽.体育基本理论教程［M］.北京：人民体育出版社，2004.

第七章

全民健身

> 全民健身是全体人民增强体魄、健康生活的基础和保障。
>
> ——习近平 2016 年 8 月 19 日在全国卫生与健康大会上的讲话

学习提示

【内容提要】 全民健身的概念、对象、类型，全民健身的组织与管理体制，我国全民健身的发展历程与发展现状。

【学习目标】 通过学习本章内容，理解并掌握全民健身的内涵与特点，了解全民健身的组织管理、发展历程与现状；形成系统认识全民健身的宏观视野，培养分析并解决全民健身问题的能力；了解全民健身与全民健康的关系，理解全民健身的重要性，树立为全民健康服务的观念。

【主要概念】 全民健身　　全民健身管理体制　　社会体育指导员

第七章　全民健身

第一节　全民健身概述

全民健身是实现全民健康的基本手段,是衡量我国体育事业发展的重要指标。出现于20世纪80年代的"全民健身",在最新修订的《体育法》中取代了"社会体育",成为今后我国群众体育事业的代名词。

一、全民健身的提出

中华人民共和国成立初期,我国体育事业尚处于建章立制的初始阶段,群众体育和竞技体育是构成我国体育事业的主要内容,其中群众体育又包括社会体育、学校体育、军队体育。这种基于体育行政管理的工作划分,对人们认识和理解我国体育发展产生了重要影响,也直接导致群众体育(又称大众体育)、社会体育与全民健身之间的关系模糊不清,甚至互通互用。

作为我国体育领域中的专门术语,"全民健身"一词正式出现在20世纪80年代中期。当时使用"全民健身"是为了增强国民身体素质,将其作为我国群众体育的基本内容与竞技体育的训练竞赛相对应。随着社会发展和体育实践的需要,全民健身具体的政策性和制度性内涵逐渐明确,与《全民健身计划》《全民健身计划纲要》《全民健身条例》相关联。尤其是1995年6月《全民健身计划纲要》的颁行,标志着我国兴起了一项由政府倡导的群众性体育活动计划。全民健身作为我国群众体育的基本内容和推动群众体育的重要举措,因其在表达上更形象化和动作化,实践上更具广泛性和参与性,更容易成为群众运动的口号而得以普遍使用和推广。

在长期的体育实践中,全民健身已成为一个耳熟能详的名词,其概念也得以不断丰富和拓展。从实践角度看,全民健身是指以全国人民为对象,以增强体魄、健康生活为主要目的,以多种形式和手段开展的健身活动,实现人人参与、人人健身、人人快乐、人人健康、人人幸福的体育发展总方略。至今,以全民健身为核心的工作范畴和相关术语已形成,包括全民健身计划、全民健身条例、全民健身活动、全民健身工作、全民健身工程、全民健身组织、全民健身法规、全民健身日、全民健身公共服务、全民健身国家战略等。从国家战略看,全民健身是一项面向全体人民,通过鼓励身体活动、倡导科学健身、形成健康文明生活方式，以增强人的体质、服务于人的全面健康、促进人的全面发展为目标，以丰富人民群众精神文化生活、推动经济社会和谐发展、提升国家民族综合实力为追求的社会事业。

二、全民健身的对象与类型

（一）全民健身的对象

1995年6月，国务院印发《全民健身计划纲要》，明确"为进一步增强人民体质，适应我国社会主义现代化建设的需要，必须采取切实有效的措施，推行全民健身计划，发展群众体育"，并指出"全民健身计划以全国人民为实施对象，以青少年和儿童为重点"。

（二）全民健身活动的类型

我国幅员辽阔，人口众多，区域差距显著，不同人群在健身项目和方法上有不同的需求和选择。根据不同标准对全民健身活动进行分层分类，有利于提高健身方法的科学性和有效性。

1. 基于运动项目的分层分类

要大力发展健身跑、健步走、骑行、登山、徒步、游泳、球类、广场舞等群众喜闻乐见的运动项目，积极培育帆船、击剑、赛车、马术、极限运动、航空等具有消费引领特征的时尚休闲运动项目，扶持推广武术、太极拳、健身气功等民族、民俗、民间传统和乡村农味、农趣的运动项目。

2. 基于人群特征的分层分类

要构建从婴儿、青少年、中年、老年生命全周期，妇女、农民、职工，以及健康人群和残疾人群等各类群体的运动项目发展规划。如针对妇女可以开展广场舞，针对农民可以开展武术，针对职工可以开展工间操活动，针对残疾人开展康健运动。

3. 基于地域的分层分类

针对东、中、西部不同区域特点，结合当地江河湖海等特色，开展适合的运动项目。如东部沿海可以开展游泳、帆船等，中西部地区可以开展登山、徒步等。

4. 基于行业的分层分类

根据金融、石油、煤矿、林业、通信等不同行业特点，开展适合职工的运动项目。

三、全民健身的特点

全民健身是一项涵盖全人群、全生命周期的体育行动计划，具有全民性、多样性、自愿性和惠民性等特点。

（一）全民性

全民健身以全国人民为实施对象，参与群体可以容纳各个民族，可以涵盖所有阶层和人群，可以包容不同年龄和性别。按照地域属性，全民健身的参与主体包括城市居民和农村居民；按照职业特点，全民健身的参与主体包括管理人员、专业技术人员、服务行业人员、军人等；按照健康程度，全民健身的参与主体包括健康人群、亚健康人群、患病人群和残疾人群；按照参与程度，全民健身的参与主体包括身体践行的直接参与者和以观赏娱乐为主的间接参与者。

（二）多样性

全民健身活动的类型多种多样，人们可以根据自身特点和需求去选择活动的内容和形式。从组织形式上，有行政部门组织的个体性和群体性体育活动、社会团体组织的单项和综合性体育活动及群众自发开展的体育活动；从内容选择上，可以选择健身跑、健步走、球类、广场舞等喜闻乐见的健身项目，也可以选择武术、健身气功、拔河、龙舟等民族民俗、民间、传统体育项目，还可以选择击剑、赛车、马术、跳伞等时尚休闲类健身项目。

（三）自愿性

全民健身活动的参与以自愿为原则，是一种倡导性而非强制性的行为。全民健身活动的参与者因人、因地、因时制宜，可以采用各种健身方法和手段，不受规则、器材、设备、场地的限制，特别鼓励参与者在健身活动中创新创造各种新内容、新方法和新手段，满足自身多元需求。因此，广泛开展全民健身活动，应遵循"因地制宜、业余自愿、小型多样、就近就便"的原则，充分动员更多民众参与健身活动。

（四）惠民性

全民健身是一项普惠性的惠民工程。作为全民健身活动的纲领性文件，《全民健身计划纲要》实施之初推行和倡导"五个亿万"活动，即亿万青少年儿童健身活动、亿万农民健身活动、亿万职工健身活动、亿万老年人健身活动和亿万妇女健身活动。在乡镇、行政村实现公共体育健身设施全覆盖，推行公共体育设施免费或低收费开放，发展社会体育俱乐部、青少年体育俱乐部、社区体育健身站点，方便更多基层民众参与健身活动。同时，通过不断完善体育健身公园、社区文体广场等公共健身空间，落实建设城市社区"15分钟健身圈"，并鼓励有条件的城市社区建设"10分钟健身圈"，为社区民众健身提供更加便利的条件，进一步保证人人享有参加健身活动的权益。

第二节　全民健身的组织与管理

全民健身强调以人为本的体育，强调社会公平公正，人人享受体育带来的健康，共享公共体育资源的体育，以全体人民身心健康及幸福感为追求的终极目标。为保证实现生命全周期、人群全覆盖、健身全过程、健身全天候，加强全民健身的组织保障和管理非常重要。

一、全民健身管理体制

（一）全民健身管理体制的概念

全民健身管理体制是指组织管理全民健身的各种机构、各项制度和准则的总和，具体包括全民健身的组织机构，各级机构的责、权、利的划分及规定其相互关系的准则和体育管理制度。全民健身管理体制受到国家管理体制的影响，一旦形成就在某一时期内具有相对的稳定性和鲜明的指导性。

（二）我国全民健身管理体制

目前，我国全民健身的组织机构包括体育行政部门、群众组织、体育社会团体和基层体育组织，各部门和组织相互配合、相互促进，共同构成了我国全民健身工作的组织体系。

1. 体育行政部门

（1）国务院体育行政部门。

根据《全民健身条例》，国务院体育主管部门，即国家体育总局，负责全国的全民健身工作。国家体育总局群众体育司主责全民健身工作，主要职能包括拟订群众体育工作的有关方针、规划和政策；推行全民健身计划；推动建立和完善全民健身服务体系，指导群众体育组织建设、健身场地设施建设，指导协调开展群众性体育活动；协助有关部门举办全国性群众体育运动会；指导和推动各类人群的全民健身工作，协调推动全民健身志愿服务工作；指导和推动农村体育、城市体育及其他社会体育的发展；负责推行社会体育指导员和国民体质监测制度，指导国家体育锻炼标准实施工作；组织开展全国群众体育奖励表彰工作；负责拟订总局本级彩票公益金用于实施全民健身计划部分的规划和使用计划等。

（2）国务院其他有关部门。

国务院其他有关部门在各自职责范围内负责相关的全民健身工作，如民政局对全国性体育社会团体进行登记和管理。

（3）县级以上地方各级人民政府体育行政部门或本级人民政府授权的机构。

在县级以上地方人民政府主管体育工作的部门中，一般设有群众体育处或群众体育科等职能部门，或在业务部门中设专人负责全民健身工作。也有些县级人民政府将原有的体育行政部门过渡为事业单位或体育社会团体，全民健身工作由他们组织和实施。

（4）乡镇政府的其他有关部门。

乡、民族乡、镇人民政府作为我国最基层的人民政府，对领导和管理本行政区域内的全民健身工作负有责任。当前我国很多乡镇政府都将全民健身工作列入政府工作内容，指定某一职能部门或人员负责。

2. 体育社会团体

从全民健身工作开展的情况看，各级各类的体育社会团体发挥了重要作用。在民政部门登记的体育社会团体主要包括各级体育总会、行业系统体育协会、运动项目协会和传统体育项目协会等。

3. 基层体育组织

目前，我国基层体育组织主要包括街道社区体育组织、乡镇体育组织、基层单位体育协会、体育指导站和青少年体育俱乐部。其中，街道办事处作为市或市辖区政府城市管理的基础层次，以其为依托成立的社区体育协会（或街道体育协会等），是开展全民健身活动最普遍的基层体育组织。在开展不同人群的全民健身活动中，其他基层体育组织发挥着同样重要的组织和指导作用。

（三）国外大众体育管理体制

1. 北欧大众体育管理体制

在北欧，体育是政府文化及教育政策的重要组成部分，在政府中通常设置体育官方机构，一方面强调政府监控、管理体育的职能，另一方面积极鼓励民间团体或社团参与国家体育发展事务。大众体育和国民健康服务体系属国家福利制度体系的重要组成部分，体育政策鼓励社会组织和民间社团参与投资大众体育和国民健康服务。因此，其体育管理体制可以概括为：政府与民办团体合作的结合型管理体制。

北欧国家设有体育监管机关，主要职责在于制定政府的体育政策与预算、提供扶植经费、协调联络等，真正发挥和行使体育管理职能的是全国性的体育联合会，即政府制定政策、提供部分经费，民间团体具体负责与体育官方机构合作管理国家体育事务。这也就是"北欧特色"的政府与民间组织"结合型"的管理体制，简称为体育管理体制的"北欧模式"。

2. 美国大众体育管理体制

长期以来，美国政府没有明确的体育管理部门，这并不说明美国政府不管体育事务，事实上联邦政府包括总统"体质与体育"委员会、卫生与公共事业部、教育部等在内的 12 个部门参与体育事务的管理。1980 年，美国联邦政府单独成立教育部，原卫生、福利与教育部更名为卫生与公共事业部。由于美国采用大部制管理方式，卫生与公共事业部由疾病预防控制中心（包括卫生署）、老龄署、国家健康研究所、食品药品管理局、医疗保险与医疗补助中心等 10 个部门组成，其中前 3 个部门参与大众健康政策的制定。美国卫生与公共事业部负责医学和社会科学研究、保证食品和药品安全等。

美国地方政府和民间社区体育组织比较完善。地方政府机构往往设立公园与休闲委员会，管理社区休闲资源及组织居民的休闲活动。还有许多自愿组织，如美国童子军、青年基督教协会、美国青年俱乐部等，他们是社区青少年体育活动的主要组织者，同时也为社区体育提供自愿服务。

随着美国社区体育的兴起与发展，体育俱乐部已成为社区体育的基本组织形式，是人们有组织参加体育活动最有效的途径，是社区体育的主要载体。美国体育俱乐部呈现出多样性的趋势，不仅有社区、学校、企业、军队等体育俱乐部，而且有社区健身中心、大学休闲中心等。

3. 英国大众体育管理体制

英国大众体育是一种国家宏观调控，全社会共同参与管理和经营的体育管理体系。英国体育管理组织体系是一个非常复杂和庞大的体系，除了政府机构（包括"准政府"机构），众多的非政府（社会）组织也积极参与体育管理。政府机构包括英国文化、媒介和体育部，英国体育理事会和英格兰体育理事会等区域体育理事会，以及英格兰体育理事会的区域办公室等组织机构。非政府组织主要包括英国奥委会、国家体育理事机构、不列颠大学体育联合会、青年体育基金会及体育与娱乐中央委员会等。英国政府主管体育的政府部门是文化、媒介和体育部（DCMS）。除此之外，还有一些政府部门对体育有一定的管理权限，如环境部所制定的政策对体育场馆的建设具有很大影响；教育和技能保障部的学生职业教育与就业的相关政策对运动员的职业技能培训和就业具有很好的指导意义。

4. 德国大众体育管理体制

德国没有一个国家统一的大众体育政策，都是每个城市根据自身的特点各自制定措施，德国体育的领导部门和其他一些部门负责协调工作。德国没有中央集权的社会体育发展规划，联邦政府层面只管竞技体育，而社会体育则交给每个联邦州和城市自己管理。由于存在各种各样的社会体育组织形式，各州、城市政府部门在制定政策时，需要根据不同的人群和不同的爱好，以全新的方式和形式制定政策。

在德国，民众自发的、有组织的体育俱乐部是大众参与体育锻炼的主要形式，这种俱乐部完全是群众性组织的，不受政府控制，非商业性、不以营利为目的。这种形式的俱乐部种类、数量繁多，在德国已存在100多年。德国大约有1/3的人口是某个此类俱乐部的成员，这种完全自愿的俱乐部组织形式是德国社会体育的核心。政府与俱乐部之间是互补关系，相辅相成。政府给予社会体育俱乐部大力支持，如为俱乐部提供有资质的大众体育教练员，为公益的大众体育俱乐部提供免费运动场所。另外，近年来，以营利为目的的商业性体育俱乐部的崛起，成为德国大众体育组织的有力补充。

5. 日本社会体育管理体制

日本的社会体育管理基本上采用三级管理模式，即中央、都道府县、市区町村。其最高的政府体育管理部门是文部省体育局，在实施社会体育管理上，除制定有关方针政策且对有关工作进行审批外，还负责组织全国性大型体育活动，如国民体育大会、全国体育娱乐节、全国社会体育研讨及体育指导员培训等。日本体协是最高级别、最具权威的社会体育组织，直接承担文部省的大量具体工作，如举办体育节、培养社会体育指导员、组织青少年体育团、开展各种体育研究等。在日本体协之下是都道府县体协和市区町村体协，他们接受日本体协的指导，具体组织开展各种社会性的体育活动。此外，在日本还有众多的体育社会团体和部分民间体育组织，他们在广泛组织开展社会体育方面也发挥了巨大作用。

由于日本社会体育的重点在社区，所以采取了以社区体育俱乐部活动为主要载体、以社会体育指导员和志愿者为依托、以社区体育场地设施的综合利用为基础的运行机制。在社会体育政策方面，日本于1961年6月制定了《体育振兴法》。该项法案中明确了有关体育的相关定义，设置了各公共团体层次的体育振兴审议会，培养设置了非正式公务员身份的体育指导员，并且明确了与区域体育振兴相关的公共体育运动设施资金辅助方式与标准。其后，文部省的咨询机关——保健体育审议会于1972年审议通过了《关于体育普及振兴的基本方针》，确定了社会体育环境设施整备的方针政策。这一方针借鉴德国"黄金计划"，为日本体育设施的发展提供了可参考的数据。

20世纪90年代末，保健体育审议会对"为保持增进终身身心健康为目的的健康教育及体育振兴战略"的提案进行审议，其中提出了以实现终身性、丰富多彩的体育生活方式为目标的社会体育发展方向。对于地域体育环境，提出了将推行学校体育设施由单纯地向地域居民提供运动场所的"开放型"，向学校与地域社区"共同利用型"的政策转换，以使地域居民能够更加有效地利用完备的学校体育设施。

二、我国全民健身相关法规政策

健全相关法规制度是推行全民健身的基本保证。随着我国全民健身计划的深入推进，全民健身活动的法规政策体系不断完善，除较早颁行的《国家体育锻炼标准》《学校体育工作条例》《学校卫生工作条例》，以及体育器材设施标准等相关法规外，主要包括以下现行的全民健身法规政策。

（一）我国现行的主要全民健身法规

1. 《体育法》

《体育法》于1995年8月29日经第八届全国人民代表大会常务委员会第十五次会议通过，2022年6月24日第十三届全国人民代表大会常务委员会第三十五次会议修订。最新修订的《体育法》，将原第二章"社会体育"修改为"全民健身"（详见二维码），尤其是将"国家提倡公民参加社会体育活动，增进身心健康"，修改为"国家实施全民健身战略，构建全民健身公共服务体系，鼓励和支持公民参加健身活动，促进全民健身与全民健康深度融合"。这一修订反映了新时代我国全民健身发展的新特点和新目标，突出了全民健身的基础性作用和战略地位，将有力推进体育强国和健康中国建设。

2. 《全民健身条例》

2009年8月30日，国务院令第560号公布了《全民健身条例》（详见二维码），并于2009年10月1日起施行。《全民健身条例》是我国第一部专门针对全民健身的系统、全面的立法，它进一步丰富和完善了全民健身的法规体系，是全民健身工作日益法制化、规范化的重要标志。《全民健身条例》进一步明确和强化了全民健身计划的法律地位，也明确了全民健身立法与全民健身计划的关系，将政府发展全民健身事业的责任落实到全民健身计划制订、实施的具体工作层面，是全民健身计划科学制订、有效实施的重要保障。

《全民健身条例》实施以来，我国社会、经济、文化、体育等领域发生了深刻变化，其中的部分规定已与现实发展要求脱节，需要根据并适应新形势、新任务尽快修订。2023年5月，国家体育总局公布《全民健身条例（修订草案）》，征求社会各方的意见，既是落实新修订《体育法》有关规定的必然要求，也是新征程上构建更高水平全民健身公共服务体系的迫切需要。

（二）现行的主要全民健身政策

1.《全民健身计划纲要》

20世纪80年代，为了促进群众体育发展，国家体委提出了"以青少年为重点、以全民健身为基本内容的群众体育与以奥运会为最高层次、以训练竞赛为主要手段的竞技体育协调发展"的战略思想，确立了全民健身对于增强民族体质及其在群众体育工作中的重要地位。1993年4月全国体委主任会议上，《国家体委关于深化体育改革的意见》及《群众体育改革方案》中，正式提出要制订和推行全民健身计划，将其作为深化体育改革的一项重大举措。随后经过1年多的调研、修改和修订，于1994年7月29日正式上报国务院。1995年6月，国务院批准印发《全民健身计划纲要》，要求在全国推行全民健身计划。

《全民健身计划纲要》共分五个部分、二十六条：一是面临的形势，二是目标和任务，三是对象和重点，四是对策和措施，五是实施步骤。2001年8月，根据我国经济建设、社会发展的远景目标和《2001—2010年体育改革与发展纲要》的要求，对《全民健身计划纲要》的第二期工程做出安排。2009年10月1日起施行的《全民健身条例》，使《全民健身计划纲要》的实施进一步得到强化。

2.《全民健身计划（2021—2025年）》

全民健身计划是一项国家宏观领导、社会多方支持、全民共同参与的体育健身计划，是关于全民健身事业目标、任务、措施、步骤等的全面规划，是与实现社会主义现代化目标相配套的社会系统工程和跨世纪的体育发展战略规划。全民健身计划的有效推行，对我国体育事业的发展和国民体质建设工作发挥具有历史意义的推动作用。作为引领全民健身发展的纲领性文件，《全民健身计划（2021—2025年）》（详见二维码）依据《全民健身条例》制定，于2021年7月由国务院印发，旨在促进全民健身更高水平发展，更好满足人民群众的健身和健康需求。

《全民健身计划（2021—2025年）》

3. 六边工程

在《全民健身计划纲要》实施十周年时期，群众身边的设施、活动、健身指导"三个身边"工程作为推进全民健身发展的有力抓手，在相关工作落实中发挥了至关重要的作用。2017年4月，国家体育总局面对新的形势，适时调整工作重点，以"三个身边"工程为基础，提出构建以"完善群众身边的设施、健全群众身边的组织、支持群众身边的赛事、丰富群众身边的活动、开展群众身边的指导、讲好群众身边的故事"为内涵的"六边工程"，用以推动建立覆盖面更广、功能更加健全的体育服务体系，助力体育健身服务均等化发展目标的实现。经过这些年的发展，以"六边工程"为抓手的公共体育服务体系建设成果显著。

4. 雪炭工程

"雪炭工程"是由中国体育彩票发起、投资的体育类雪中送炭工程，是具有公益性质且不以营利为目的的工程，始于2001年。中国体育彩票"雪炭工程"是国家体育总局贯彻《全民健身计划纲要》，为满足"老、少、边、穷"地区日益增长的体育健身需求，利用彩票公益金在全国范围内援建综合性公共体育设施的活动。"雪炭工程"援助的对象主要是革命老区、边疆少数民族地区、贫困地区、资源枯竭和下岗职工较多的地区、受灾受损严重的地区。

5.农民体育健身工程

为配合社会主义新农村的建设，国家体育总局于2006年在全国启动了"农民体育健身工程"。这项健身工程以行政村为主要实施对象，以经济实用的小型公共体育健身场地设施建设为重点，辅之以农村体育组织和体育活动点的建设，以加快农村体育事业的发展。

第三节　我国全民健身的发展历程

全民健身是体育领域的专有名词，也是我国体育工作的主要内容之一。全民健身从正式提出至今，社会影响和战略地位日益提升。根据与全民健身有关的重要事件和政策，全民健身发展历程可以划分为以下三个阶段。

一、作为群众体育基本内容的初始阶段（1987—1995 年）

党的十一届三中全会以后，我国体育事业逐渐得到恢复。1979 年，国家体委审议通过《关于加强群体工作的意见》，其中重点谈到"农村体育活动"。1984 年，党中央下发《关于进一步发展体育运动的通知》，为我国群众体育开展提供明确目标。1987 年，全国体育发展战略讨论会上首次提出体育工作"以青少年为重点、以全民健身为基本内容的群众体育与以奥运会为最高层次、以训练竞赛为主要手段的竞技体育协调发展"的战略思想，由此逐渐形成了"全民健身战略和竞技体育战略协调发展"的基本格局。1991 年，全国体育工作会议上进一步提出"以青少年为重点、以全民健身为基本内容的群众体育和以奥运会为最高层次、以训练竞赛为主要手段的竞技体育协调发展战略"。1993 年，国家体委印发《关于深化体育改革的意见》，正式提出制定和推行全民健身计划，既为我国群众体育工作指明了方向，也为全民健身的开展奠定了良好的思想基础。

整体上，这一时期全民健身的提出具有较强的针对性，是作为增强人民体质的一项举措被提出，是作为群众体育的基本内容与竞技体育的训练竞赛相对应。

二、作为长效发展机制的奠基阶段（1995—2014 年）

1995 年是我国体育事业的立法元年，《体育法》的问世具有里程碑意义，预示着我国体育事业发展进入法制化和规范化阶段。《体育法》明确"国家推行全民健身计划",确定"体育工作坚持以开展全民健身活动为基础,实行普及与提高相结合,促进各类体育协调发展"。这一规定不仅使我国体育事业有法可依,而且使全民健身有章可循。同年,国务院印发《全民健身计划纲要》,指出"为进一步增强人民体质,适应我国社会主义现代化建设的需要,必须采取切实有效的措施,推行全民健身计划,发展群众体育"。作为一项群众体育工作的法规性文件,该纲要成为推动我国全民健身事业的跨世纪发展战略规划,促进了全民健身活动的广泛开展。随着体育事业和全民健身工作的深入推进,2009年国务院颁布《全民健身条例》,确立每年的8月8日为"全民健身日"。2011年国务院又发布《全民健身计划(2011—2015年)》,提出了全民健身的"三个纳入",即把全民健身事业,特别是公共体育设施建设纳入当地国民经济和社会发展规划,把全民健身经费纳入当地财政预算,把全民健身工作纳入当地政府工作报告。由此,全民健身正式被提到政府工作日常议程中,全民健身开展的政策保障和长效机制更加明确。

2011年以来,《全民健身计划(2011—2015年)》《全民健身计划(2016—2020年)》和《全民健身计划(2021—2025年)》相继发布。这三版以五年为期的全民健身计划是落实《全民健身计划纲要》的阶段性举措,也是不同阶段指导全民健身工作的纲领性文件。自此,我国全民健身工作开展的长效机制已经形成。

三、作为国家战略的快速发展阶段(2014年至今)

2014年是我国全民健身发展的关键性年份,《国务院关于加快发展体育产业促进体育消费的若干意见》确定将全民健身上升为国家战略,标志着全民健身事业发展进入新阶段。该意见的印发,突破了以往从局部看待全民健身问题的局限,将全民健身推向更高发展水平。2016年,国务院印发《全民健身计划(2016—2020年)》,进一步指出"提升全民健身现代治理能力,为全面建成小康社会贡献力量,为实现中华民族伟大复兴的中国梦奠定坚实基础"。同年10月,中共中央、国务院印发《"健康中国2030"规划纲要》,以提高人民健康水平为核心,全方位、全周期维护和保障人民健康,把健康摆在优先发展的战略地位。作为推进健康中国建设的宏伟蓝图和行动纲领,该纲要强调医体高度融合、全民健身与全面小康紧密结合,为更高质量开展全民健身活动提供新模式和新路径。

2019年，为深入推进健康中国建设，国家层面成立健康中国行动推进委员会，并印发《健康中国行动（2019—2030年）》，将全民健身行动作为健康中国行动的重要内容，鼓励医疗机构提供运动促进健康指导服务，鼓励引导社会体育指导员在健身场所等地方为群众提供科学健身指导服务，提高健身效果，预防运动损伤，为实施全民健身战略、推进健康中国建设提供行动方案和技术路线。随后，国务院办公厅印发《体育强国建设纲要》，将落实全民健身国家战略、助力健康中国建设作为首要战略任务，并提出完善全民健身公共服务体系，统筹建设全民健身场地设施，广泛开展全民健身活动，优化全民健身组织网络，促进重点人群体育活动开展，推进全民健身智慧化发展。

随着全民健身国家战略的深入实施，全民健身公共服务水平显著提升，全民健身场地设施逐步增多，民众通过健身促进健康的热情日益高涨，健康中国和体育强国建设迈进新阶段。2021年，国务院印发《全民健身计划（2021—2025年）》，再次突出全民健身的国家战略地位，明确要构建更高水平的全民健身公共服务体系，充分发挥全民健身在提高人民健康水平、促进人的全面发展、推动经济社会发展、展示国家文化软实力等方面的综合价值与多元功能。2022年，中共中央办公厅、国务院办公厅印发《关于构建更高水平的全民健身公共服务体系的意见》，提出要构建统筹城乡、公平可及、服务便利、运行高效、保障有力的更高水平的全民健身公共服务体系，到2035年全面建立与社会主义现代化国家相适应的全民健身公共服务体系，经常参加体育锻炼的人数比例达到45%以上，体育健身和运动休闲成为普遍生活方式，人民身体素养和健康水平居于世界前列。

全民健身已成为我国体育事业的重要内容，从2017年党的十九大报告提出"广泛开展全民健身活动，加快推进体育强国建设"，到2022年党的二十大报告提出"广泛开展全民健身活动，加强青少年体育工作，促进群众体育和竞技体育全面发展，加快建设体育强国"，都充分体现并强化了全民健身的基础地位。尤其是2022年《体育法》的修订，更是将第二章"社会体育"修改为"全民健身"，再次强化并巩固了全民健身作为国家战略的重要地位。这一名称的修改具有重要的理论意义和实践价值，从法理层面结束了群众体育、全民健身与社会体育之间长期存在的复杂关系，开启了全民健身引领我国体育事业发展的新时代。

第七章 全民健身

思考题

1. 如何理解全民健身的内涵？
2. 全民健身的特点有哪些？
3. 简述我国全民健身管理体制。
4. 简述我国全民健身的发展历程。
5. 我国全民健身的发展现状表现在哪些方面？
6. 查阅资料，思考并分析全民健身与全民健康如何深度融合？

推荐阅读 >>>

［1］陈宁. 全民健身概论［M］. 北京：高等教育出版社，2022.

［2］李相如，戴俭慧. 全民健身概论［M］. 北京：高等教育出版社，2023.

第八章
竞技体育

> 加快建设体育强国，就要弘扬中华体育精神，弘扬体育道德风尚，坚定自信，奋力拼搏，提高竞技体育综合实力，更好发挥举国体制作用，把竞技体育搞得更好、更快、更高、更强，提高为国争光能力，让体育为社会提供强大正能量。
>
> ——习近平 2017 年 8 月 27 日在天津会见全国体育先进单位和先进个人代表等时的讲话

学习提示

【内容提要】 竞技体育的概念、构成、特点及其在社会发展中的地位和作用；运动训练概念及主体、目的任务、特点、原则、内容、方法；运动竞赛的概念、目的任务、类型及组织。

【学习目标】 通过本章学习，掌握竞技体育、运动训练与运动竞赛的概念、特点及竞技体育在社会发展中的作用，了解竞技体育的构成、运动训练的原则与内容及运动竞赛的类型等；具备正确辨析竞技体育现象与问题的能力；树立正确竞技体育观，明确竞技体育在实现体育强国建设中的作用与价值。

【主要概念】 竞技体育　运动训练　运动竞赛

第一节　竞技体育概述

一、竞技体育的概念及构成

（一）竞技体育的概念

竞技体育又称竞技运动，源于拉丁语 disport，原意是"离开工作"，使人通过一些轻松愉快的身体活动，转移自己的注意力，"使自己高兴"。随着时代的发展，disport 逐渐与钓鱼、狩猎等以获得某种东西为目的的余暇活动产生了密切关系，后来由于在习惯使用中失落了前缀 dis 变成了现在的 sports。随着时代的变迁、社会的发展，sports 含义和内容也发生变化。由起初的"在户外根据体力进行的充满欢乐的行动"，包括射击、钓鱼、狩猎等娱乐活动，演变成具有竞技性质的游戏、娱乐和运动的总称，并随着英语的流行广泛传播到世界各地。

竞技体育是体育的重要组成部分，是以体育竞赛为主要特征，以创造优异运动成绩、夺取比赛优胜为主要目标的社会体育活动。

（二）竞技体育的构成

从不同实践过程看，竞技体育包括运动员选材、运动训练、运动竞赛和竞技体育管理四个有机组成部分。

1. 运动员选材

运动员选材是竞技体育这一社会行为的起始，是挑选具有良好运动天赋及竞技潜力的儿童少年或后备力量参加运动训练的工作。

2. 运动训练

运动训练是为提高运动员的竞技能力和运动成绩，在教练员的指导下，专门组织的有计划的体育活动。运动训练既是竞技体育的组成部分，也是实现竞技运动目标的重要途径。

3.运动竞赛

运动竞赛是在裁判员主持下，按统一的规则要求，组织与实施的运动员个体或运动队之间的竞技较量，是竞技体育与社会发生关系，并作用于社会的媒介。运动员通过训练不断提高的竞技能力，只有通过运动竞赛的形式表现出来，才能得到社会的承认，满足社会成员的需要。

4.竞技体育管理

无论是运动员选材、运动训练，还是运动竞赛都必须在专门的管理体制组织管理下才能实现并得到理想效果。因而，竞技体育管理也是竞技体育理论体系中的重要组成部分。

在上述竞技体育的构成中，运动训练和运动竞赛是竞技体育的两大支柱。其中，运动训练是提高竞技能力的过程，是实现竞技体育目标的重要途径；运动竞赛则是展示竞技水平的过程，是竞技运动最精彩、最活跃的表现形态。两者相辅相成，不可割裂。因此，本章将主要针对这两个方面做进一步阐述。

二、竞技体育的特点

（一）竞争性

竞技体育的竞争性是指在竞赛过程中运动员的体力、智力、技术、技能、战术等方面的较量。由于竞技体育的最终目的是获取比赛胜利和优异运动成绩，因此参加者总是通过最大限度地发挥自己的运动能力战胜自我、战胜对手，这就决定了它必然是在激烈的对抗中进行的，这也是竞技体育最根本的特点。

（二）规则性

竞技体育的规则性是指竞技体育比赛中运动员必须遵守运动项目的规定和法则，在明确而正式的规则范围内进行比赛。这些规则既有历史性，又有国际性。这一特性保证了竞技体育竞争的公平性。

（三）娱乐性

竞技体育的娱乐性是指人们在竞技过程中体验到快感。竞技体育虽然是一种激烈的竞争性很强的身体运动，但并未完全失去其娱乐性特征。其娱乐性体现在：竞技体育参与者本身，通过参加竞技体育可以得到快感；对于竞技体育的观赏者来说，可以消除工作带来的紧张，获得精神上的满足和享受。也正是这种特性不仅使竞技体育得到普及，也给竞技体育带来了巨大的商机。

（四）结果的不确定性

竞技体育结果的不确定性是指竞技者要根据运动中的各种变化随时采取相应的技术、战术，不可能事先知道对方的意图及比赛结果。正是这种不确定性，无论是对竞技者还是观赏者来说，在比赛结束之前，其过程和结果都是个没有破解的"谜"，由此增添了竞技体育本身的无限魅力。

（五）目的的功利性

竞技体育目的的功利性是指竞技者或竞技体育的组织者通过竞赛期望获得某些利益。竞技体育目的是获取比赛的胜利，而对于竞技者本身来说，获得比赛的胜利，可以得到物质和精神的利益；对于一个国家和民族来说，获得比赛的胜利，可以得到政治上的利益；而对于竞赛组织来说，可以获得经济上的利益。

三、竞技体育在社会发展中的地位和作用

（一）竞技体育在社会发展中的地位

1. 竞技体育是体育事业的一个重要组成部分

2022年修订的《体育法》第三十九条指出："国家促进竞技体育发展，鼓励运动员提高竞技水平，在体育赛事中创造优异成绩，为国家和人民争取荣誉。"提高竞技水平是我国体育目的任务之一，中华人民共和国成立以来，党和政府非常关怀和注重竞技体育的发展及竞技水平的提高，并把竞技体育放在整个体育事业发展的重要位置上。党的十八大以来，习近平总书记十分重视竞技体育工作，在不同场合对竞技体育发展作出重要指示批示，多次出席重大体育赛事活动。北京2022年冬奥会是在习近平总书记亲自谋划、亲自部署、亲自推动下，成功举办的一场无愧于祖国、无愧于人民、无愧于时代的盛会，给

世界展现了阳光、富强、开放、充满希望的国家形象。

竞技体育的发展水平与一个国家的经济和文化科学发展水平密切相关，在一定意义上可以看成一个国家经济、文化科学发展水平的窗口，反映一个民族的体质状况和精神面貌，是一个国家综合实力的体现。近年来，我国运动员在国际赛场上创造的优异运动成绩，进一步提高了我国在国际上的地位和声望。

2. 竞技体育是体育产业开发的一个重要领域

体育竞赛市场是体育产业的一个重要领域，发展体育竞赛有利于建立、健全我国体育市场体系。体育竞赛市场是整个体育市场体系中最有活力、最有影响的市场，其发展程度直接影响整个体育市场的形成和发展。通过发展体育竞赛市场可以带动和促进其他相关产业的发展，繁荣体育市场。例如，可以带动和促进电视转播、体育广告业、标志产品、体育旅游、场馆经营等相关产业的发展；可以提供丰富的体育劳务产品，更好地满足人们对精神文化产品的需求；还可以促进体育无形资产的开发，如奥运会、世界杯足球赛、NBA 和欧洲足球联赛等都成为世界体育产业的一个重要品牌。

（二）竞技体育在社会发展中的作用

1. 振奋民族精神，激发爱国主义热情

在国际赛场上，运动员以国家为单位参加国际性比赛，其成败赋予了特殊的政治含义。运动员代表国家的形象，其胜利伴随升国旗、奏国歌和观众的肃立致敬，这些都代表着国家和民族的自豪与胜利，对于树立民族自尊心、自信心和自豪感，增强爱国主义、集体主义观念起到积极的作用。

2. 丰富人民群众的社会文化生活

竞技体育是人类社会物质文明和精神文明的产物，随着自身的发展又对整个社会的文化发展起到重要作用。

随着人们余暇时间的增多和生活水平的提高，人们对精神文化的需求也愈加强烈。竞技体育以其文化产品的特性，在人们的社会文化生活中发挥着重要的作用。人们通过观看和欣赏赛场上运动员激烈的比赛和精湛的技艺，使生活

空间和余暇时间得到扩展和充实。公平激烈的比赛本身既传播平等竞争的文明风尚，也鼓舞着人们对真实、自信、进取和创新的向往。另外，竞赛过程的变幻和竞赛结果的不可预测，还给人们带来极大的悬念与乐趣，引发和满足人们对身体健康与美好生活的追求。

3. 推动全民健身运动的开展

竞技体育对群众性体育运动的普及起到推动作用。运动员娴熟、高超的运动技术和灵活多变的战术在比赛中的运用，对于体育爱好者来说，具有很好的示范性和指导性作用。通过竞赛可以吸引更多的人参加体育运动，在更大的范围内推广这项运动。在普及与推广群众性体育运动开展的同时，也为高水平的竞技体育奠定了更广泛的人才基础，有利于竞技体育的可持续性发展。

4. 教育和培养青少年的社会属性

竞技体育有其特殊的教育功能。竞技体育对于形成现代市场经济条件下人类社会发展需要的竞争意识、团队精神、协作精神、公平竞争、法制观念、规范行为、拼搏精神、顽强意志、文明自律等品质有着特殊的作用，在培养尊重裁判、尊重对手、尊重观众等高尚的体育道德方面也具有重要价值。对于观众，通过观看体育竞赛，还可以潜移默化地接受精神文明教育。长期以来，我国在国际体育比赛中涌现出众多优秀个人和集体，长盛不衰的中国乒乓球队、曾经取得五连冠的中国女排（拓展阅读见二维码），被誉为"梦之队"的中国跳水队等，都已成为全国人民学习的楷模；"团结起来，振兴中华""冲出亚洲，走向世界"等重大体育比赛口号，已经成为全国人民团结奋进的宝贵精神财富。

大力弘扬新时代的女排精神

第二节　运动训练

一、运动训练的概念及主体

（一）运动训练的概念

运动训练是竞技体育活动的重要组成部分，是指在教练员的指导和运动员的积极参与下，为不断提高运动员的竞技能力和运动成绩而专门组织的、有计划的教育过程。运动训练的直接目的是提高运动员的竞技能力，继而通过参加运动竞赛，将已获得的竞技能力转化为运动成绩。

（二）运动训练的主体

运动训练的主体是教练员和运动员。教练员是运动训练计划的制订者，以及运动训练的组织者与指导者。运动员既要在教练员的指导下从事训练实践，也应积极配合教练员一起设计、组织自己的训练活动，并参与对这一训练过程的有效控制。同时，科研工作者、医生等也是运动训练活动的积极参与者。

二、运动训练的目的及任务

（一）运动训练的目的

运动训练的目的是不断提高运动员和运动队的竞技能力和竞技水平，创造优异运动成绩。竞技能力则指运动员有效地参加训练和比赛所获得的体能、技能、智能和心理品质等的一种综合运动能力。

（二）运动训练的任务

运动训练具有五个紧密联系、不可分割的任务，在运动训练过程中必须全面贯彻执行。

（1）增进运动员的健康水平，改善身体形态，不断提高有机体的机能能力，发展一般和专项运动素质。

（2）使运动员掌握和提高专项运动的理论知识、技术、战术，并能在比赛中运用和发挥。

（3）对运动员进行心理训练，使运动员在激烈的比赛中形成克服各种困难的决心、夺取比赛的信心等优良的作风和顽强的意志品质。

（4）使运动员掌握进行专项运动训练的组织、指导工作的基本知识和技能，培养运动员独立地进行自我训练的能力。

（5）对运动员进行爱国主义、集体主义和社会主义教育，树立"祖国培养意识""普通公民意识""中华体育精神"，培养高尚、健全的人格。

三、运动训练的特点

（一）训练内容的专门性

随着运动训练的科学化发展，各运动项目的运动技术水平大幅提高，运动成绩也几乎达到人类的极限。在这种情况下，由于不同的运动项目对运动员的身体形态、生理机能及身体素质的要求不同，要想在世界性大赛中取得优异成绩，运动员必须选择最适合自身条件的某一项或几项性质相似的运动项目，并在不同训练阶段选择有利于专项运动体能、技术和战术水平提高，以及有利于表现出最好专项运动成绩的训练内容。

（二）训练方法的多样性

现代运动训练要求最大限度地挖掘运动员的运动潜能，需要不断提高运动员机体各器官系统的机能能力，发展运动素质，掌握并熟练地运用专项技术、战术，并具备良好的心理品质。要解决这些问题，必须在训练中采用多种多样的训练方法，并且有针对性地加以应用。训练方法的多样性取决于训练任务的复杂性、训练对象的差异性，以及训练过程中运动员心理变化的特征等因素。

（三）训练过程的长期性

运动员竞技能力和运动成绩的提高是通过训练使运动员在身体形态、生理机能、运动素质、心理品质、技术、战术等方面产生良好适应的结果。这种良好适应的获得不是一朝一夕的强化可以获得的，而是需要经过一个较长时期的积累才能形成的。运动实践证明，一个运动员从开始训练到创造某一项目的优异成绩，必须经过多年的系统训练，根据运动项目的不同，短则需要4～6年，长则需要十几年，这就决定了运动训练过程的长期性。这种长期性往往通过不同训练阶段逐步完成。因此，训练过程中应处理好长期性和阶段性的关系，以严密、科学的训练计划做保障。

（四）训练负荷的极限性

运动员只有最大限度地承受训练负荷，才能引起有机体的强烈反应并产生深刻的变化，进而最大限度地挖掘有机体的机能潜力，以适应运动员参加激烈比赛和创造优异运动成绩的需要。极限运动负荷是相对的，当某一阶段达到极限负荷，运动员有机体产生适应以后，还需要再提高，再达到一个新的极限负荷。只有这样循环往复、逐渐加强，才能使运动员有机体的机能能力得到更大提高。

四、运动训练的原则

运动训练原则是指依据运动训练活动的客观规律而确定的在组织运动训练过程中所必须遵循的基本准则。运动训练原则是随着训练实践的发展而逐渐建立起来的，并随着人们对运动训练客观规律认识的广度和深度的变化而逐步形成的专门体系。纵览国际学者对训练原则的阐释，既存在着普遍的共性认识，也因各国发展竞技运动的体制机制、科技水平的差异，以及学术流派与学者主观认识的不同，在总结与提炼具体的运动训练原则时，采用的提法不尽相同。以下介绍七个主要运动训练原则。

（一）动机激励训练原则

动机激励训练原则是指从激励运动员训练动机的角度组织训练过程的训练原则。该原则指出，在运动训练过程中，通过多种有效途径与办法，促使运动员深刻认识参加训练的目的，并自觉、积极、主动地完成训练任务。训练动机激励主要通过两种途径来实现，其一是来自被激励者本身，属于自觉性激励；其二是来自社会激励。人类从事任何活动，动机都起着重要的作用。运动训练是一个艰苦的过程，运动员只有具备顽强的意志和积极的训练动机，才可能获得最终的成功。例如，社会的普遍认同，以及运动员为国争光的荣誉感，会满足运动员更高层次的精神需求；创造竞技成就而获得的物质奖励，则会使运动员享有更好的生活质量。

（二）系统持续训练原则

系统持续训练原则是指系统地、持续地、循序渐进地组织训练过程的训练原则。该原则强调：从训练初期，到出现优异运动成绩，直至运动寿命的终结，都应根据训练结构中各因素间的内在联系，以及人体运动能力发展规律，有序且持续地进行训练。运动训练是一个多层次、多因素、结构复杂的"人造复合系统"。从纵向看，一名优秀运动员的成长过程大体须经五个阶段，即启蒙训练阶段、专项初级训练阶段、专项深化训练阶段、创造或保持优异成绩阶段、延长运动寿命阶段。各个阶段层层递进、依次相连、有机衔接。从横向看，寓于这一过程的诸多因素互为影响且具有明显的时序性，如竞技状态诊断、训练目标制定、训练计划设计、训练过程实施、训练质量监控、训练过程纠偏等环节。其中，每一环节的内容又具有明显的层次性与系统性。因此，在训练实践中，运动员需要不间断地训练；在训练内容的安排上，须注意内容间的层次性。

（三）适宜负荷训练原则

适宜负荷训练原则是指根据运动员现实可能和人体机能适应性规律，以及提高运动员竞技能力的需要，在训练中给予适宜量度的负荷，以取得理想训练效果的训练原则。运动员承受一定运动负荷后，必然产生相应的应激反应。但并非只要施加负荷，就一定会产生良好的训练效应，可见，合理安排训练负荷意义重大，因此，要辩证地理解我国运动训练界提出的"三从一大"训练原则（详见二维码）。在制订与实施训练计划时，需要根据具体的训练任务、训练对象及其竞技状态，遵循竞技能力发展规律及机能适应规律设计适宜的运动负荷。这里，所谓的适宜负荷，是指既不能太低，也不能过高的运动负荷，应该以运动员机体对运动负荷应激的生理临界为标准，在训练初期安排稍微超出生理临界的负荷刺激，以引起机体积极的应激反应。持续一段时间后，机体对这一负荷的应激反应减小，表现出适应状态，就可以继续施加更大的负荷，继而形成新的适应。

（四）适时恢复训练原则

适时恢复训练原则是指根据运动负荷的性质及疲劳产生的机制，及时消除疲劳，并采用积极的恢复手段提高机体能力的训练原则。疲劳是极其复杂的现象，导致运动疲劳的原因是多方面的，当前阐述疲劳原因和疲劳发生部位的主要观点是：三大供能系统的能量物质耗竭；大量代谢产物堆积，如乳酸、H^+、CO_2等；肌纤维收缩能力减弱；神经系统变化等。前三个原因大多发生在肌肉本身，通常被称为外周性疲劳。神经系统变化造成的疲劳称为中枢性疲劳。由于训练中导致机体疲劳一般是由多个因子作用在多个不同部位上共同引起的，所以必须掌握负荷性质、负荷强度、负荷量的差异性导致的机能"下降—恢复—适应—提高"过程的异时性特征,以及不同能源物质"消耗—恢复—超量恢复"的异时性特征。此外,在训练后还应科学安排适宜的恢复时间和方法手段。

(五)周期安排训练原则

周期安排训练原则是指根据运动训练周期性结构特点、重大赛事安排规律和运动员竞技状态呈现规律组织训练过程的训练原则。这一原则主要强调训练过程的周期性、赛事安排的计划性和竞技状态发展的规律性。训练周期既是运动训练过程科学安排的一种方式,也是运动训练工程工期划分的基本依据,一般分为超大周期、大周期、中周期、小周期四种基本类型。其中任何一个周期过程又分为三个既相互独立又紧密衔接的阶段,即准备期、竞赛期、过渡期。正是由于多个训练周期有机衔接,从而组成多年、全年、阶段、小周期的训练过程。实践中,为了有效提高成绩,教练员必须根据这种周期性规律,深刻认识训练周期结构、类型,这对于科学制订训练计划意义重大。

(六)专项深化训练原则

专项深化训练原则是指逐步深化并合理安排专项训练内容、方法、手段及负荷等因素来制定训练过程的训练原则。专项深化训练原则的重点反映在训练内容、手段、方法、负荷的安排上,即充分肯定一般训练的意义,但更加强调专项训练的作用。一般训练是指,在运动训练中采用多种多样的身体练习与方法手段,来提高运动员器官系统的机能,全面发展运动素质,掌握一些非专项的运动技术和理论知识,改善一般心理品质。其目的是为专项训练创造条件,为创造专项运动成绩打好全方位的基础。专项训练是指,在运动训练中以专项运动本身的动作或以在解剖学、生物力学、生理能量供能特点与专项相似的练习,来提高专项运动所需的各器官系统的机能,发展专项运动素质,掌握专项运动技术、战术、理论知识,以及改善专项运动所需的心理与智力能力。在训练实践中,需要根据专项运动的特点、运动员竞技能力的发展规律,以及训练深化时期各个阶段的任务,逐步提高深化专项训练的比例。

(七)区别对待训练原则

区别对待训练原则是指在运动训练中要根据不同专项、不同运动员,以及不同训练任务、训练阶段、训练环境,有针对性地选择训练内容、确定方法手段、安排运动负荷的训练原则。首先,不同的运动项目有不同的竞技特点,要求运动员具有不同的竞技能力结构,这就要求教练员全面、准确地认识和了解自己所从事的运动项目竞技能力结构的特点,进而选择与专项竞技需要相符合的训练内容、手段及制订相对应的运动负荷方案,有效地组织运动训练活动。其次,即使同一个运动项目的运动员,由于运动员思想、健康状况、个体特征、训练水平、阶段任务及学习、工作、日常生活等情况均不相同,教练员应做到具体情况具体分析,根据运动项目、训练阶段、运动员个体特点等多个要素的变化,注意有区别地组织好运动训练活动,因人而异地在训练中采取相应的措施。

五、运动训练的内容

从运动训练学的角度看,竞技水平和运动成绩的提高一般由体能训练水平、技术训练水平、战术训练水平、智能训练水平和心理训练水平五个方面因素决定。运动员竞技能力结构模型如图 8-1 所示,五个方面因素相互联系、相辅相成、相互促进,且应该始终保持在一个相对平衡的状态。任何一个(或几个)相对较低的因素都会直接影响竞技水平和运动成绩的提高。某一方面(或几方面)的指标得到提高,其他几个方面也应相应地提高,这样才能达到一个新的平衡,竞技能力也随之提高。因此,运动训练相应的内容应包括体能训练、技术训练、战术训练、智能训练及心理训练。

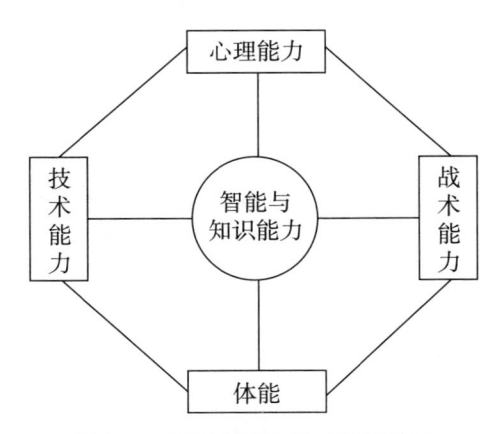

图 8-1 运动员竞技能力结构模型

（一）体能训练

体能训练是指在运动训练过程中运用各种身体练习有效地影响运动员身体形态的变化，增进运动员健康，提高有机体机能和发展身体素质的训练。体能训练是技术训练和战术训练的基础。良好的运动素质能够保证运动员更好地掌握复杂先进的运动技术、战术，承担大负荷训练和激烈的比赛，不断提高运动成绩。体能训练对于防止运动员的伤病，延长运动寿命也有着重要作用。体能训练包括一般体能训练和专项体能训练两个方面。

1. 一般体能训练

一般体能训练是指在训练中采用多种多样的训练手段和方法，增进运动员的健康，提高各器官系统的机能，全面发展运动素质，改善运动员体型的训练过程。一般体能训练是专项体能训练的前提，能为运动员提高运动成绩打下坚实的基础。

2. 专项体能训练

专项体能训练是指根据专项运动的特点和对运动员素质的专门要求，采取与专项运动紧密联系的训练手段，提高运动员的专项运动素质。专项体能训练水平是提高运动成绩的关键，对于运动成绩的提高起到直接作用。

（二）技术训练

运动技术是指能充分发挥运动员的身体能力，合理有效地完成动作的方法。所谓合理是指符合运动生理学、运动解剖学、运动生物力学的原理和方法，遵循人体运动的规律，使身体、肢体和内脏器官系统在运动过程中能做到时间和空间的协调配合。所谓有效是指能充分调动和发挥人体的内在潜力，使之转化到提高运动成绩的效果。准确地运用运动技术可以出现机能节省化现象，从而节约物质能量和神经能力的消耗，这是参加竞技体育的前提。只有掌握先进的技术，才能充分发挥运动员身体训练水平和运动战术水平，创造优异的运动成绩。

技术训练要根据运动员训练的不同阶段，有针对性地进行。在运动员训练的初级阶段，要注重基本技术训练，打好基本功；当训练水平达到一定高度时，则应根据个人条件逐渐形成个人的技术风格和特点。例如，我国著名运动员苏炳添百米破 10 秒得益于根据个人条件进行了运动技术创新（拓展阅读见二维码）。

苏炳添百米破 10 秒的秘诀

（三）战术训练

战术训练是指根据比赛双方情况，正确分配力量，充分发挥己方特长，限制对方特长所采取的合理有效的计策与行动。战术的作用在于运动员根据比赛双方的具体情况巧妙地运用与发挥已经获得的身体、技术、心理等训练效果。战术是取得比赛胜利不可忽视的重要因素，特别是在实力相当的情况下，战术的正确运用是比赛获胜的关键。战术由战术指导思想、战术意识、战术知识和战术行动组成，其中树立正确的战术指导思想是根本，它影响着战术意识和战术行动，只有在正确指导思想下进行比赛，才能激发潜在的战术意识和实施有效的战术行动。

（四）心理训练

心理训练是指通过各种手段有意识地对运动员的心理过程和个性特征施加影响，使运动员学会调节自己心理状态的各种方法，为更好地参加运动训练和争取优异比赛成绩做好心理准备的训练过程。心理训练的内容通常有放松训练、自我暗示训练、集中注意力训练、意志力训练、情绪控制训练、模拟训练等。

（五）智能训练

智能训练是指为适应现代运动训练的需要，有目的、有计划地对智能构成因素进行训练和培养，并使之有机结合，提高运动员智能水平的训练过程。智能训练的内容包括运动理论知识教育、运动智能因素培养及体育道德品质培养。

1. 运动理论知识教育

运动理论知识教育包括对运动行为起到间接作用的运动解剖学、运动生理学、运动医学、运动生物力学、运动生物化学、运动心理学、体育教学法和运动训练学等一般知识，和对训练效果和运动成绩起到直接作用的专项技术分析、战术意识、器械使用、比赛规则、裁判方法及训练计划、训练方法、辅助措施、自我监督等方面的专项知识。

2. 运动智能因素培养

运动智能因素的培养包括对运动实际操作能力和适应能力，以及对运动行为的观察力、记忆力和思维能力的培养。

3. 体育道德品质培养

运动训练的根本目的在于培养社会主义现代化建设的专门人才，创造优异运动成绩为祖国争取荣誉，为国家物质文明建设和精神文明建设服务。因此，在进行科学的身体训练、技术训练、战术训练、心理训练的同时，必须不失时机地进行道德思想品质教育，使运动员具有良好的社会公德和体育道德风尚，树立中华体育精神，杜绝拜金主义和一切违反精神文明的腐败行为，培养运动员艰苦奋斗、勇敢顽强、不怕困难、为国争光的良好品质。

六、运动训练的方法

（一）运动训练方法的概念

运动训练方法是指在运动训练活动中，提高竞技运动水平、完成训练任务的途径和办法。运动训练方法用在教练员的"训"和运动员的"练"的过程中，是教练员和运动员在双边活动中共同完成训练任务的方法。运动训练方法是对运动训练过程中各种训练方式和办法的概括，是对各种具体训练方法的集中表述。

（二）运动训练方法体系

1. 运动训练方法的基本结构

构成运动训练方法的主要因素是练习动作及其组合方式、运动负荷及其变化方式、过程安排及其变化方式、信息媒体及其传递方式、外部条件及其变化方式等。其中，练习动作及其组合方式主要是指运动员为完成具体训练任务而进行的身体练习及各个练习之间的固定或变异组合方式。运动负荷及其变化方式主要是指各种身体练习时对有机体所施加的刺激及其在强度、量度及负荷性质方面的变化形式。过程安排及其变化方式主要是指对训练过程的时间、人员的组织、器材的分布、内容的选择、练习的步骤等因素的安排及其变化形式。信息媒体及其传递方式主要是指教练员指导训练工作时，所采用的如语言、挂图、影视等信息手段和如讲解、图视、观摩等信息传递方式。外部条件及其变化方式主要是指训练气氛、训练场地、训练设备、训练器材、训练工具等因素的影响及其变化方式。运动训练中的许多方法正是由这五种因素所组成的。这些因素的不同组合及其变化，可以形成具有不同功能的多种训练方法。

2.运动训练方法的基本分类

（1）依发展竞技能力的目的，可分为体能训练方法、技能训练方法和战术能力训练方法，再进而区分，可分出力量训练方法、速度训练方法和耐力训练方法等。

（2）依训练内容的组合特点，可分为分解训练法、完整训练法、变换训练法和循环训练法等。

（3）依训练负荷与间歇的关系，可分为持续训练法、重复训练法和间歇训练法等。

（4）依训练负荷时氧代谢的特点，可分为无氧训练法、有氧训练法及无氧/有氧混合训练法等。

（5）依训练时不同的外部条件，可分为语言训练法、示范训练法、助力训练法等。

第三节　运动竞赛

一、运动竞赛的概念、基本属性与意义

（一）运动竞赛的概念

运动竞赛是指在裁判员主持下，按统一的规则要求、组织与实施的运动员个体或运动员之间的竞技较量。运动竞赛对运动员的训练和成长起着重要的作用。

（二）运动竞赛的基本属性

1. 参赛目标的竞争性

竞争是体育比赛的一个基本属性。任何一场比赛，无论参赛人数多少，竞赛结束时，只有少数参赛者能够成为优胜者。奥运会等重大比赛的惯例是录取前三名，分别颁予金、银、铜三种奖牌，会场上升前三名运动员所在国家和地区的旗帜，获奖者享有极高的荣誉并获得很大的经济利益。我国组织的国内比赛常为前六名或前八名颁奖，优胜者同样会得到相应的荣誉和经济报酬。体育竞赛的胜负，在一定程度上显示了一个国家、地区、单位的体育运动水平，关系到参赛者所在国家、地区、单位的荣誉，所以参赛选手都竭力争取比赛的胜利，把争取胜利作为参赛的主要目标。

2. 竞赛条件的公平性

体育竞赛的公平性主要表现在参赛条件的等同性和裁判员执法的公正性两个方面。竞赛过程中，参赛者应遵照统一规则的要求，在同等条件下，充分地发挥智力与能力，争取比赛的胜利。

3. 竞赛规则的制约性

竞赛规则的制约性主要体现在规则对竞赛条件有明确的规定和对竞赛行为有严格限制两个方面。这也是体育竞赛与自发性游戏和个体自身运动行为的主要区别。为使竞赛能顺利进行，必须按预定的竞赛规程和统一的规则组织比赛。规程中规定的细则和条款，不能在比赛开始后随意变动，以保证规程的严肃性。

4. 竞赛过程及结果的随机性

体育竞赛的全过程充满着动态变化，这些变化常常是事先难以预料的，尤其是双方同时出场的直接对抗性的比赛过程，比赛的双方都在不断地观察比赛场上的形势，并及时采取新的技战术措施，力求抑制对方所具有的技战术优势及各种竞技能力的发挥。这就构成了竞技场上不断变化发展的尖锐矛盾与激烈斗争，使竞赛结果具有不确定性的特征。

5.竞赛信息的扩散性

竞赛信息具有迅速扩散的特性，这是由于竞赛的结果为人们所密切关注。现代传播组织拥有高效率的信息传播手段，信息的快速传播是体育社会化与商品化的需要。

（三）运动竞赛的意义

运动竞赛是提高运动员竞技能力、检验和评价训练效果的有效途径，是训练阶段划分及确定训练内容、方法及负荷的重要依据，也是选拔运动员的主要手段，运动员所具备的竞技能力必须在比赛中表现出来才能转化为运动成绩，才能得到社会的承认。运动竞赛对于丰富社会文化生活、促进大众体育参与也有重要意义。

二、运动竞赛的目的任务

作为竞技体育的重要组成部分，运动竞赛活动具有多方面价值，如竞技价值、健身价值、观赏价值、商品价值与宣传价值等。正是它所具有的这些价值使运动竞赛越来越受到人们的重视，从而获得不断的发展，开展运动竞赛的目的及任务就在于其多元价值的实现。

三、运动竞赛的类型

竞赛活动的分类方法较多，可以按参赛者年龄、性别、专业化水平、行业、比赛项目、组织形式、规模、计分性质和任务等进行分类。例如，按体育竞赛组织和参赛选手的专业化程度，分为职业体育竞赛、专业体育竞赛和业余体育竞赛；按计分性质，分为个人赛、团体赛等；还可以按照体育竞赛组织与参赛者的区域，分为国际体育竞赛、国家或地区体育竞赛和地方体育竞赛。下面主要从社会（含国际、国内高水平竞技和职业体育）和学校（包括基层单位）两个方面对各种竞赛活动进行简要介绍。

（一）社会体育竞赛活动

社会体育竞赛活动是指国际、国内高水平竞技和职业体育竞技运动竞赛，包括世界、洲际、全国、省（市）的比赛活动。由于参赛者均是各国或各地区的优秀运动员，其运动技术水平较高，比赛竞争性突出，对组织工作、裁判员的水平、竞赛条件的要求较高。

1. 世界杯赛

世界杯赛是由各国际单项运动协会（国际足联、篮联、田联等）组织的单项运动竞技比赛，如国际足联组织的四年一届的世界杯足球赛、由国际田联组织的世界杯田径赛等，世界杯赛是世界上单项运动一流的运动竞技比赛。

2. 锦标赛

锦标赛通常是进行一个运动项目的比赛，并确定个人或团体冠军，故又称"单项锦标赛"。在我国举办这种比赛旨在交流和总结该项运动教学与训练的经验，增加比赛机会，培养新生力量，促进运动技术水平的提高。一般由主管体育运动的政府机关或各项运动的协会举办，地方和基层单位也可组织各项运动的锦标赛。国际单项锦标赛由各运动项目的国际组织定期举行，如国际游泳联合会举办的世界游泳锦标赛、世界斯诺克协会举办的斯诺克世界锦标赛、欧洲足球协会联盟举办的欧洲足球锦标赛、亚洲乒乓球联盟举办的亚洲乒乓球锦标赛等。

3. 联赛

联赛是一种定期的、制度化的比赛，一般每年举行一次，常分为预赛和决赛两个阶段，可同时同地进行，也可同时分区进行，亦可在不同时间、不同地点分别进行。它属等级赛性质，按运动队的运动水平分别举办的比赛，一般以集体性项目为主，如篮球、排球、足球等运动项目的等级联赛，联赛根据竞赛成绩优劣排列名次，一般有升降级的规定，即乙级队优胜者可晋升为甲级队，而甲级队失败者则下降为乙级队，并分别参加下一次所属级别的联赛。例如，欧洲足球协会联盟举办的欧洲冠军联赛，被公认为是全世界最具影响力及最高水平的俱乐部赛事；全美篮球协会（BAA）举办的美国职业篮球联赛（NBA）。

4. 等级赛

等级赛是按运动员的不同运动水平或年龄分别举办的竞赛活动。凡合乎等级标准的运动员（队），一般都可参加。例如，田径、体操等项目中按运动员的技术等级（健将、一级、二级、三级）所组织的比赛，青年、少年的排球、足球等比赛。

5. 公开赛

公开赛是指凡愿意参加比赛的个人或集体均可自由报名参赛的一种群众性竞赛活动。参赛者不限哪一单位或体协，可以自由组合，这种比赛一般运动项目群众基础较好，开展比较普及，并利用节假日举行，以丰富广大群众的娱乐生活。例如，澳大利亚网球协会主办的澳大利亚网球公开赛、美国职业网球协会举办的美国网球公开赛。

6. 杯赛

杯赛是以某种奖杯命名的运动竞赛，属锦标赛性质，如世界乒乓球锦标赛中的七项冠军赛。其中，女子单打冠军是吉·盖斯特杯，男子单打冠军是圣·勃莱德杯，女子双打冠军是波普杯，男子双打冠军是伊朗杯，男女混合双打冠军是兹·赫杜塞克杯，女子团体冠军是考比伦杯，男子团体冠军是斯韦思林杯。获得奖杯的方式、方法在竞赛规程中有明确规定。竞赛目的不同，规定的方法也不尽相同。有的在奖杯上刻上优胜者名字；有的保存奖杯至下届比赛归还；有的获得复制品等。这样可以有效地激励优胜者保持荣誉的责任感，激化竞争性，促进运动水平的提高和发展。

7. 综合性运动会

综合性运动会是一系列单项锦标赛的综合形式，即包括若干个运动类别或项目的规模较大的竞赛大会。其任务与运动会相同，项目多，规模大，组织工作比较复杂，如世界性的奥林匹克运动会、亚洲运动会等。我国最大规模和最高水平的综合性运动会是每四年一届的全运会。

（二）学校体育竞赛活动

学校体育竞赛活动的参赛者主要是学生和教师，竞赛以育人为宗旨，突出教育特色。其目的是增强学生的体质，推动体育健身活动的开展，为培养新一代建设人才服务。在竞赛过程中，注重取得综合效益，促进社会主义精神文明建设，把个人荣誉和经济报酬放在次要地位。学校体育竞赛活动应根据计划安排和学校体育设施条件及传统项目来组织进行，同时学校还应注意到本校学生的特点和体育活动的开展情况，有针对性地安排比赛活动。

1. 单项竞赛

单项竞赛是学校课外体育竞赛最为常见的组织形式，如田径比赛，各种球类项目竞赛，跳绳、拔河等单项竞赛。单项竞赛组织工作较方便，群众基础较好，参加人数较广泛，而且能与体育课堂教学、《国家学生体质健康标准》、学校传统体育项目进行较好的结合。此外，为促进学校之间的交流，校际间体育竞赛也多用单项竞赛的形式进行。

2. 选拔赛

选拔赛是为了选拔具有运动天赋和体育特长的学生，为校运动队输送新生力量而组织的比赛，如学校新生田径运动会和组织学生自愿参加报名的各项球类运动的选拔赛等。

3. 表演赛

表演赛是为了扩大体育运动的影响，宣传体育运动的意义或对正要开展的体育项目做示范性的表演而举行的比赛活动。表演赛可单独举行也可结合在运动会的开幕式、闭幕式上或比赛过程中进行，如广播操、武术、太极拳、街舞、健美操、啦啦操等表演赛。

4. 测验赛

测验赛是为了达到某种规定的标准或了解学生和运动员的进步情况而组织的比赛，如《国家学生体质健康标准》达标测验赛、《青少年运动技能等级标准》测验赛、身体素质和基本技术测验赛、运动员训练效果检查的测验赛等。为达到这类比赛的基本要求，必须严格按照比赛规则和测验标准进行。

5. 对抗赛

对抗赛是指几所学校联合组织，并经协商按同等条件参加的比赛，如几个班级或附近几所学校联合组织的对抗赛。其特点是规模较小，便于在课外或节假日组织比赛，以达到相互交流、加强团结、共同提高的目的。

6. 友谊赛

友谊赛又称邀请赛，是一个或几个学校邀请其他学校进行的竞赛。组织邀请赛的任务是促进学校间的交往，交流经验，相互学习，提高运动技术水平和训练工作质量。同时，也为了宣传学校，提高学校的知名度。

7. 运动会

运动会是一种较大规模的比赛形式，是由若干运动项目组成并在同一时间内进行的比赛，如学校每年在春秋两季举行的田径运动会或篮球、排球、足球及田径等多个运动项目组成的综合性运动会等。其特点是项目多，规模大，参加人数多，组织工作比较复杂。除了学校运动会以外，全国性的大学生、中学生运动会，以及各省、自治区、直辖市组织的大、中、小学生运动会，都是综合性运动会。

此外，学校还可组织一些小型多样、喜闻乐见的群众性体育竞赛，如体能运动会、趣味项目运动会、亲子运动会及学校体育进社区运动会等，以推动学校课外体育竞赛的普及与提高。

四、运动竞赛的组织

（一）制订运动竞赛计划

运动竞赛计划指为了实现某一个特定时期的竞赛目标，预先规划和拟定竞赛具体内容和步骤，并作为开展竞赛活动的指导依据。科学的运动竞赛计划对体育工作的普及与提高有极大的促进作用。它不仅事先规定出要举行某项运动竞赛的一览表和日期，而且在计划中还体现着发展主要运动项目的方针，保证主要运动项目的竞赛能够自上而下地进行，对运动训练起到"指挥棒"的作用。

一个完整的运动竞赛计划一般应由两部分组成，一为运动竞赛计划说明，即制订竞赛计划的指导思想、运动竞赛的总规模、运动竞赛的不同形式及需要说明的问题；二为运动竞赛计划表，也就是把竞赛名称、参加对象、竞赛日期、竞赛地点等各项内容按照一定的次序和格式列入表中。竞赛计划表的特点是简明易懂、条理清晰，它是计划说明中规定的任务、目标的具体体现。

（二）制定运动竞赛规程

竞赛规程是由竞赛组织委员会或筹备组，根据竞赛计划而制定的具体实施某一项（届）赛会的政策与规定。它是运动竞赛活动的指导性文件，也是参赛者和组织者进行比赛与工作的具体依据。其内容对该项竞赛活动的组织管理具有高度的权威性和指导性，是竞赛参加者和组织者都必须遵循的法规。因此，举行任何一项竞赛活动，都必须先制定竞赛规程。

（三）确定运动竞赛方法

竞赛方法是运动竞赛过程中，为合理比较参赛者的竞技水平，公正排定参赛者的竞赛名次所采取的活动方式、程序和手段的总和。每个竞赛项目都具有一定的质的规定性，从而决定了这一项目区别于其他项目。各种竞赛项目均有自己完备的一套竞赛方法，这是运动项目成为竞赛项目的重要标志。在运动竞赛的实践活动中，不同的竞赛项目时常采用相近的、相通的，乃至相同的竞赛方法。常用的竞赛方法有淘汰制、循环制及混合制竞赛法。

思考题

1. 简述竞技体育的特点。
2. 简述竞技体育在社会发展中的地位。
3. 简述运动训练的任务。
4. 简述运动训练的原则。
5. 简述运动竞赛的基本属性。

推荐阅读

［1］颜绍泸.竞技体育史［M］.北京：人民体育出版社，2006.

［2］杨国庆，彭国强.迈向体育强国：新时代中国竞技体育发展研究［M］.北京：人民体育出版社，2021.

［3］段世杰.思考竞技体育［M］.北京：学习出版社，2013.

第九章

休闲体育

要突出绿色办奥理念，把发展体育事业同促进生态文明建设结合起来，让体育设施同自然景观和谐相融，确保人们既能尽享冰雪运动的无穷魅力，又能尽览大自然的生态之美。

——习近平 2021 年 1 月 18 日至 19 日在河北考察时的讲话

学习提示

【内容提要】 休闲体育产生的经济、社会背景，休闲体育的定位与概念，休闲体育活动的基本分类，以及我国休闲体育的主要特征及发展。

【学习目标】 了解休闲体育的产生背景，基本掌握休闲体育的定义与内涵，基本了解休闲体育项目的类型，了解我国休闲体育的发展趋势与方向；培养从事休闲体育活动和赛事的组织管理及创新开发能力；培养休闲体育意识，让体育更好融入生活。

【主要概念】 休闲　休闲体育　项目分类

第一节　休闲体育概述

新时代以来，国家对休闲体育的重视程度进入了一个崭新的发展时期。中共中央、国务院印发的《"健康中国2030"规划纲要》和国务院办公厅印发的《国务院办公厅关于加快发展健身休闲产业的指导意见》，为坚持人与自然的和谐发展，实施绿色运动休闲开发，倡导绿色运动休闲方式，创新绿色运动休闲发展机制提供了重要的政策保障。休闲与休闲体育在我国正汹涌澎湃而来，并潜移默化地改变着国人的生命观念和生活方式。

一、休闲体育产生的经济社会背景

随着社会的发展与变迁，城市与人们的生活、工作、休闲、居住、社交及所有日常生活的关系愈加密切，人们的生活方式和行为方式也反映着以城市为背景的文化特征。2006年时任副总理吴仪在世界休闲博览会和世界休闲高层论坛上发表主题演讲时就提出了"休闲"的概念。在2007年《政府工作报告》中，"休闲"首次进入我国经济发展总体部署。2014年全民健身上升为国家战略，2022年中共中央办公厅、国务院办公厅印发的《关于构建更高水平的全民健身公共服务体系的意见》（详见二维码），进一步提出到2035年要让"体育健身和运动休闲成为普遍的生活方式"，表明我国已经开始进入体育休闲时代。党的十八大以来，我国全国性的休闲组织和活动也如雨后春笋般地出现。休闲，正在改变着人们的生活方式，也开始影响中国社会和经济发展的进程。

《关于构建更高水平的全民健身公共服务体系的意见》

（一）休闲社会的到来对社会经济发展的影响

20世纪90年代，许多著名的未来学家就极富预见性地指出，当人类迈向21世纪门槛的时候，世界将进入一个以知识创造和分配信息为基础的经济社会，所以其社会结构、生活结构和生存方式也将发生重大的变革。令人惊叹的是，这些预见不但已经成为现实，而且现实生活甚至比预测发展得还要快。一个社会的发展，总是伴随生产水平的发展而发展的。

1970年，联合国在布鲁塞尔召开了国际闲暇会议，会议通过了著名的《休闲宪章》。《休闲宪章》的颁布，对于在全球范围内进一步推进休闲活动的发展、提高人类的生活质量、尊重人类追求休闲娱乐等自我发展的权利起到了积极的和有益的保障作用。

进入21世纪以来，西方发达国家的人均GDP均突破8000美元，休闲已经成为他们生活中必不可少的一部分。美国休闲科学研究所对美国社会生产、消费等经济领域进行长期研究之后，得出了这样的结论：休闲已经成为美国经济的中心！有关数据还表明，美国的休闲产业已处于国民生产总值的第一位，其就业人口占全部劳动力的1/4。据相关资料显示，2001年美国狭义休闲产业的产出超过4000亿美元，狭义休闲产业主要为旅游业、体育产业、大型节庆及娱乐业等。2015年中国游戏产业收入达到1407亿元，超过美国成为全球第一大市场。其中，电子竞技份额占到270亿元，中国玩家人数已超过1亿。此外，2015年关注电子竞技的不再是企业和个人，一些地方政府已将这个行业融入地方的文化产业发展中。

近年来，休闲产业的比重不断增高，并形成巨大的经济浪潮，成为21世纪推动经济增长的五大引擎之一。目前世界发达国家已经进入休闲时代，休闲已经成为经济发展和人类社会的重要组成部分，休闲、体育、娱乐和休闲旅游业将成为下一个经济大潮，并席卷世界各地。届时，休闲服务将主导世界劳务市场，国民生产总值中会有一半以上的份额由休闲产业创造出来，人们将把生命中一半的时间和一半的金钱用于休闲。

据武汉体育产业研究院有关数据表明，2022年美国户外休闲产业经济产出1.1万亿美元，占GDP的2.2%，498万个就业岗位，占美国雇员的3.2%。户外休闲不仅有益于人们的身心健康，而且还是整个国家的重要经济驱动力。户外休闲参与者基数连续8年增长，创纪录地达到1.681亿，这表明户外休闲并不仅是一种享受，而是公民健康和地方经济的必需品。在世界各国的经济产业结构中，休闲产业已经占据了国民经济产业的重要位置，各城市的经济规模也已经开始转向并依赖于休闲活动的兴旺发达。休闲产业已经成为当今世界相当一部分国家国民经济的支柱产业。

著名的休闲学家杰弗瑞·戈比在美洲休闲学会年会上提出：在21世纪，发展的质量标准将在于人的生存质量和全面发展，它的核心内容就是休闲经济。杰弗瑞·戈比还预测，在未来的几年，休闲的中心地位将会进一步加强，人们的休闲概念将会发生本质的变化；在经济产业结构中，休闲产业的从业人员将占整个社会劳动力的80%～85%，休闲服务将从标准化和集中化转向个性化服务；人们对休闲与健康的关系倍加重视，应运而生的休闲教育将占教育事业的极大份额，为休闲产业、经济和文化的发展开辟更加广阔的空间。

（二）我国经济社会发展催生休闲体育的发展

我国休闲学者马惠娣、刘耳的研究表明，改革开放以来，我国居民经历了三次消费革命：第一次，20世纪80年代是人们满足生理欲望的时期，特征是人们对衣食及最简单的基本生活资料的追求获得满足；第二次，1993—2005年是人们满足物质欲望的时期，特征是人们对耐用消费品，其中最主要的是与住宅相关的物质资料及环境设施的需求；第三次，2006年以来，我国居民进入对自我实现欲望的追求，其特征是人们追求自我设计、自我价值的实现。在这个发展时期，我国居民生活方式逐步走向多元、开放，呈现出初步富裕、质量型的特征；劳动条件改善、强度减轻、劳动形式多元化、信息技术使职业性质与传统职业截然不同；消费结构方面，由生存消费向发展型消费发展，在生存需要满足程度显著提高的基础上，广大居民逐渐注重有益于身体健康、美化生活、提高素质的享受和发展资料的消费；现代型的消费观念逐步树立，其中健身意识提高，用在文体用品方面的开支日益增加。尤其随着社会开放步伐的加快，市场经济和现代化大生产的社会化性质，要求人们不仅要有一定的专业技能和知识，还要有相应的处理人际关系的技能和社会交往能力。从这一意义上讲，社会的进步和人们生活方式的改变为休闲体育的逐步发展创造了条件。所以，越来越多的人们喜欢依托体育运动而体验休闲。事实上，由于生活方式的改变，需要有体育运动的内容去充实人们的日常生活，使人们的享受更加完善。所以说，休闲体育的广泛开展又会使人们生活方式得到必然的改善。

2023年我国国内生产总值（GDP）1260582亿元，按不变价格计算，比上年增长5.2%，增速比2022年加快2.2个百分点，为我国居民休闲体育发展奠定了坚实的经济基础。据2023年12月29日国家统计局发布的2022年全国体育产业总规模与增加值数据公告：经核算，2022年全国体育产业总规模（总产出）为33008亿元，增加值为13092亿元。与上年相比，体育产业总产出增长5.9%（未扣除价格因素，下同），增加值增长6.9%。

从内部构成看，体育服务业增加值为9180亿元，占体育产业增加值的70.1%，比上年提高0.1个百分点；体育用品及相关产品制造增加值为3686亿元，占体育产业增加值的 28.2%，比上年提高 0.2 个百分点；体育场地设施建设增加值为 226 亿元，占体育产业增加值的 1.7%，比上年下降 0.2 个百分点。根据国家统计局发布的统计数据，体育服务业增加值占体育产业增加值的 70% 以上，这个成就受益于国民健身和体育休闲消费升级的趋势。

（三）国家政策引领驱动休闲体育快速发展

我国政府审时度势，及时把握我国经济社会发展走势和居民消费升级的特征，2013 年国务院办公厅印发了《国民旅游休闲纲要（2013—2020 年）》，为我国休闲旅游产业明确了发展方向，其中专门提到开发"体育健身旅游"产品，为我国休闲体育发展注入了活力。

2014 年国务院印发的《国务院关于加快发展体育产业促进体育消费的若干意见》（国发〔2014〕46 号）中提出"发展健身休闲项目"，进一步强化了休闲体育在全民健身和体育产业发展的特殊作用。

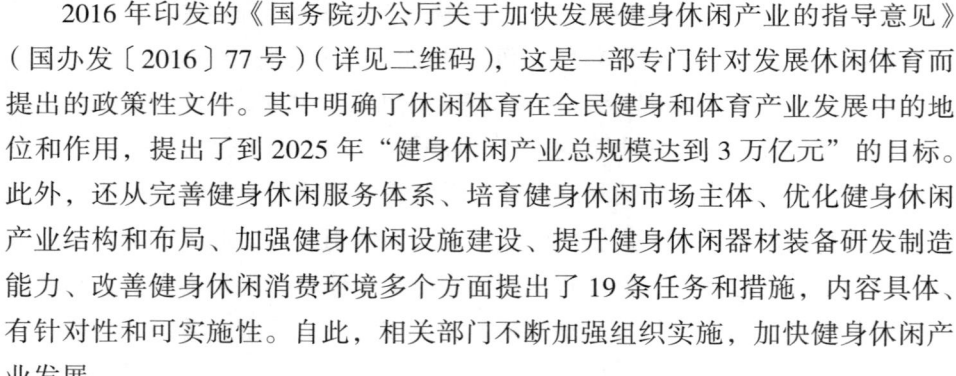

2016 年印发的《国务院办公厅关于加快发展健身休闲产业的指导意见》（国办发〔2016〕77 号）（详见二维码），这是一部专门针对发展休闲体育而提出的政策性文件。其中明确了休闲体育在全民健身和体育产业发展中的地位和作用，提出了到 2025 年"健身休闲产业总规模达到 3 万亿元"的目标。此外，还从完善健身休闲服务体系、培育健身休闲市场主体、优化健身休闲产业结构和布局、加强健身休闲设施建设、提升健身休闲器材装备研发制造能力、改善健身休闲消费环境多个方面提出了 19 条任务和措施，内容具体、有针对性和可实施性。自此，相关部门不断加强组织实施，加快健身休闲产业发展。

国务院办公厅印发的《体育强国建设纲要》等一系列文件中都提到了健身休闲及其产业。2022 年体育总局、发展改革委、工业和信息化部等八部门联合印发《户外运动产业发展规划（2022—2025 年）》（详见二维码），其中提出"到 2025 年……户外运动场地设施持续增加，普及程度大幅提升，参与人数不断增长，户外运动产业总规模超过 3 万亿元。到 2035 年，户外运动产业规模更大、质量更优、动力更强、活力更足、发展更安全，成为促进人民群众身心健康、提升获得感和幸福感、推进体育产业高质量发展和体育强国建设的重要力量"的目标。户外运动作为休闲体育的主要领域顺势发展，已经成为我国休闲体育的新兴力量。国家一系列政策和法律，为休闲体育的发展提供了坚实的政策和法律保障。

二、休闲体育的定位与概念

（一）休闲体育的学科定位

休闲体育的母学科领域主要有两个，即休闲学和体育学。休闲学是休闲学科的核心和基础，是一门内容十分广博的学科，是以人们的休闲行为和休闲现象为研究对象，对闲暇时间、休闲问题、休闲文化、休闲事业、个人休闲行为、休闲与社会关系等进行研究，目的在于揭示休闲行为和休闲现象的一般规律，改善人的生活方式，提高人的生活满意度和生活质量。体育学是体育学科群的总称，同样也是一门内容十分广博的学科，是以人们的体育运动行为和体育运动现象为研究对象，对体育的社会结构、运动和竞赛特点、体育跟社会的关系、体育社会问题、体育形态、大众体育、竞技体育及相关关系进行研究。休闲体育显然是休闲学和体育学交叉衍生出来的新学科，是休闲学和体育学的下位学科。休闲体育主要是以休闲体育行为、休闲体育现象为研究对象，对休闲体育结构、休闲体育活动和项目、休闲体育消费、休闲体育教育、休闲体育法规及相关关系等进行研究。

（二）休闲体育的定义与内涵

目前，我国学者给休闲体育下的定义较多，侧重不一。据相关研究，有一定学术含量的定义多达20余种。但从定义的科学性和完整性看，这些定义或者强调了休闲体育的某一方面或某一点，或者介绍了休闲体育的项目特征，而没有正面回答究竟什么是休闲体育。由李相如、凌平、卢锋主编的《休闲体育概论》对休闲体育的定义是：人们在自由支配的时间里，通过体育运动的方式，以直接或间接的体验，满足身心需求的一种自觉自足的社会文化活动。

这一定义关注到了休闲的最基本要素，如时间要素、社会活动要素、存在状态及心态要素、身体和心灵（精神）的体验要素，同时是以体育运动的方式来实现其基本特征。定义的落脚点放在社会文化活动上，是因为无论是休闲或是体育，都是社会文化活动的重要组成部分。这一定义的内涵可以从以下角度来加以阐释。

（1）从时间的角度探讨"休闲体育"的内涵。

自由时间是休闲的核心要素，人们从事"休闲体育"的前提是必须要有自由时间。"休闲体育"是人们有自由时间、自愿或者自觉地通过体育或运动的方式，达到身体和精神上的自足。因此，自由时间是休闲体育的前提条件。

（2）从社会活动的角度探讨"休闲体育"的内涵。

休闲具有三个主要价值，即放松身心、游戏娱乐和个性发展。"休闲体育"的重要特征是基于人的精神、情感、体验等方面作为对象，加深人在休闲境域下通过体育运动的方式感受、体验其内心世界和身体满足的主体构建；以休闲的意义、理想、意志、价值、人性、善恶、美丑等概念去感悟、体验和渗透人类的精神文化生活。同时，借助体育运动手段，通过有形的身体活动、动作技能、场地器材与设施、运动规则等，以及无形的与社会属性相关的体育意志、动态流程、开放观念、时代精神反映出来，从而展示具有体育特色的存在方式与文化内涵。因此，基于体育与休闲的社会活动特征，休闲体育可以理解为，人们为不断满足自身的体育需求而参与的运动项目体验、活动内容的更新、运动形式的创新、运动竞技欣赏和体育文化元素构建的一种行为方式。

（3）从休闲体育的现代作用和实现途径来探索"休闲体育"的内涵特征。

休闲体育在当今社会具有抵御现代"文明病"，降低"亚健康"的概率，缓解工作紧张与压力带来的焦虑及丰富人们的精神文化活动等方面的强大力量和现实作用。休闲体育的实现途径是从事体育活动的各种物质、精神、制度、规则及呈现整个现象过程的总和，主要有以下几个。

- 以身体练习为手段的体育健身活动，如太极拳、羽毛球、瑜伽、普拉提、高尔夫球、户外运动、休闲体育旅游等。
- 非身体练习的体育活动，如打桥牌、垂钓、下棋、打麻将等。
- 体育文化欣赏，如参观鸟巢、水立方、国家体育馆等体育场馆，参观奥林匹克文化展、体育艺术展、竞技体育摄影展等展览。
- 体育活动观赏，如现场观看体育表演或体育竞赛，观看电视转播、电脑的回放或收听无线电广播等。
- 体育咨询和体育博彩，包括阅读体育刊物、学习体育知识、开展体育培训及参与体育彩票活动等。

（4）从休闲体育的使命探讨"休闲体育"的内涵。

"休闲体育"有双重的使命：一是增强体质、消除身体的疲劳；二是获得精神上的慰藉。人们参与休闲体育是为了获得更多的幸福感，保持内心的安宁。体育一般通过游戏玩耍、室内体育运动、户外体育运动、运动竞赛、体育娱乐、竞赛观赏等方面，来增强体质、加强交流、获得归属感、得到自我目标的实现等。休闲体育是一种采用体育运动的方式，通过积极、娱乐、放松心态的身体活动，来转移或释放高强度的紧张工作之后的焦虑和压力，把被工作任务带来的压力和束缚解脱出来，从而摆脱工作压力造成的心理压迫与焦虑状况，达到积极主动地抛弃狭隘与自我封闭，催生运动后的愉悦心灵的绽放。体育运动是休闲体育的基础，获得精神慰藉和进行身体冲击是休闲体育的核心。

（5）从休闲体育的目标探讨"休闲体育"的内涵。

从"休闲为了工作"到"工作为了休闲"的目标转移，是人类自我解放的一种新的理念。休闲体育对于树立人类自身进化的责任感，回归到珍爱生命本身，真实的体验自我存在的纯洁价值具有十分积极而重要的作用。体育作为一种社会文化现象，促使人们在自由支配的休闲时间里，通过体育运动方式达到满足身心的需求正在越来越多的为人们所认识和重视。休闲体育成为一种现代、健康、科学的休闲生活方式，是当今具有普世社会价值的基本共识。同时，体育在一定程度上还具有唤起人类的野性与坚强、锤炼其筋骨与磨砺其精神的功能。这一功能在目前的中国社会，尤其对独生子女国情下的青少年休闲体育教育有其十分现实和重要的意义。现代休闲体育在西方社会出现的时候，探险、极限运动、挑战大自然等都恰恰显示了休闲体育的本质特征，也使休闲体育具有了一种探索回归到人类自身的精神家园的目标追求。

三、休闲体育的特征

（一）自由时间的特征

可自由支配时间是休闲体育的核心要素，也是休闲体育的重要特征。在闲暇时间自由地选择休闲体育的活动方式、活动内容、活动项目、参与伙伴和活动地点是这一核心要素的本质特点。休闲体育中的自由指人们在追求休闲体育体验时可自己选择和决定。自由一直是整个历史长河中人们不断追求的抽象概念，自由地进行休闲体育就意味着可以毫无阻碍地参与体育活动，可以按照个人的意愿选择或行动，自由也意味着没有外在强制或压抑的行动。

（二）身体活动的特征

以身体活动为基本手段，谋求身心健康发展，融竞技性、娱乐性、健身性、冒险性、教育性为一体的社会文化活动是休闲体育的核心内容，没有身体活动的休闲就不是真正意义上的休闲体育，充其量只能称之为休闲娱乐。

（三）体验快乐的特征

休闲体育与从体育活动中得到的满足感是密切相关的。当代社会经常把休闲体育看作给生活带来平衡的一种方法，人们参与休闲不仅为了娱乐、增强体质和促进家庭稳定，而且也是为郊游、探奇、寻求刺激、满足幻想提供手段。此外，在这个以信息、技术、媒体、互联网为主导，充满着竞争和压力的社会中，人们需要通过参与休闲体育活动获得积极的心理体验，这种体验不仅包括身体参与性的活动性体验，也包括观赏体育活动等多种形式的体验活动，以获得身心愉悦、释放压力、恢复体力、放松精神、身心和谐的效果。一些研究者认为，休闲体育体验必须是本质上使人满意的或者必须是自发地参与休闲体验的。换句话说，参与体育活动的动因是由内部因素所驱动的，而非受外部因素所影响。由内部动机驱动所产生的行为就容易形成满足、享受和高兴等种种愉快情感。

（四）最佳心态的特征

休闲是成就人的过程，将休闲上升到文化层面，是指人在社会必要劳动时间之外，为不断满足人的多方面需求而呈现的一种文化创造、文化欣赏、文化建构的生命状态和行为方式。休闲体育的价值不在于实用，而在于文化，能使人在精神的自由中历经审美的、道德的、创造的、超越的生活方式，呈现自律性与他律性、功利性与超功利性、合规律性与合目的性的高度统一，是人的一种自由活动和生命状态从容自得的境界。它是人们在自由时间，自主地选择某项体育活动，以满足自我充实、放松、愉悦的需求，因此这正是人的自在生命的自由体验。

（五）主动参与的特征

人们在选择休闲体育活动内容和活动形式的过程中明显带有兴趣性特征，

所选择的项目一定是自己感兴趣的并乐于体验和参与的。个人兴趣越浓厚，参与的热情、愿望和意识就越强烈，参与的频率、时间都会得到长时间的保持。因此，主动参与是休闲体育的另一个重要特点。

（六）非功利性的特征

休闲体育的非功利主义概念作为一种解释当代人参与休闲体育的目的已引起了休闲理论学界的关注。墨菲（Murphy）发展了这个概念，他认为"休闲"的一大特点就是反功利的。利特（Leither）进而从反功利主义的观点指出："休闲不需要任何的目的，休闲本身就是目的。"德国古典哲学家席勒（Schiller）认为人有两种冲动，即"形式冲动"（可以理解为理性冲动，即按规范行事）和"感性冲动"（即按本能行事），在这两种冲动中，人都是不自由的、片面的。他或是受到来自形式感或理性的压力，或是受到来自胜利本能的压力。席勒提出的第三种冲动是"游戏冲动"，这种冲动是自由的、自发的、自愿的。只有在"游戏冲动"中，人才能解除前两种压力，成就真正的、完善的人性。运动状态我们也可做如此理解，当运动是为了某种外在的功利目的或生理本能的压迫去从事的时候，人是不自由的，这些运动未必符合人性的真实需求，甚至会扭曲人的本性和机能。我国学者于光远提出，玩是人生的根本需要之一，"人之初，性本玩"。他认为，人们应该"研究玩的学术、掌握玩的技术、发展玩的艺术"，用一种轻松的态度来面对生活、面对工作。当人以超功利的态度，以"欣然之态去做所爱之事"的时候，这些运动和活动就会适合人的本然需求，参与主体就会在其中得到由衷的愉悦，在身心俱适的过程中成就与完善人性。

（七）多样化自我实现的特征

休闲体育活动的内容和形式的广泛性和多样性，为人们参与休闲体育提供了丰富的选择余地，尤其是一些新的休闲体育方式更是为人们创造了选择适合自己的休闲方式，并为实现玩的目的提供了手段。例如，人们难以在NBA赛场上与迈克尔·乔丹同场竞技，但却能在网络游戏中打败NBA的顶级明星；人们难以在悬崖峭壁上徒手攀岩，但却能在人造攀岩壁上实现攀岩的体验。越来越多的活动内容和活动形式，为具有不同爱好、不同技能、不同性别、不同年龄的人们实现了各自的运动构想。

第二节 休闲体育活动的分类

分类是认识客观事物的一种最基本的方法，客观存在的具体事物既有自身的特点，又有相互间的共性，在不同的分类标准之下，具有共同性质的事物可以归合在一起，并把不同性质的事物区分开来。

如表9-1所示，根据活动的自然环境、活动的领域、活动中追求的目的、活动时肢体的动静表现方式、活动的项群等不同的标准对休闲体育进行分类，可以产生不同的划分类别。由于有些活动既可以在室内进行，又可以在户外进行；有些活动既有竞技的成分，又有健身健美的价值，还兼有冒险的特点和娱乐的作用；有些活动心智主导程度与身体主导程度难以区分；有些活动体能和技能并重。因此，如何在遵循形式逻辑基本分类原则的基础上，更好地吸收各种分类的优点，构建休闲体育的类别体系，就目前的认识水平，本书更倾向于以活动的自然环境为标准，对休闲体育活动进行分类（图9-1）。

表9-1 休闲体育的分类

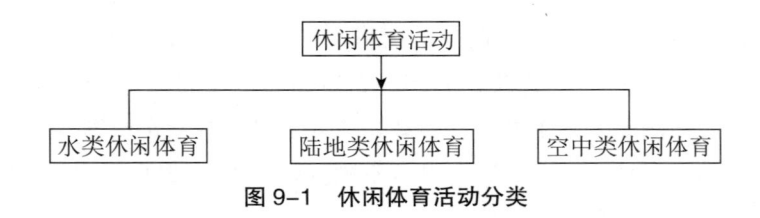

序号	分类标准	类型
1	活动的自然环境	水类休闲体育、陆地类休闲体育、空中类休闲体育
2	活动的领域	室内类休闲体育、户外类休闲体育
3	活动中追求的目的	竞技类休闲体育、健身健美类休闲体育、冒险类休闲体育、娱乐类休闲体育
4	活动时肢体的动静表现方式	身体活动主导类休闲体育、心智活动主导类休闲体育
5	活动的项群	体能类休闲体育、技能类休闲体育

图9-1 休闲体育活动分类

一、水类休闲体育活动

全世界的水上运动种类繁多，虽然许多项目我们并非耳熟能详，但它们却吸引着世界各地的人们沉迷于此，并津津乐道。水类休闲体育，是各种与水有关的休闲体育运动的统称。依据水类休闲体育项目与水面的关系，又可区分为"水面下""水面上"，以及混合两种状况的"水中"三大类（图9-2）。水面下休闲体育主要是指活动的主体在活动的主要时间里是在水面下进行的，如潜水、水下曲棍球、水下橄榄球、水下摄影等；水中休闲体育主要是指活动的主体在活动的主要时间里一部分在水面以上，另一部分在水面以下进行的，如游泳、铁人三项、现代五项、水上救生、水球、水上芭蕾、水中体操、浮潜、跳水、同步跳水、水道滑水等；水面上休闲体育主要是指活动的主体在活动的主要时间里是在水面上进行的，如冲浪板滑水、赤足滑水、趴板冲浪、独木舟、钓鱼、水上摩托车、轻艇、风筝冲浪、水上拖伞、泛舟、划船、帆船、浅滩冲浪、立姿划板、激流泛舟、单板滑水、未固定单板滑水、游艇等。

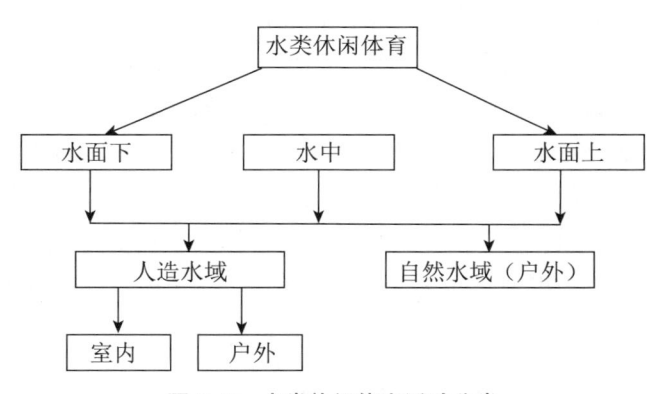

图9-2 水类休闲体育活动分类

在这些水类休闲体育项目中，有些必须在人造水域中进行，有些必须在自然水域中进行，有些既可以在人造水域又可以在自然水域中进行。在人造水域中进行的水类休闲体育项目又可以分为室内水类休闲体育项目和户外水类休闲体育项目。室内水类休闲体育项目是指一切在屋檐下人造水域中进行的休闲体育活动；户外水类休闲体育项目是指一切在户外自然水域和人造水域中进行的休闲体育活动。需要说明的是，有些相同水类休闲体育活动项目既可在室内进行又可在户外实施。

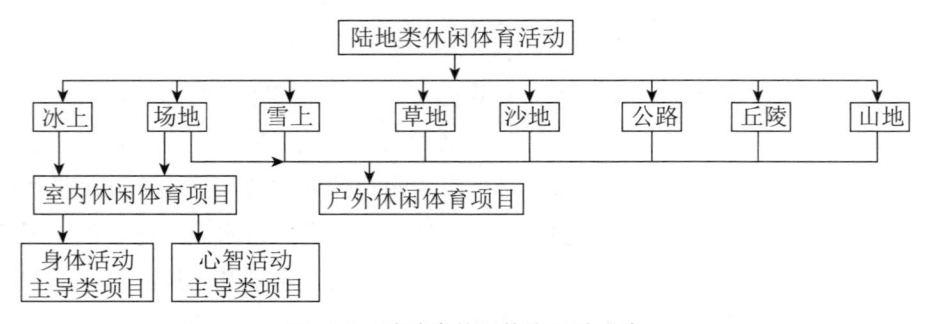

二、陆地类休闲体育活动

陆地类休闲体育活动主要是指在地面进行的各类休闲体育活动的总称。根据陆地类休闲体育活动与地面质地的关系，又可分为冰上休闲体育项目、雪上休闲体育项目、山地休闲体育项目、丘陵休闲体育项目、沙地休闲体育项目、草地休闲体育项目、公路休闲体育项目、场地休闲体育项目等（图9-3）。冰上休闲体育项目是以自然冰地或人造冰场为依托开展的休闲体育活动，包括溜冰、冰上舞蹈、冰帆等；雪上休闲体育项目是以自然雪地或人造雪场为依托开展的休闲体育活动，包括滑雪、雪橇、高山滑雪等；山地休闲体育项目主要是依托山地资源开展的休闲体育活动，这类项目一般有登山、攀岩、高山探险、高山速降、越野等；丘陵休闲体育项目主要是依托丘陵地带开展的休闲体育活动，包括狩猎、丛林探险等；沙地休闲体育项目主要是依托沙地开展的休闲体育活动，这其中又可分为滨海沙滩休闲体育运动和沙漠休闲体育项目，滨海沙滩休闲体育运动有沙滩排球、沙滩足球等，沙漠休闲体育项目有滑沙、骑骆驼旅游、沙漠探险旅游等；草地休闲体育项目主要是依托草地、草原开展的休闲体育活动，主要包括高尔夫、骑马、叼羊、滑草、摔跤等；公路休闲体育项目是以人造道路为依托开展的休闲体育活动，一般包括公路自行车、F1赛车、摩托车、马拉松、竞走等；场地休闲体育项目是以人造场地为依托开展的休闲体育活动，其中又可分为室内休闲体育项目和户外休闲体育项目，室内休闲体育项目主要有乒乓球、羽毛球、台球、手球、体操、健美操、柔道、瑜伽等身体活动主导类项目和棋牌、斯诺克等心智活动主导类项目，户外休闲体育项目主要有棒球、橄榄球、田径、射击、射箭、网球等。

图9-3　陆地类休闲体育活动分类

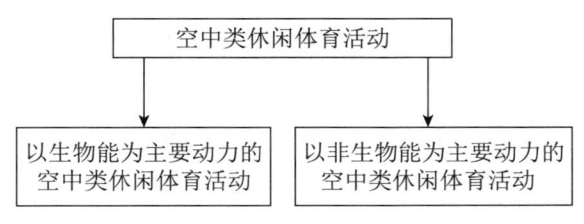

三、空中类休闲体育活动

空中类休闲体育活动主要是指大气层以内的借助飞行器具离开地面或水面在空中进行的各类休闲体育活动。根据借助飞行器具的动力特征又可分为以生物能为主要动力而进行的空中类休闲体育项目和以非生物能（机械能、电能等）为主要动力而进行的空中类休闲体育项目（图9-4）。以生物能为主要动力而进行的空中类休闲体育项目有滑翔伞、跳伞、蹦极等，以非生物能为主要动力而进行的空中类休闲体育项目有热气球、动力滑翔、汽车飞越长城等。由于这类项目危险性大，对器材要求高，参加此类项目的休闲体育爱好者一般具有较高的技能和专业素养。

图9-4 空中类休闲体育活动分类

第三节 我国休闲体育的主要特征与发展

一、我国休闲体育的主要特征

我国休闲体育经过近20年的发展，逐渐呈现出休闲体育专业化、融合化、个性化和多元化四个特征。

（一）专业化

专业化从两个视角来看，一是运营团队的专业化，随着休闲体育市场不断成熟，人们对休闲体育产业和服务要求越来越高，对休闲体育赛事和活动组织与运营的要求也越来越高，因此为了适应市场需求，出现了专业化的运营团队；二是休闲体育装备设施的专业化，即不同的项目有不同的装备，如登山鞋、跑步鞋、登山背包、露营帐篷、户外运动水壶、手电筒、智能跑鞋、智能手环等，能有效提高运动的体验感、舒适感和安全性。

（二）融合化

融合化是指休闲体育与其他相关行业的融合，扩大休闲体育产业领域，提升休闲体育附加值和含金量，如体育与旅游融合、体育与教育融合、体育与康养融合、体育与养老融合、体育与文化融合等。当前，休闲体育的融合开始跨越传统行业的边界，向更多的领域融合。例如，休闲体育与医疗、林草、环保、海洋等领域的跨界融合或结合，将为休闲体育的发展展现更加广阔的前景。

（三）个性化

个性化主要体现在休闲体育机构为消费者提供的专门的定制方案，私人订制、私教等能进一步满足消费者个性化需求和提高其体验感。21世纪20年代以来，休闲体育的个性化、深度体验和沉浸式时代大步走来，房车露营、徒步、登山、穿越、漂流、航海等运动越来越受到大众的青睐。

（四）多元化

多元化主要体现在休闲体育产业门类上，为不同年龄、不同性别、不同消费群体提供门类齐全的休闲体育产品与服务，如针对体育消费者的赛事和嘉年华活动，针对机关企业、事业单位和企业的团建活动，针对学生的研学旅行活动，针对老年人的康养休闲活动等。

二、我国休闲体育的发展趋势

当我们站在世纪的前头来放眼人类的生活方式的发展和变化时，有三个转变预示着中国休闲体育未来的发展方向。

（一）由追求生命延续向追求生命质量转变

随着我国经济社会的快速发展，人们对生活质量和生命延续有了新的更高的认识和要求。人们有钱、有闲、有心情去感受休闲体育带来的快感，以单纯身体锻炼为目的的、单一的运动方式已不能满足人们对生活质量和精神追求日益提高的需要，经济社会升级带来的追求高品位、高质量的生活方式的升级成为一种时尚与共识。

中华人民共和国成立之初，我国国民的预期平均寿命仅为35岁。2021年12月，国家发展改革委等部门印发的《"十四五"公共服务规划》显示，2019年我国人均预期寿命达到77.3岁，到2025年人均预期寿命有望达到78.3岁。目前，北京、上海、广东等发达地区已经超过80岁。在人们寿命越来越长的时候，"活着"与"健康的活着"、"长寿"与"健康长寿"就成了两个完全不同的现实境界。有的人虽然活着，但不健康、不快乐。疾病缠身或精神抑郁状况下的"活着"或"长寿"，不仅是个人的灾难与痛苦，也是家庭与社会的沉重包袱与无奈。"好死不如赖活着"的理念显然已经不是当今国人的追求，生不如死的"活着"或"长寿"在如今越来越受到质疑和挑战。因此，在这种理念转变的背景下，休闲体育在人们追求生命价值的真实和品质的提高过程中，必然有其十分光明的发展前景。休闲体育在维护人的生命权益、提高生命质量与身心和谐发展的宽度、积极挖掘生命潜力、引导人们形成一种崭新的生活方式等方面，无疑恰逢绝佳契机。人们由关注和敬畏生命存在向追求生命价值的真实和品质的提高转变，为休闲体育的发展展现了明确的突破方向。

（二）由注重心灵休闲一元化向注重身心智多元化休闲转变

随着我国经济社会及科学技术的快速发展及生活环境的改善，休闲体育的方式方法和手段不断增加，人们的体育消费意识和消费能力逐步提高，对休闲体育产生了新的需求。我国传统的休闲方式比较注重心灵的惬意和轻快的感觉，更多地追求内心的修炼，如崇尚陶渊明笔下"采菊东篱下，悠然见南山，山气日夕佳，飞鸟相与还"的诗情画意。我国传统体育也多为徒手、舒缓、动静相宜的运动，如养生气功、太极拳、木兰剑、钓鱼、棋牌等。21世纪将是人类社会走向更加文明的新世纪，人们开始从注重心灵的惬意和轻快的休闲方式向注重身心一体的、充满着运动和刺激元素的体验型休闲方式转变。在传承民族体育的基础上，许多更具运动强度和动感的羽毛球、乒乓球、篮球、足球、健美操、健身操、排舞等运动受到了越来越多的国人喜爱，吸引了众多人群参与。近年来，更有许多中青年把更具挑战性和刺激性的运动作为挑战人生、挑战个人极限、征服大自然的重要休闲手段，以此让青春飞扬、尽展生命活力。因此，休闲体育旅游、拓展运动、攀登高山峻岭、高山滑雪、漂流、骑马、滑沙、蹦极、龙舟等休闲体育运动风起云涌。人们在这些远离都市的休闲体育活动中享受大自然的美妙风光和清新空气的同时，体验着充满运动和刺激元素带来的心理和身体的快感，追求久违的勇敢和卓越。休闲体育已成为保持人们旺盛生命活力的重要方式，以及体现人的生命价值、享受体育带来的趣味和快乐的重要途径，甚至是人们勇于迎接和征服各种生理极限挑战的象征。

（三）由欲望型休闲方式向幸福型休闲方式转变

在我国传统文化中，"闲"在很多词语中不是积极、正面的含义，而是与"游手好闲""闲扯""闲人"等贬义词混为一体。中国人的余暇休闲从人的初级欲望出发，有些休闲内容和方式是消极的，如长时间地打麻将、抽烟聊天、喝大酒、长时间看电视等。进入 21 世纪以来，随着人们对消极性的、不健康的余暇休闲活动危害性认识的提高，倡导积极、健康的休闲娱乐成为时代主流。伴随我国经济社会的发展，通过休闲体育来推动企业文化、团队精神、社区和谐、家庭幸福等都是新的潮流走向。走出封闭、狭隘的空间，走进阳光、绿色的大自然，去享受休闲体育带来的乐趣和畅快，不仅是解除或疏解人们身心疲惫及压抑的有效手段，同时也为企业文化的塑造与凝练、团队精神的创造与张扬、和谐社区的建立与交流及家庭幸福指数拉升，提供了丰富多彩的载体与平台。人们逐渐从消极的余暇休闲向积极的休闲体育娱乐的方向转变，既符合全面建设社会主义现代化强国和社会主义核心价值观的要求，又能从休闲体育中体验到幸福感和获得感。

三、我国休闲体育发展方向的选择

我国的休闲体育活动与研究是由民间开始发动的，具有显而易见的"自下而上"的运行特征。因此，中国未来的休闲体育发展的方向选择主要包括以下五个方面。

（一）休闲体育未来发展的复杂性和简单性，是摆在人们面前的道路选择

休闲体育未来的发展是一个比较复杂的系统，它是由闲暇时间、休闲体育理念、休闲体育活动方式、休闲体育环境的形成、休闲体育技能的掌握等因素相互结合而成的，各个要素又是一个子系统。休闲体育系统中各要素及各子系统发挥着不同的作用，彼此相互联系、相互制约、相互促进、相互依赖，最终形成了错综复杂的网络系统。同时，休闲体育未来的发展又具有简单性的特

征。在构建其理论体系时不能步入休闲体育复杂性的误区，忽视休闲体育的真意。在休闲的境域下，任何运动项目都可能成为休闲体育的手段与载体。休闲体育的最终目标是要满足人们身心需求的一种自觉自足的社会文化活动，这就充分体现了休闲体育的简单性目标。

（二）休闲体育未来发展的学术性和应用性，是行动理念的选择

不同的科学研究领域研究的学术性与应用性应同向发展，休闲体育的未来发展也不例外。一方面，休闲体育的研究需要从学术的角度出发，丰富和完善其理论体系的建构；另一方面，休闲体育的发展最终还是要应用于人本身。休闲体育学术性的重要意义就在于它能够应用到具体的人身上，学术研究要指导休闲体育的应用和实践；反过来，休闲体育的应用性要反馈休闲体育的学术性需求，就如同哲学里面的理论与实践的关系。作为行动理念的选择，根据价值取向不同，对学术性和应用性各有偏重，但是学术性和应用性在休闲体育未来发展的道路上也并非非此即彼，强调某一项而贬低另一项，而应是相互促进、紧密联系的。正如蔡元培先生在提倡北京大学应研究高深学问时指出："学是学理，术是应用。学必借术以应用，术必以学为基本，两者并进始可。"

（三）休闲体育未来发展的多元性和运动性，构成了活动方式的选择

休闲体育未来发展的多元性不仅体现在休闲体育思想和文化的多元性，同时也体现在休闲体育内容和项目的多元性。近年来，休闲体育活动领域不断扩大，新兴的体育项目不断充实到休闲体育领域。在这些体育项目当中，不乏拥有发展人心智的棋牌类项目、充满休闲娱乐的健身类项目、惊险刺激的体能运动类项目等，这些都构成了休闲体育未来发展的多元性特征。休闲体育未来发展的运动性理论认为，休闲体育最终是通过身体运动的活动方式，达到愉悦身心、增强体质的目标，因此休闲体育未来的发展具有运动性特征。

（四）休闲体育未来发展的交叉性和本源性，是实施活动内容的选择

休闲体育未来发展的交叉性是休闲体育学的内在学科属性。休闲体育的交叉性包括休闲体育学与其他学科及本学科内部的复合型交叉，其基本特征是派生式而非本源式、内涵式而非外延式、跨学科而非超科学交叉。休闲体育未来发展的本源性特征体现在，休闲体育的本源是通过体育运动的方式，以直接或

间接的体验，满足人的身心需求。休闲体育是体育的一种价值追求，也是体育的一种存在形态。以休闲的理论指导体育，以体育的方式充实休闲，从而凸显休闲体育的品性，体现个体生命协调发展的内在需求。因此，挖掘休闲体育的本源性也是休闲体育发展的一个重要特征。

（五）休闲体育供给由"量"向"质"与"效"的方向转变

在科技日新月异的当下，信息技术革命使数字化技术、人工智能技术及现代网络化技术应用于人类生活的方方面面，人们可以随机、自由地选择闲暇时间做运动，而不是局限于专门的锻炼时间。运动休闲行为将广泛地渗透人们的"碎片化"时间，人们只要在智能手机上任意下载一个健身运动 App 软件，就可以随时随地根据 App 软件提供的运动音频和视频指导自主地选择高质量的运动内容，能有效提高运动休闲的质量，从而促进城市体育供给由"量"向"质"与"效"的方向转变。此外，"弱者零辅助假设"是一个城市文明程度和文明水平提高的重要指标之一，在运动休闲城市发展及管理中开始被针对性地运用。例如，在运动休闲城市的创建中，城市运动休闲设施和场地器材的丰富和完善越来越注重向残障人群、老年人群等弱势群体倾斜。在运动休闲公园、运动健身休闲中心、运动健身休闲站点配备相当比重的适合残障人群、老年人群、儿童人群等弱势群体的场地设施和器材，有助于推进城市的文明水平和供给质量迈上新的台阶。运动休闲城市的创建将在建设市民身边的健身场地设施时，让市民有获得感；在完善市民身边的健身组织时，让市民有归属感；在组织市民身边的健身活动时，让市民有满足感；在举办市民身边的赛事与活动时，让市民有成就感；在提供市民身边的健身指导时，让市民有安全感；在讲述市民身边的健身故事时，让市民有荣誉感。通过创建运动休闲城市提升市民的幸福指数，实现广大市民对幸福美好生活的追求。

放眼新时代，休闲体育将对人们的生活方式、人居环境的优化、休闲体育消费的拉动、促进体育产业和休闲体育服务业的发展、经济社会活动的进步、先进文化的进步和推动、基础教育和人的全面发展、抵御现代文明病等方面都将产生重要的影响。但同时也要看到，休闲体育在我国毕竟发展时间还不长，发展程度还不成熟，存在的问题也很多。例如，休闲体育理念相对滞后、青少年的休闲体育教育基本属于空白、休闲体育项目和内容开发不完善、与广大群众利益相关的休闲体育服务体系和保障体系还没有有效建立等。因此，休闲体育在我国的发展，任重而道远！

> **思考题**

1. 如何理解休闲体育的定义，举例说明休闲体育的五个内涵。
2. 举例阐述休闲体育的特点。
3. 以自然环境为标准进行分类，休闲体育有哪几种类型？
4. 如何理解我国休闲体育的发展趋势和方向？

> **推荐阅读** >>>

［1］乔治·维加雷洛.从古老的游戏到体育表演［M］.乔咪加，译.北京：中国人民大学出版社，2007.

［2］安德利亚斯·科赛尔，盖哈德·海克尔.玩的艺术：德国中小学体育课的练习及游戏［M］.丁鹏，译.北京：北京体育大学出版社，1999.

［3］李相如.体育蓝皮书：中国休闲体育发展报告（2022—2023）［M］.厦门：厦门大学出版社，2023.

第十章

体育产业

> 要推动体育产业高质量发展，不断满足体育消费需求。要加快推进体育改革创新步伐，更新体育理念，借鉴国外有益经验，为我国体育事业发展注入新的活力和动力。
>
> ——习近平 2020 年 9 月 22 日在教育文化卫生体育领域专家代表座谈会上的讲话

学习提示

【**内容提要**】体育产业的概念、体育产业结构和体育产品及其类型与特性；体育产业在国民经济中的地位和作用，以及我国体育产业的发展趋势。

【**学习目标**】初步掌握体育产业、体育产业结构、体育产品及其类型等基本理论问题，了解体育产业在国民经济中的地位和作用，以及我国体育产业的发展趋势；主动适应职业需求，夯实专业基础，向复合型人才发展；增强体育消费意识，树立正确的体育消费理念。

【**主要概念**】体育产业　体育产业结构　体育产品　体育本体产业

第一节　体育产业概述

随着经济体制改革的深入、产业结构的调整和产业分类与国际接轨，我国的经济统计开始采用联合国及世界大多数国家所使用的三次产业分类法。1985年国务院出台《国民生产总值计算方案（试行）》，将体育与教育、卫生等部门一道列入第三产业中的第三层次，即"为提高科学文化技术水平和居民素质服务的部门"。20世纪80年代中期，我国统计部门及经济学界、体育界逐渐采用"体育产业"这一概念。进入21世纪，在政策驱动和消费拉动等多重因素的作用下，体育产业快速发展，正成为推动国民经济和社会发展的重要力量。

一、体育产业的概念

在产业经济学中，"产业"一词主要是指生产同类产品和提供相似服务的行业集合。在此，所谓的"产业"是介于微观经济组织和宏观经济组织之间的"中观概念"。产业既是具有某种同一属性的企业集合，又是国民经济中划分某一行业的归类标准。

关于体育产业，国内外学者对其定义存在差异，迄今为止，尚未达成统一定义。根据《体育产业统计分类（2019）》，体育产业是指为社会提供各种体育产品（货物和服务）和体育相关产品的生产活动的集合。

体育产业是一个集群，该产业集群不是单一的某种行业，而是一个融体育产品生产制造业、体育用品销售业、体育设施业和体育服务业为一体的综合领域。

二、体育产业结构

（一）体育产业结构定义

体育产业结构是指体育产业中各产业的构成及各产业之间的联系和比例关系，是体育资源在全社会及体育部门之间配置的相关关系。

分析体育产业结构的目的是选择与制定科学、合理的体育产业结构政策，以调整和优化体育产业内部比例关系，从而保证这种结构变化朝着符合规律的方向发展。

（二）体育产业结构分类

体育产业是集生产制造业、销售业、设施业和服务业于一体的综合领域，按照不同的标准，其结构划分各不相同。根据体育基本特征、体育活动特点，可将体育产业分为体育本体产业、体育相关产业、体育延伸产业和体育边缘产业。

体育本体产业是直接涉及体育活动的组织、实施和参与的产业，依托体育自身特性和功能进行生产或服务，包括体育健身休闲业、体育培训业、竞赛表演业、体育管理业等，其产品基本属于无形的非实体产品。

体育相关产业是以体育为主要对象并针对其需求提供相应产品与服务的产业，与体育本体产业有着十分密切的联系，能为体育活动的开展和体育本体产业的生产创造条件。它是一种产业链，是既有递进关系又具横向构造的产品生产、服务部门的组合。其产品包括体育用品与器材、体育相关材料、体育服装与鞋帽等，这部分基本是有形的实体产品。

体育延伸产业与体育产业有着密切联系，是依托体育发展的产业。其通过提供相应的产品和服务，支撑或增强体育活动的价值和体验，从而间接促进体育产品的发展，包括体育彩票、体育保险、体育金融、体育旅游、体育新闻、体育经纪等。它们是一种行业网络，是在主体上形成的若干产业链并纵横交错和前后延伸，这部分大多也是无形产品。

体育边缘产业是指为了更好地发挥体育本体产业的经济效益而提供综合性服务的产业。其主要是为更好地实现体育本体产业的目标而开展的一些附加性服务项目，例如，为了增强观众对竞技体育竞赛或表演的体验而提供的饮食、住宿、纪念品、球星卡等，高尔夫球场的餐饮、零售、住宿服务等。虽然这些经营内容与体育没有直接的关系，但却是为实现体育本体产业经营目标提供服务，是体育产业大生态系统中不可或缺的一部分。

从我国的具体国情和体育产业发展现状来看，目前，体育产业正处于快速发展的阶段。随着人们对体育运动的认识不断提高，体育消费需求逐渐增长，体育产业的规模和影响力也不断扩大，体育产业结构持续优化升级。从体育产业总规模的内部构成看，我国2022年体育服务业总产出为17779亿元，占体育产业总规模的 53.9%；体育用品及相关产品制造总产出为 14259 亿元，占体育产业总规模的 43.2%；体育场地设施建设总产出为 970 亿元，占体育产业总规模的 2.9%。

三、体育产品

体育产品是构成体育产业的最基本单位，既是体育市场活动的基础，又是决定体育产业区别于其他产业的依据。

（一）体育产品及其类型

1. 体育产品

体育产品是满足人们体育欲望和需求的各类生产物。其中包括体育本体产业生产的具有直接满足人们体育欲望和需求的体育劳务产品（如体育健身娱乐产品、竞赛表演产品和体育教育培训产品）和为本体产业产品生产而提供物质条件的相关产业生产的体育用品产品（如体育器材、体育场馆设施、体育服装与鞋帽等）。

2. 体育产品的类型

体育产品可分为有形产品和无形产品两大类。

体育有形产品是满足体育消费者从事体育活动的各种实体性产品，包括体育器材与设备、体育场地与设施、体育服装与鞋帽、运动饮料与营养品等。有形体育产品具有一般物质产品的基本属性，同时也是体育消费的有机组成部分，是实现体育最终目的不可或缺的必需产品。

体育无形产品是以活劳动形态向社会提供的各类体育服务，包括观赏性和参与性两类。观赏性体育产品是满足人们欣赏和享受精神文化娱乐需要的高水平竞赛表演等产品，如职业体育联赛和各种商业性比赛等。参与性体育产品是指人们通过参与体育活动，以满足健身、娱乐、学习技能等需求的过程和结果，如体育健身娱乐和体育教育培训。

（二）体育服务产品的特性

在诸多体育产品中，最能反映体育本质特性的当属体育服务产品。体育服务产品的主要特性有以下五方面。

1. 体育服务产品的无形性

与有形产品相比，体育服务产品的特点是无形性。体育服务产品是一种体育服务，即生产的是一种"精神产品"。例如，竞赛表演业只有以比赛的形式呈现，并供消费者观看、欣赏时，它才成为产品。消费者为获取观看和欣赏比赛（过程和结果）的效应（兴奋、感动），而支付必要的费用，用于购买门票等。但消费者在消费之前，无法感受到这种消费。即使在消费之后，也不能取得任何实体持有物。这一特性在影视、戏剧等其他服务产品中也可能存在。但是影视、戏剧等文化产品具有可重复性，其创作和表演是经过预先设计和彩排的，与体育服务产品在本质上存在显著差异。

2. 体育服务产品生产消费的一次性

文化产品一旦完成生产，便可被储存并进行多次销售。而体育服务产品却不具备被储存并进行多次销售的特性，如一场体育比赛或健身娱乐活动结束后，对产品的生产和消费也随之完毕，再无法进行交易。在竞赛表演业中，这种特性表现得更为突出，正是这种产品的一次性特点，更突出了体育竞赛产品的魅力和价值。

3. 体育服务产品质量的不可预测性

这一特性在体育竞赛产品中尤为显著。决定比赛胜负的因素是多元的，包括运动员的状态、教练员的指挥、攻防双方技战术的变化及临场应变、参赛动机、态度、情绪、气候、观众、主客场等诸多因素。即使是实力雄厚的运动员或运动队，即使曾经多次战胜对手，也不能保证在每场比赛中获胜。这就是竞技体育的悬念所在，魅力所在。一场比赛的悬念越大，其魅力也越大，其价值也就越高。健身消费中也存在这种状况，即每一个体在健身活动后所能取得的效果也有着不确定性。

4. 体育服务产品生产和消费的同时性

所有实物性商品，包括影视、戏剧等文化产品的生产、流通和消费在时间上是有间隔的，从生产到最终消费往往要经过一系列的中间环节。而在体育服务市场中，生产者和消费者直接发生联系，产品的生产过程和消费过程是同时发生的，两者在时间上和空间上不可分割，而且在一定的环境与氛围中，消费者必须直接参与生产过程，体育服务才能实现。体育服务产品具有同时生产、同时消费、同时开始、同时结束的特征。

5. 同一体育服务产品质量评判的差异性

对于多数实物产品来说，由于其具有实体性，人们可以通过各种理化检验手段或感官测定来检测与评判其质量，且对实物产品质量鉴定的技术标准也相对明确和统一。而体育服务产品面对的是人，由于个人的兴趣、爱好、知识、素质、态度和文化修养等方面存在差异，在同一体育服务产品的消费过程中，所追求的效果与感受千差万别，因而对同一体育产品的质量评判也有所不同，虽然大体上可以对其质量作出判断，但的确很难制定出统一、明确的质量评定标准。

第二节　体育产业在国民经济中的地位和作用

一、发展体育产业可促进国民经济的增长

体育产业的发展对国民生产总值（GDP）的增长具有显著推动作用，尤其在多个发达国家中，已成为国民经济体系的重要组成部分，甚至在经济发展中扮演着支柱产业的角色。美国2020年的GPD总额为20.89万亿美元，其中体育产业的总产值为5200亿美元，约占其GDP的2.49%。体育产业不仅直接促进了国民经济的增长，还通过促进就业、激发旅游和相关服务业的发展，间接推动了经济的多元化增长。例如，体育赛事的举办对城市的交通设施、场馆建设、通信网络、服务配套等具有显著的推动作用。此外，体育赛事的举办和体育活动的普及，还能增强国民的身心健康，提升其生活质量，同时带动相关产业的进步。

我国体育产业正进入蓬勃发展的快车道。据统计，2022年体育产业总规模为33008亿元，增加值为13092亿元，增加值占同期GDP的1.07%。与上年相比，体育产业总产出增长5.9%，增加值增长6.9%。体育产业在促进国民经济方面具有巨大潜力和不可替代的作用。随着我国体育产业的快速发展，其不仅可以带动就业、拉动相关产业发展，还将成为我国经济发展的支柱性产业。

二、发展体育产业是人力资本投资的重要形式

通过体育锻炼增强人民体质,可以显著降低疾病发生率,这不仅有助于减少缺勤率,还能有效提高工作效率。加拿大著名体育专家奥帕茨指出,与身体状况较差的群体相比,身体健康的群体受伤率较低,工作效率更高,即使受伤,也能快速恢复并返回工作岗位。澳大利亚《前沿经济》(2010)的报道指出,社区体育能促进体育锻炼,进而降低医疗成本,提高劳动生产率。研究预测,通过社区体育推动体育锻炼,可预计降低医疗费用达 14.9 亿澳元,并且由于劳动力群体健康状况的改善,生产率提高所带来的经济收益可达 1200 万澳元(GDP 的 1% 左右)。据不完全统计,在我国,群众体育开展较好的企业,其员工出勤率要比一般单位高出 2.12%。

参加体育锻炼,提高劳动者身体素质,既减少了患病率,又减轻了国家负担,节约了医疗开支,从而对国民经济发展做出贡献。随着人们健康意识的增强,通过体育锻炼保持身体健康的趋势持续向好。2014—2020 年,美国健身俱乐部注册人数增长了 980 万人,达到 5800 万人。2010—2016 年平均每年增长 3%,2016—2020 年平均每年增长 5%。目前,美国健身俱乐部注册人数已达到美国人口的近 1/5。据统计,2020 年英国拥有 6700 多家健身俱乐部,注册人数达到 970 万人,占英国总人口的 15.2%。与美国情况类似,还有许多英国人选择在家健身或在公司健身房锻炼,并未注册成为健身俱乐部会员,这意味着实际参与健身活动的人数已远超统计的数字。

三、发展体育产业为社会提供就业机会

从经济学视角来看,就业率和失业率是衡量一个国家经济发展状况的重要指标。体育产业的发展能够为社会创造更多的就业机会,提高居民的收入水平,刺激体育消费,为解决民生保障问题不断做出贡献。

体育产业在增加就业机会方面的作用日益凸显。通过提供多样化的就业机会、促进产业链的发展、创造临时性和长期职业路径,以及鼓励创业和就业,体育产业正在成为推动就业增长的重要力量。发达国家体育产业就业人数在总就业人口中的比值较高,普遍占 1% 左右,美国、英国、德国等更是远超该比例,体育产业已成为发达国家扩大社会就业的重要渠道。2018 年,德国体育产业就业人数约为 130 万,体育产业就业人口占总就业人口的 2.95%。2019

年，美国体育产业的就业人数约为 700 万，这一数字涵盖从职业体育队伍和赛事组织到体育用品零售和健身中心的各种就业岗位，其中体育产业就业人口占总就业人口的 4.5%。同年，英国体育产业直接和间接创造了约 100 万个工作岗位，体育产业就业人口占总就业人口的 3.03%。截至 2020 年底，我国总就业人口约为 7.5 亿，其中体育产业就业人数为 489.9 万，比 2015 年增加 126.6 万，占当年就业总人口的 0.65%。《"十四五"体育产业发展规划》提出，到 2025 年体育产业从业人员将超过 800 万。《中国体育产业发展报告（2020）》中预测，到 2035 年我国体育产业就业人数将达到 2000 万。

四、发展体育产业可以带动相关产业的发展

体育产业是关联面很广的产业，与许多行业具有较强的产业关联度。根据著名经济学家瓦西里·里昂节夫所创立的部门关联模型（借此模型通过分析计算部门间产品直接及多次间接互相消耗关系，可以计算国民经济各部门的产业关联度），美国经济学家推算出体育行业与其他部门的产业关联度，在美国经济结构现存的 42 个部门中，体育产业的关联度排在第 8 位。体育产业的产业关联度主要表现在该产业与其他产业的直接与间接的消耗关系上，通过发展体育产业可以带动与之关联产业发展，进而拉动消费，促进经济发展。例如，发展体育产业可以带动纺织、机械、建筑、电子、营养品、食品等制造业，以及旅游、文化、教育、保险、博彩、新闻媒体、康养等服务业的发展。

五、发展体育产业是吸收社会游资的重要手段

在体育产业中，体育彩票业与体育赞助在吸纳社会闲散资金、推动体育事业发展及促进国家经济繁荣等方面扮演重要角色。以日本为例，在公营彩票业总体销售额持续下降的背景下，日本体育振兴彩票中心加大了彩票玩法改革的力度，使体育振兴彩票逆势增长，展现出强劲的增长势头：2006 年销售额达到 135 亿日元，2007 年飙升至 637 亿日元，2008 年更是增至 897 亿日元，呈现出逐年上升的趋势。在意大利，每年足球彩票的发行量高达 20 多亿美元，政府财政收入的 1.5% 直接来自足球彩票收入。美国博彩协会的数据显示，2018 年美国体育博彩市场收入涨幅接近 65%，达 4.302 亿美元。NBA 总裁亚当·萧华表示，大力支持博彩业在全美范围内合法化。2018 年 8 月，NBA 成为美国首个与博彩机构签订合作伙伴关系的体育联盟，与美国博彩巨头 MGM 签下一份为

期 3 年，价值 2500 万美元的合作协议。英超的曼联等足球俱乐部和西甲的皇家马德里足球俱乐部等都通过发放股票获得了巨大的经济效益。

据统计，2022 年我国体育彩票销售额已达到 2765.22 亿元，为国家筹集公益金 677.47 亿元，为弥补体育事业经费不足、促进体育事业和全民健身运动的发展做出了巨大贡献。此外，体育企业通过发行股票并上市交易等方式，有效地吸纳了社会闲散资金。

第三节 我国体育产业发展趋势

一、体育产业在经济发展中的地位显著提高

体育产业作为一种新兴产业，在国民经济中的作用日益凸显。随着人们生活水平的提高，参与体育运动的人数持续增加，为体育产业的发展提供了巨大的市场需求和潜力。

首先，体育产业的发展显著提升了其对经济的贡献率。以 2013 年体育产业总规模 0.95 万亿元为基准，我国近 10 年来体育产业年均增长率已超过 15%，呈现出经济贡献率快速上升态势。

其次，体育产业为城市发展提供了新的增长点。许多城市将体育产业作为推动经济发展的重要支柱，通过规划建设体育场馆、打造体育品牌赛事，吸引了众多的商务和旅游活动。这不仅提升了城市形象，也为城市带来了更多的经济收益，并通过创造更多的就业机会，改善了居民的生活质量。

最后，体育产业高质量发展促进了居民消费。2019 年印发的《进一步促进体育消费的行动计划（2019—2020 年）》中指出，2020 年我国体育消费总规模将达到 1.5 万亿元。实际上，2020 年我国体育消费总规模超计划达到 1.8 万亿元，比 2015 年增长 80%。体育产业的高质量发展不仅满足了消费结构升级的需要，而且有利于更好地发挥消费对经济发展的基础性作用，进一步助力经济高质量发展。

二、体育产业政策引领已成为新航标

我国政府高度重视体育产业在国民经济发展的地位和作用，并为此出台了一系列政策促进体育产业发展。近年来，国务院、国务院办公厅印发了《国务

院关于加快发展体育产业促进体育消费的若干意见》（国发〔2014〕46号）、《国务院办公厅关于加快发展健身休闲产业的指导意见》（国办发〔2016〕77号）、《国务院办公厅关于加快发展体育竞赛表演产业的指导意见》（国办发〔2018〕121号）、《国务院办公厅关于促进全民健身和体育消费推动体育产业高质量发展的意见》（国办发〔2019〕43号）等20余项政策文件。

这些政策的出台，明确了体育产业发展目标和发展方向，其中《国务院关于加快发展体育产业促进体育消费的若干意见》（详见二维码）将全民健身上升为国家战略，以增强人民体质、提高健康水平为根本目标，把体育产业定位为绿色产业、朝阳产业、幸福产业进行扶持，强调向改革要动力，向市场要活力，提出了力争到2025年，体育产业总规模超过5万亿元的发展目标。同时，还从财政补贴、税收优惠、土地使用、场地租金减免、健身设施建设补贴等方面提出了优惠政策，营造了良好的发展环境。随着体育政策的不断完善和落地，体育产业的发展也将更加规范、高质量和高效率。

三、体育产业高质量发展成为新要求

高质量发展成为新时代经济发展的主旋律。体育产业高质量发展不仅是时代需要，更是我国体育产业发展到一定阶段的必然趋势。国务院办公厅印发的《体育强国建设纲要》（国办发〔2019〕40号）（详见二维码）的战略目标中提出：到2020年，体育产业在实现高质量发展上取得新进展。到2035年，体育产业更大、更活、更优，成为国民经济支柱性产业。推动我国体育产业高质量发展不仅对体育强国建设意义重大，也是加快体育强国建设的重要内容与手段，更是产业优化结构和经济发展的动能转换器，对我国经济动能转换和产业结构调整具有不可替代的功能和价值。

体育产业高质量发展的主要表现特征有以下四方面。

1. 体育赛事追求品牌化

通过体育赛事品牌化策略可以更加有效地提升市场竞争力、塑造品牌形象、形成商业模式，进而提升消费者的观赛体验，吸引更多的观众、赞助商和媒体关注，增强市场主体对赛事品牌的认同感和忠诚度，增加品牌的曝光度和影响力，提升赛事的市场竞争力，为赛事利益相关者创造更多的社会效益和经济收益。例如，中国男子篮球职业联赛、中国足球超级联赛、中国网球公开

赛、上海网球大师杯赛、北京马拉松赛、上海马拉松赛、厦门马拉松赛等赛事已经成为我国的精品赛事，促进了体育消费，并持续激发产业新动力。

2.健身休闲业快速增长

2010年我国GDP总量超过日本，成为世界第二大经济国。2019年，我国人均GDP超过10000美元，具备了休闲时代的经济条件。2016年印发的《国务院办公厅关于加快发展健身休闲产业的指导意见》（详见二维码）中提出：到2025年健身休闲产业总规模达3万亿元的目标。并就税收优惠、土地使用、设施建设、户外运动等方面提供了优惠政策，预计健身休闲产业产值将达到我国体育产业总规模的60%。2016年以来，我国健身休闲业在针对性政策的引领下快速增长，2016年增速达33.62%、2017年增速达47.5%、2018年增速达42.48%、2019年体育健身休闲业同比增长42.76%，远高于我国体育产业10%左右的增长速度。

3.体育用品业转型升级

随着我国体育产业的迅速发展和体育市场需求的持续扩大，体育用品制造业愈加重视科技创新的投入。在体育用品、可穿戴运动装备、体育服装与鞋帽、户外运动装备等产品的设计、研发和生产等各环节，科技研发的投入显著增加。智能化、数字化技术广泛应用于体育装备制造及自主品牌的培育，共同推动了体育用品行业向高端制造和品牌化升级。我国体育用品制造业正在由传统的中国制造向中国创造转型，国内体育用品品牌影响力和市场竞争力日益增强，如2022年我国安踏、李宁等知名品牌在国内的市场占有率已超过耐克和阿迪达斯等国际品牌。

4.专业人才需求加大

随着我国体育产业快速发展，体育产业结构不断优化，体育市场规模不断扩大，对体育产业专业人才的需求也日益加大。专业化的体育人才是体育企业发展的核心竞争力，是推动我国体育产业高质量发展的必要条件。

四、体育产业融合发展成为新态势

随着健康中国战略的推进、"互联网＋"技术的日趋成熟、人口老龄化的加剧及家长对素质教育认识的加深，我国体育产业与旅游产业、互联网产业、康养产业、教育产业的融合发展日益紧密，体育产业融合发展已然是大势所趋。

体育产业融合发展是拓展新业态、创新新产品、开发新模式的有效途径。政府政策的积极引领为体育产业的融合发展指出了方向，2014年国务院印发的46号文件中提出，促进融合发展，积极拓展业态。鼓励体育产业与养老服务、文化创意与设计服务、教育培训等领域的深度融合，以推动体育旅游、体育传媒、体育会展、体育广告、体育影视等相关业态的发展。后续相关政策文件也均在不同程度上鼓励了融合发展。

体育产业融合实践探索也涌现出了大量成功案例，如2022年火爆出圈的贵州"村BA"（拓展阅读见二维码）和"村超"两个乡村体育赛事，成为体育与地方特色文化、乡村旅游、农产品销售及县域经济融合发展的经典示例。体育与商业融合的体育服务综合体、体育特色小镇等项目，以及如《极限挑战》《奔跑吧兄弟》《报告！教练》《运动好好玩》等体育类综艺节目，不仅促进了体育产业本身的发展，而且拉动了旅游产业和文化产业的增长。

贵州"村BA"：燃了篮球火了乡村

五、数字经济成为体育产业新动能

随着云计算、大数据、人工智能、物联网、5G等技术的快速发展，数字经济以一种新型经济形态，渗透到经济社会发展的各个领域，有效地提升了产业效率，赋能经济转型升级。数字技术的发展为数字体育、智能体育、体育信息化发展赋予了更多可能。例如，自2009年起，美国职业篮球联赛利用大数据打造全球最智能、科技感最强的体育赛事。通过球员穿戴智能设备，借助数据分析协助球队经营与提高赛场成绩。同时，运用计算机视觉技术，识别球场上球员移动位置、运动轨迹，提高赛事智能化水平。竞赛表演领域的一系列技术创新，为美国竞赛表演业的持续快速发展奠定了坚实基础。

《中华人民共和国国民经济和社会发展第十四个五年规划和2035年远景目标纲要》中共有81次提到"数字"一词，"聚焦教育、医疗、养老、抚幼、就业、文体、助残等重点领域，推动数字化服务普惠应用，持续提升群众获得感"。近年来，随着"互联网+"技术的不断成熟，智慧城市的建设，数字化应用逐渐渗入体育产业的各个方面，成为体育产业向高质量发展迈进的重要支撑。在我国，无论是体育装备制造、体育场馆运营、体育赛事管理与营销、户外运动安全管理还是体育线上培训等领域，数字技术的应用均已展现出重要作用（拓展阅读见二维码）。

数字体育案例

思考题

1. 何谓体育产业和体育产业结构？
2. 体育产业在国民经济发展中有哪些特殊作用？
3. 我国体育产业发展的主要趋势有哪些？

推荐阅读

［1］黄海燕.走向强国：新时代体育产业［M］.北京：社会科学出版社，2021.

［2］托尼·柯林斯.体育简史［M］.王雪莉，译.北京：清华大学出版社，2017.

第十一章

体育文化

广大体育工作者在长期实践中总结出的以"为国争光、无私奉献、科学求实、遵纪守法、团结协作、顽强拼搏"为主要内容的中华体育精神来之不易，弥足珍贵，要继承创新、发扬光大。希望全国体育工作者保持优良传统，在新的起点上实现体育事业新发展新进步，在推动我国由体育大国向体育强国迈进的征程中再创佳绩、再立新功。

——习近平 2013 年 8 月 31 日在沈阳会见全国体育先进单位和先进个人代表等时的讲话

学习提示

【内容提要】体育文化的概念、结构、分类与核心，体育精神的主要内涵，中华体育精神、新时代女排精神和北京冬奥精神及其内涵，中华体育精神与文化自信，以及我国体育文化建设。

【学习目标】了解体育文化的概念、结构、分类与核心，掌握体育精神与中华体育精神的主要内涵；培养体育文化宣传推广能力，推进体育文化建设；在参与运动的过程中，体验和感悟中华体育精神，提高体育品德和战胜困难的意志力。

【主要概念】体育文化　体育精神　中华体育精神　新时代女排精神　北京冬奥精神

第十一章 体育文化

第一节 体育文化概述

一、体育文化的概念

体育文化是文化（拓展阅读见二维码）在体育领域里的特有表达。本书认为，体育文化是指以人的身体活动为基本特征，在体育的物质、行为和制度中所体现出来的生活方式、行为规范和价值观念（拓展阅读见二维码）。

二、体育文化的结构

为了深入了解和把握体育文化，需要对体育文化进行结构上的探讨。体育文化有深浅不同的层面，研究者处在不同的学科和位置，需要解决的问题不同，对体育文化就有不同的分类。通常，体育文化的结构可划分为三个层次（图11-1），即体育物质文化、体育制度文化和体育精神文化，这三个层次作为一个有机整体，紧密相连、相互依存。

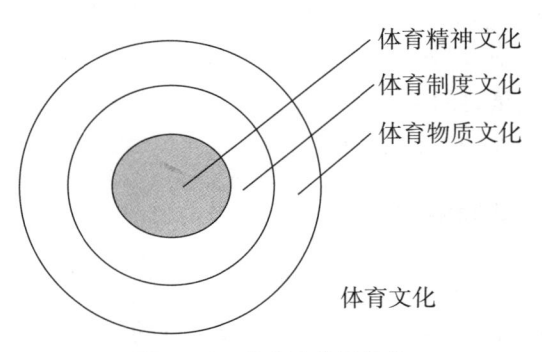

图 11-1 体育文化的结构

体育精神文化在最里层，在整个文化系统中居于主导地位和核心位置，具有价值导向功能；体育精神文化规定着体育制度文化建立怎样的体育组织和体育机构，制定怎样的体育制度和体育政策，规范和引导着人们的体育行为；体育物质文化在体育文化的最外层，表现为体育类的物质产品，起着满足人们参与体育运动和娱乐生活的作用。从文化的显示程度来看，体育精神文化属于内隐文化，体育制度文化和物质文化属于外显文化。

237

（一）体育物质文化

体育物质文化处在体育文化的表层，是指在体育活动中可直接感知的物质实体层面，包括体育馆（拓展阅读见二维码）、体育场、田径场、体育设施、体育器械、体育装备，各类体育活动方法、技术和技巧，以及具有思想内涵的体育奖牌、体育纪念品等等体育物质性成果。

（二）体育制度文化

体育制度文化处在体育文化的中间层，是人们为反映和确定体育运动中一定的社会关系，并对这些关系进行整合和调控而建立的各种体育组织机构和规章制度的总称。体育制度文化包括体育活动的组织形式、制定的体育规章制度与条例、设置的体育机构（拓展阅读见二维码）及体育管理体制等。相较于体育物质文化的容易变化，体育制度文化显得稳定一些。改革开放后，我国实行的数次体育体制改革，实际上主要就是在改变体育的制度文化。

（三）体育精神文化

体育精神文化处在体育文化的核心层，由体育价值观念、思维方式、道德情操、审美趣味、宗教感情、民族性格等因素构成，是体育文化的核心部分。在体育比赛中，最重要的是展示体育精神（拓展阅读见二维码），展示奥林匹克精神，展示中华体育精神。

三、体育文化的分类

为了更好地把握体育文化，就需要寻找不同的分类标准对体育文化进行划分。对体育文化进行合理划分，分成不同类别有助于深入研究体育文化。体育文化大体上有以下五种分类方法。

（一）以文化的层次为标准

从文化的结构出发，以不同的文化层次为标准进行划分，就有了体育文化的二分法和三分法。

根据二分法，体育文化可分为体育物质文化、体育精神文化。

根据三分法，体育文化可分为体育物质文化、体育制度文化、体育精神文化。

（二）以地域为标准

以地域为标准，体育文化可分为东方体育文化、西方体育文化，南方体育文化、北方体育文化，亚洲体育文化、欧洲体育文化、美洲体育文化、非洲体育文化等；还可分为中国体育文化、美国体育文化、俄罗斯体育文化、德国体育文化等。此外，世界上有民族特色的体育文化有中华武术文化、日本武士道文化、韩国跆拳道文化、印度瑜伽文化等。

（三）以时间为标准

以时间为标准，体育文化可分为古代体育文化、近代体育文化、现（当）代体育文化。

对民族体育文化而言，以时间为标准可分为民族传统体育文化、民族当代体育文化。

（四）以运动项目为标准

以运动项目为标准，体育文化可分为龙舟文化、乒乓文化、足球文化、篮球文化、排球文化、网球文化等。

（五）以不同性质的体育为标准

以不同性质的体育为标准，体育文化可分为竞技体育文化、健身休闲文化、体育产业文化、体育礼仪文化等。

此外，随着现代科技的不断发展和人们的多元需求，许多新的体育现象和体育问题以体育文化的形式在社会上出现，受到研究者关注，如看台体育文化、球迷文化、体育消费文化、冰雪体育文化、虚拟体育文化等。对于这些体育文化，虽然难以采用统一的标准进行归类或划分，但是它们的出现和传播正说明了体育文化的多样性和复杂性。

第二节　中华体育文化

一、中华体育文化的构成

中华体育文化主要由优秀民族传统体育文化、红色体育文化和社会主义先进体育文化构成。

1. 优秀民族传统体育文化

优秀民族传统体育文化是一代代先辈传承下来的丰厚体育遗产，反映着中华优秀传统文化与体育活动融合后的文化成果。中华优秀传统文化是中华民族的突出优势，是我们在世界文化激荡中站稳脚跟的根基。中国传统文化中所蕴含的思维方式、价值观念、行为准则对我国民族传统体育的影响深远，在我国民族传统体育中留下了深深的烙印。优秀的民族传统体育文化是中华优秀传统文化的重要组成部分，需要加以保护、传承与弘扬。

优秀民族传统体育文化中的非物质文化遗产表现了中华民族文化的特质，反映了中华民族的文化标识，是中华民族宝贵的文化遗产。借助实施中华优秀传统文化传承发展工程，对推进中华优秀传统体育文化的创造性转化和创新性发展具有重要意义。

2. 红色体育文化

红色体育文化与革命文化两者关系紧密。革命文化在体育中得到发展，就表现为红色体育文化。红色体育文化是指在中国共产党的领导下，为增强军队战斗力，以打败敌人为目标，在革命根据地开展了形式多样的体育活动，并在活动中所展现出的昂扬向上的革命精神。

在革命战争时期锻造的红色体育文化，坚持一切从实际出发，艰苦奋斗、敢于担当、勇于奉献，通过体育活动，增强了军队将士的身体素质和心理素质，提高了革命根据地的生产劳动效率，展现了中国共产党的梦想与追求，表达了我国红色革命军队能战胜艰难困苦、勇往直前的革命英雄主义气概。

3.社会主义先进体育文化

中华人民共和国成立以后,体育受到国家高度重视。1952—1954年不仅在北京、上海、武汉、西安、成都、沈阳成立了6所直属体育院校,而且在国内师范院校设置了体育系。1961年为举办世界乒乓球锦标赛,我国在三年困难时期仍修建了可容纳15000名观众的北京工人体育馆。改革开放后,随着亚运会、夏季奥运会和冬季奥运会的举办,我国在体育场馆、体育场地设施、体育器材装备等体育物质文化上有了更多投入,如北京国家体育场"鸟巢"、国家游泳中心"水立方"、国家速滑馆"冰丝带"等标志性体育建筑,在世界上都算得上是一流的现代化建筑。

在制度文化建设中,从1952年中央体委的创建,到1954年更名为国家体委,国家行政部门系统、军队系统和社会组织系统在体育体制建设方面有了基本的格局,形成了中央体委所实行的委员制、国防体育协会的俱乐部制和中华全国体育总会的会员制。改革开放后,随着国务院机构改革的推进,1998年国家体委改组为国家体育总局,对运动项目逐渐实施协会制的管理模式改革。截至2007年,国家体育总局共成立了23个直属运动项目管理中心,项目管理中心同时也承担着运动项目协会的管理职能。中国体育制度文化在满足参与并举办国际大型体育赛事的情况下,随着社会进步和国家发展,不断地加以改进和变革,以适应社会主义文化建设的需求。

在体育精神文化建设中,以女排精神、北京冬奥精神等为代表的体育精神,逐渐形成了中华体育精神谱系,成为社会主义先进文化和我国精神文明建设的重要组成部分,从而获得国家的高度重视。其中,女排精神入选了中国共产党人的精神谱系,成为我国时代精神和民族精神的代表,奏响了为中华崛起而拼搏的时代最强音。

二、中华体育精神文化

中华体育文化的核心表现为中华体育精神、女排精神、北京冬奥精神。

(一)中华体育精神

中华体育精神作为一种精神文化,反映着中国体育的价值导向和文化追求,不仅是中国体育的灵魂,也是中华民族的宝贵精神财富。中华体育精神积淀着我国体育界几十年来的经验积累，表现了体育人对体育事业的忠诚、执着和朴实，展示了体育人不放弃理想与信念的坚守与奋斗，它来之不易，弥足珍贵。新时代要将弘扬中华体育精神与培育和践行社会主义核心价值观结合起来，通过加强运动项目文化建设、丰富体育文化产品、传承中华优秀传统体育文化，推动民族传统体育走出国门，向世界展示中华民族智慧和国家文化软实力。

1. 中华体育精神的概念

中华体育精神，也可称为中华民族的体育精神。该概念覆盖了中国体育的所有领域，包括从中国体育活动开始至今的时间范围。中华体育精神不仅表现在竞技体育领域，也表现在学校体育和全民健身之中。只不过它在竞技体育领域表现得更突出，更引人注目一些。

所谓中华体育精神，是指中国人在体育实践活动中形成的，以爱国奉献、团结协作、公平竞争、拼搏自强、快乐健康为主要价值标准的意识、思维活动和一般心理状态。中华体育精神是我国社会主义精神文明的重要组成部分，是人们前行的内在动力，也是不会枯竭的精神力量。

2. 中华体育精神的内涵

中华体育精神孕育于解放区的红色体育实践，在中华人民共和国成立之初就已萌芽，改革开放后，随着我国竞技体育的快速发展而不断得到彰显。1996年亚特兰大奥运会，中国以奖牌总数50枚位于所有参赛国家和地区的第4位，首次跻身世界体育第一集团，取得了中国在奥运会上的历史性突破。我国体育健儿在奥运赛场上的出色表现，多次在国内引起强烈的社会反响。1997年，国家体委首次提出中华体育精神。之后，"为国争光、无私奉献、科学求实、遵纪守法、团结协作、顽强拼搏"成为中华体育精神的主要内容。

（1）为国争光。

为国争光就是要为国家和人民争取来自世界体坛的荣誉，体育人要把为国争光作为自己的终身追求。习近平总书记指出："爱国，是人世间最深层、最持久的情感，是一个人立德之源、立功之本。"习近平总书记在给北京体育大学2016级研究生冠军班回信时写道："我看过你们不少比赛，每当看到我国体育健儿在重大国际赛事上顽强拼搏、勇创佳绩、为国争光时，我从心里面为大家喝彩。"我国体育健儿在国际舞台上要以最佳的竞技状态和良好的精神风貌，为祖国争光，为民族争气，为奥运增辉，为人生添彩，不辜负习近平总书记对体育的高度重视与推动，不辜负祖国人民对体育健儿的鼓励和期待。

（2）无私奉献。

无私奉献是指淡泊名利、甘于奉献，展现了一种大爱的胸怀、忘我的精神。作为一种优秀品质，无私奉献表现为体育人在平凡的工作岗位上忘我工作、不计回报，因热爱而坚守，为了国家荣誉甘愿牺牲个人利益。这是一种高尚的、伟大的无我境界。习近平总书记指出："全国广大青年要深刻了解近代以来中国人民和中华民族不懈奋斗的光荣历史和伟大历程，坚定不移跟着中国共产党走，勇做走在时代前列的奋进者、开拓者、奉献者，让青春在为祖国、为人民、为民族的奉献中焕发出绚丽光彩！"体育人要在忘我的无私奉献中完成体育强国的历史使命，实现自己的人生价值。

（3）科学求实。

科学求实是指在实事求是的基础上讲求科学，尊重规律，谋求科技助力体育发展。习近平总书记强调："坚持一切从实际出发，是我们想问题、作决策、办事情的出发点和落脚点。"坚持从实际出发，前提是深入实际、了解实际，只有这样才能做到实事求是。从实际出发，从国情出发，普及健身知识，传播健康生活方式，尊重运动训练、人才成长和体育竞赛规律，尊重体育市场规律，学习国外先进经验，用科技的力量助推中国体育发展。习近平总书记指出："北京冬奥会各赛区要对照筹办工作总体计划，深化细化场馆和基础设施建设规划，尊重规律、讲求科学。"

（4）遵纪守法。

遵纪守法指的是遵守体育的伦理道德和相关制度规范，通过公平竞赛和兑现承诺，维护体育的诚信。备受赞誉的"志行风格"就是遵守体育道德的表率。一方面，我国运动员要遵守国际体育的纪律要求和规则限制，尊重裁判、尊重对手、尊重观众，公平参赛，反对弄虚作假；另一方面，在筹办奥运会等重大体育赛事时，申办城市要兑现承诺，向国际社会展示中国政府和中国体育的诚信。习近平总书记指出："我们要言必信、行必果，扎实工作，步步为营，要拿竞技奖牌，也要拿精神奖牌、廉洁奖牌，兑现向世界作出的庄严承诺。"通过全面兑现承诺，向世界展示中国政府的诚信和中国体育的遵纪守法。

（5）团结协作。

团结协作是中国人民和中华民族战胜前进道路上一切风险挑战、不断从胜利走向新的胜利的重要保证。体育可以培养人们特别是青少年勇于竞争、善于合作、不怕挫折、追求胜利的优秀品质，这在集体项目中体现得尤为明显。正如习近平总书记所指出的："足球是一项讲究配合的集体运动，个人能力固然重要，但团队合作才是决定比赛结果的关键。"1981年，中国男排在关键比赛时的团结协作和反败为胜，让北大学子们激动不已，喊出了"团结起来，振兴中华"的时代最强音。2018年五四青年节前夕，习近平总书记与北京大学师生座谈，感慨说道："我记得，1981年北大学子在燕园一起喊出'团结起来，振兴中华'的响亮口号，今天我们仍然要叫响这个口号，万众一心为实现中国梦而奋斗。"

（6）顽强拼搏。

顽强拼搏是中国体育的优秀传统，不屈不挠、砥砺奋进是中国体育人的行为方式和重要标识。习近平总书记指出："我们的国家，我们的民族，从积贫积弱一步一步走到今天的发展繁荣，靠的就是一代又一代人的顽强拼搏，靠的就是中华民族自强不息的奋斗精神。"2016年8月25日，习近平总书记对中国体育代表团赞美道："我国体育健儿在里约奥运会上的表现，展示了强大正能量，展示了'人生能有几回搏'的奋斗精神。实现'两个一百年'奋斗目标、实现中华民族伟大复兴的中国梦，就需要这样的精神。要在全社会广泛宣传我国体育健儿在奥运会赛场上展现的拼搏精神，使之化为全党全国各族人民团结奋斗的强大精神力量。"

中国体育一路走来，积淀了深厚的中华体育精神。从新民主主义革命时期毛泽东"锻炼体魄，好打日本"的题词，到中华人民共和国成立初期"发展体育运动，增强人民体质"的提出，中国共产党人为新中国体育的发展奠定了基调。中华人民共和国成立后，民族传统体育的文化传承、重大体育事件的历史回响、重要体育人物的登台亮相，逐渐形成了具有开创性和代表性的中华体育精神。中华体育精神具体体现在我国一些优秀的运动项目之中。

习近平总书记于2019年9月30日会见中国女排代表时提道："实现体育强国目标，要大力弘扬新时代的女排精神，把体育健身同人民健康结合起来，把弘扬中华体育精神同坚定文化自信结合起来（拓展阅读见二维码），坚持举国体制和市场机制相结合，不忘初心，持之以恒，努力开创新时代我国体育事业新局面。"中华体育精神对增强文化自信具有重要作用,要坚定体育文化自信,不能只挂在口头上,而要落实到行动上。一是加强体育文化软实力建设,培育和践行社会主义核心价值观;二是传承我国优秀传统体育文化,推动中华文化"走出去";三是坚定文化自信,大力发展体育文化事业和体育文化产业。

(二)女排精神

1. 女排精神的提出

1981年在日本举行的第3届世界杯赛上,中国女排与来自古巴、美国、日本等7国的世界女子排球劲旅进行了11天角逐,于11月16日以七战七捷的成绩首次获得世界冠军。这次取得的历史性突破使中国社会群情振奋,震惊了世界排坛,创造了我国"三大球"首次摘得世界冠军的历史。11月17日,《人民日报》评论员在头版发表了《学习女排 振兴中华》的评论文章。11月18日,《人民日报》在头版头条刊登了邓颖超和宋任穷等中央领导撰写的文章,其中邓颖超同志发表了《各行各业都来学习女排精神》的文章,明确提出了"女排精神"这种说法。随着中国女排连续在国际大赛中取胜,"女排精神"这种说法开始在社会上广泛传扬。

2. 女排精神的形成与发展

女排精神不是偶然出现的,它是如前所述几代中国排球人几经磨难、不断探索、共同缔造的结晶,是20世纪七八十年代由袁伟民指导及其团队传承与创建,以及他的继任者陈忠和、郎平等教练,承上启下、发扬光大的。女排精神代表着一个时代的精神,喊出了为中华崛起而拼搏的时代最强音。1981年,中国女排首夺世界冠军时,举国上下心潮澎湃,亿万观众热泪盈眶。中国女排"五连冠",万人空巷看女排,国旗升起、国歌奏响的场景,让亿万中华儿女热血沸腾。一时间,各行各业掀起了学习女排精神、发扬女排精神的热潮,"团结起来,振兴中华"的口号响彻神州大地。那个时候的女排精神强调艰苦创业、勤学苦练、团结拼搏、勇猛顽强的可贵品质。之后,中国女排"三连冠""五连冠"的获得,不仅多次展现了女排精神,更是将这种拼搏精神传承了下来。

2003年11月,第9届世界杯女排比赛举行,中国女排时隔17年之后,在陈忠和教练的带领下，再次荣获世界冠军。之后，雅典 2004 年奥运会，中国女排在主力赵蕊蕊负伤离开的不利局面下，依靠顽强拼搏，实现逆转，时隔 20 年再次获得奥运会冠军。主帅陈忠和表示："无论未来的征程有多么艰难，我们都会竭尽全力去拼搏；无论将来赛场风云如何变幻，我们都会微笑去面对。爱拼才会赢，不拼绝对输。"中国女排展现了"团结拼搏，勇攀高峰"的女排精神。

2016 年郎平率领中国女排参加里约奥运会，预赛期间中国女排先输后赢，艰难挺进决赛，最终中国女排以 3∶1 战胜塞尔维亚队，第三次夺得奥运会冠军。2019 年 9 月 30 日，习近平总书记在会见中国女排代表时指出："在第十三届女排世界杯比赛中，你们以十一连胜的骄人成绩夺得了冠军，成功卫冕，为祖国和人民赢得了荣誉。你们不畏强手、敢打敢拼，打出了风格、赛出了水平。在提前一轮锁定冠军的情况下，你们在最后一场比赛中没有丝毫懈怠，尊重对手，尊重自己，坚持打好每一个球，很好诠释了奥林匹克精神和中华体育精神。中国女排夺得了第五个女排世界杯冠军，第十次荣膺世界排球'三大赛'冠军，激发了全国人民的爱国热情，增强了全国人民的民族自信心和自豪感。"

3. 女排精神的内涵

广大人民群众对中国女排的喜爱，不仅是因为她们夺得了冠军，更重要的是她们在赛场上展现了祖国至上、团结协作、顽强拼搏、永不言败的精神面貌。

（1）祖国至上。

祖国至上，是指中国女排把国家利益放在最高位置，心怀祖国并为国效力，在国际赛场上将为国争光作为自己的光荣使命，以升国旗、奏国歌为奋斗目标。2019 年女排世界杯期间，主教练郎平在接受采访时表示："为国争光是我们的义务和我们的使命。我们的目标都是升国旗，奏国歌。"

（2）团结协作。

团结协作，是指女排队伍内部团结一心，相互信任与协作，用团队的集体力量去战胜强大的对手。排球项目作为一个集体项目，要求场上的所有队员必须齐心合力，才能将排球打得具有进攻力和竞争力。排坛上常说，"六人共打一个球，全队上下一条心"。对女排队伍而言，没有完美的个人，但队员组合起来形成一个完美的、有战斗力的团队，才能在比赛场上共克强敌。

（3）顽强拼搏。

顽强拼搏，是指运动队在训练和竞赛中以获胜为导向的坚强意志和放手一搏的精神状态。顽强拼搏是女排精神的标志性特点。顽强拼搏意味着球场上一分一分地"死磕"，一场一场地"硬拼"，是拖不垮、打不倒。从袁伟民率领老女排的"勇猛顽强"，到陈忠和时期的"竭尽全力拼搏"，再到郎平提出的"有时候知道不会赢，也竭尽全力"，中国女排一直都展现着为实现世界冠军的梦想而英勇奋进、砥砺前行的拼搏精神。

（4）永不言败。

永不言败，是指树立了有价值的奋斗目标之后能坚持不懈地努力，永远不轻易放弃奋斗目标的行为及精神。即使在前进的路上遭遇了阶段性挫折和暂时的失败，仍然能够坚定前行的信心，永不妥协、不放弃地行动，专注而执着地去实现原有奋斗目标。它意味着运动队遇到挫折不放弃，在逆境中能坚持，在绝境中能够向死而生。

4. 女排精神与奥林匹克精神和中华体育精神

习近平总书记将女排精神概括为"祖国至上、团结协作、顽强拼搏、永不言败"的奋斗精神。从 1981 年中国女排在第 3 届世界杯上第一次夺得世界冠军起，中国女排开启了"五连冠"的辉煌岁月。在那个百业待兴的年代，女排姑娘们发扬了艰苦奋斗、顽强拼搏的精神，在国际赛场上一次次为国争光，让整个国家为之荣耀，让整个民族为之自豪，学习女排，振兴中华的口号响彻全国，给予全国人民极大的精神鼓舞。随着几代排球人的不懈努力，诞生于"五连冠"时期的女排精神不断得到传承和发扬。承载老女排精神的年轻一代中国女排，同样在国际赛场上不断披荆斩棘，斩获了一个又一个世界冠军，成为新一代中国青年的楷模和学习的榜样。中国女排在改革开放 40 多年中从一个巅峰走向另一个巅峰，既是中国社会巨大变革和飞速发展的亲历者、见证者，也是改革开放的建设者和同龄人。女排精神在与时代共振中不断得到传播与升华。

（1）女排精神诠释了奥林匹克精神。

女排精神诠释了奥林匹克精神。2023 年新修订的《奥林匹克宪章》对奥林匹克主义的界定是："奥林匹克主义是一种人生哲学，它将身体、意志和心灵的品质作为一个平衡的整体加以推崇和结合。奥林匹克主义将体育运动与文化和教育相结合，力求在奥林匹克运动范围内创造一种基于拼搏的快乐、良好

247

榜样的教育价值、社会责任以及尊重国际公认的人权和普遍基本伦理原则的生活方式。"奥林匹克新格言是"更快、更高、更强——更团结"。女排精神不仅与奥林匹克精神相契合，更是后者在中国大地实践和弘扬的生动写照。

（2）女排精神代表和传承着中华体育精神。

中华人民共和国成立以来，体育事业与祖国和人民同命运、共奋进，创造了一个又一个辉煌成就，形成了以"为国争光、无私奉献、科学求实、遵纪守法、团结协作、顽强拼搏"为核心内涵的中华体育精神。在中华体育精神的图谱里，女排精神占有重要位置，具有鲜明的时代感和震撼力。弘扬新时代的女排精神，就是传承和发扬中华体育精神。

（三）北京冬奥精神

1. 北京冬奥精神的提出

北京2022年冬奥会，是由中国举办的国际性奥林匹克赛事，于2022年2月4日精彩开幕，在2月20日圆满闭幕。在成功举办北京冬奥会之后，2022年4月8日，习近平总书记在北京冬奥会、冬残奥会总结表彰大会上指出："北京冬奥会、冬残奥会广大参与者珍惜伟大时代赋予的机遇，在冬奥申办、筹办、举办的过程中，共同创造了胸怀大局、自信开放、迎难而上、追求卓越、共创未来的北京冬奥精神。"

2. 北京冬奥精神的内涵

北京冬奥精神是中华民族宝贵的精神财富，也是激励全党全国各族人民在新时代更好坚持和发展中国特色社会主义、实现中华民族伟大复兴的强大精神动力。

（1）胸怀大局，勇于承担使命责任。

胸怀大局，就是心系祖国、志存高远，把筹办举办北京冬奥会、冬残奥会作为"国之大者"，以为国争光为己任，以为国建功为光荣，勇于承担使命责任，为了祖国和人民团结一心、奋力拼搏。

（2）自信开放，展现新时代中国形象。

自信开放，就是雍容大度、开放包容，坚持中国特色社会主义道路自信、理论自信、制度自信、文化自信，以创造性转化、创新性发展传递深厚文化底蕴，以大道至简彰显悠久文明理念，以热情好客展现中国人民的真诚友善，以文明交流促进世界各国人民相互理解和友谊。

（3）迎难而上，为了胜利勇往直前。

迎难而上，就是苦干实干、坚韧不拔，保持知重负重、直面挑战的昂扬斗志，百折不挠克服困难、战胜风险，为了胜利勇往直前。

（4）追求卓越，不断突破和创造奇迹。

追求卓越，就是执着专注、一丝不苟，坚持最高标准、最严要求，精心规划设计，精心雕琢打磨，精心磨合演练，不断突破和创造奇迹。

（5）共创未来，构建人类命运共同体。

共创未来，就是协同联动、紧密携手，坚持"一起向未来"和"更团结"相互呼应，面朝中国发展未来，面向人类发展未来，向世界发出携手构建人类命运共同体的热情呼唤。

第三节　我国体育文化建设

党的十八大以来，国家层面高度重视体育文化的发展，将其纳入国家文化发展的整体战略，作为实现中华民族伟大复兴的中国梦的重要力量。根据《"十四五"体育发展规划》，我国"十四五"期间的体育文化建设包括加强体育领域思想引领、落实意识形态工作责任制、丰富中华体育精神的时代内涵等几个方面，旨在促进体育文化健康繁荣发展，增强体育文化在现代社会中的活力和影响力。

一、加强体育领域思想引领

（1）学深悟透习近平新时代中国特色社会主义思想，坚持用党的创新理论武装头脑、指导实践、推动工作。始终同以习近平同志为核心的党中央保持高度一致，把学习贯彻习近平总书记关于体育的重要论述以及重要指示批示精神作为研究重大事项、重要工作的规定议程，认真编撰习近平总书记关于体育的重要论述摘编及学习读本。

（2）高度重视运动员、教练员等体育从业人员思想政治教育工作，严格落实党支部建在运动队上的要求，把好运动队建设的政治关。

（3）依托高等体育院校建立运动员思想政治教育研究与实践基地。组织编写《奥运冠军成长之路》系列读本。加强体育行业思想引领，充分发挥先进典型示范作用，汇聚起推动体育改革发展的强大力量。

二、落实意识形态工作责任制

（1）加强党对意识形态工作的领导，强化体育领域涉政治安全风险和意识形态风险防范，发扬斗争精神，严格落实意识形态责任制。加强运动员、教练员等体育从业人员队伍建设，强化警示教育，严格思想道德行为规范。

（2）加强体育宣传工作，讲好体育健儿顽强拼搏、为国争光的感人故事，践行社会主义核心价值观。持续开展"祖国在我心中"主题活动，结合党史学习教育，赓续红色血脉，增强拥护中国共产党领导和走中国特色社会主义道路的政治自觉、思想自觉和行动自觉。

三、丰富中华体育精神的时代内涵

（1）深入挖掘中国体育文化内涵，推动新时代中华体育精神与社会主义核心价值观深度融合，充分发挥体育在铸牢中华民族共同体意识中的促进作用。大力弘扬"祖国至上、团结协作、顽强拼搏、永不言败"的新时代女排精神和体育健儿"使命在肩、奋斗有我"的奋斗精神。

（2）以东京 2020 年奥运会、北京 2022 年冬奥会、巴黎 2024 年奥运会等重大国际赛事为契机，加强奥林匹克精神与中华体育精神教育，充分发挥各类媒体和传播手段在弘扬体育精神中的推动作用。加强运动员和青少年体育道德教育，培育和发展体育公益和志愿服务文化。

四、推动运动项目文化建设

（1）总结提炼运动项目的文化特征、组织文化和团队精神，形成各具特色的运动项目精神内核和文化标识。

（2）以"三大球"、乒乓球、羽毛球、游泳、马拉松等群众基础较好的运动项目为突破口，打造重点运动项目文化建设示范工程。培养和塑造具有良好社会形象、广泛社会影响的体育明星，发挥榜样作用。

五、加强体育文化创作及平台建设

（1）鼓励开展体育文学、体育音乐、体育雕塑、体育摄影、体育影视、体育动漫、体育标识等创作。加强体育融媒体建设，推动建立以内容建设为根本、先进技术为支撑、创新管理为保障的体育全媒体传播体系。组建中国体育传媒集团公司。

（2）推动中国体育博物馆新馆建设，做好体育文物藏品征集和收藏管理保护工作。支持各地建设体育博物馆、体育名人堂和体育档案馆，鼓励建设线上体育博物馆、红色体育博物馆。打造体育文化品牌活动，推动体育文化展示平台建设，促进中国体育文化博览会创新发展。

六、加强优秀传统体育项目保护利用和传承

（1）开展武术、围棋、象棋、龙舟等传统体育项目文化特质研究，加强中华传统体育项目的开发利用与活态传承，推动优秀传统体育文化创造性转化、创新性发展。

（2）以太极拳列入人类非物质文化遗产代表作名录为契机，加强体育非物质文化遗产档案、口述历史等资料的收集、整理、研究，出版系列图书。挖掘各地民族传统体育的节庆活动，大力开展具有民族特色的体育文化活动。

除了以上内容，《"十四五"体育发展规划》针对体育文化建设，还专门设置了"体育网络正能量建设工程""体育文化创作精品工程"专栏，具体内容如下。

体育网络正能量建设工程

坚持马克思主义在意识形态领域的指导地位，树立正确的价值导向，严格落实网络意识形态工作责任制，研究制订体育领域加强网络意识形态工作实施细则，密切关注体育领域热点敏感问题网上舆情，防范化解体育领域重大风险。

加强体育公众人物思想引领工作，强化属地管理和队伍管理，综合施策，积极稳妥做好体育相关人员网络舆情治理工作。

以国家队为重点，强化各级各类运动队思想政治教育工作，指导运动队正确使用自媒体，加强运动队日常政治学习和思想教育，引导广大运动员教练员端正思想认识，向社会传递更多正能量。

加强优质内容供给，用好用活青少年聚集的网络平台，运用微视频、动漫动画、慕课等新技术手段，创作更多青少年喜爱的体育文化产品，

打造社会影响力大、形象正面的明星运动员和教练员,传播体育正能量。

加强网络舆情研判,建立舆论热点主动发声机制。加强网络阵地建设,强化体育领域"饭圈"乱象治理。与相关主管部门建立舆情联动机制,有效引导网络舆论导向,及时处置重大舆情风险。

体育文化创作精品工程

鼓励和繁荣体育文艺创作,充分运用体育赛事活动、体育文化活动、城市雕塑、体育艺术节、各类会展等平台促进体育艺术创新,打造一批国家级、省市级的体育文化精品项目与品牌活动。

支持用好北京国际体育电影周和米兰国际体育电影电视节全球总决赛活动平台,推荐优秀体育影视作品参展、参选,组织、吸引更多社会机构和个人创作体育题材影视作品。

弘扬冰雪运动文化,加大对冰雪运动题材文艺作品支持力度,营造浓厚的冰雪运动文化氛围。

思考题

1. 体育文化的概念是什么?
2. 体育文化由哪些方面构成?
3. 中华体育精神是什么?它的内涵包括哪些内容?
4. 女排精神的内涵是什么?
5. 我国体育文化建设包括哪些方面?

推荐阅读

[1] 卢元镇.体育社会学(第三版)[M].北京:高等教育出版社,2010.

[2] 黄莉.中华体育精神研究[M].北京:北京体育大学出版社,2008.

[3] 黄莉.中华体育精神与体育强国梦[M].北京:北京出版社,2021.

[4] 国家体育总局编写组.深入学习习近平总书记关于体育的重要论述[M].北京:人民出版社,2022.

第十二章

现代奥林匹克运动

> 我们应该践行奥林匹克运动宗旨，持续推动人类进步事业。奥林匹克运动的目标是实现人的全面发展。要顺应时代潮流，坚守和平、发展、公平、正义、民主、自由的全人类共同价值，促进不同文明交流互鉴，共同构建人类命运共同体。
>
> ——习近平 2022 年 2 月 5 日在北京 2022 年冬奥会欢迎宴会上的致辞

学习提示

【内容提要】 现代奥林匹克运动的复兴、思想体系、组织体系、活动体系，以及现代奥林匹克运动在中国的发展等。

【学习目标】 通过本章内容的学习，初步掌握奥林匹克运动发展的历史轨迹、基本机构及其在中国的发展；初步了解当代国际体育的基本格局；培养独立分析国际体育中有关问题的能力；强化奥林匹克的教育功能，秉承奥林匹克宗旨，弘扬奥林匹克精神，树立正确的运动观，形成奥林匹克文化的价值认同。

【主要概念】 奥林匹克运动　奥林匹克主义　奥林匹克宗旨　奥林匹克精神

第一节　现代奥林匹克运动的复兴

一、现代奥林匹克运动的渊源

现代奥林匹克运动兴起于欧洲资本主义工业化时代，但其渊源却可以追溯到古希腊的奥林匹克运动会。

古奥运会每4年一届，从公元前776年有文字记载的第1届奥运会到公元394年，共举办了293届，历时1170年。古奥运会的举办地在奥林匹亚的阿尔提斯神域，这里是万神之王宙斯的最著名的宗教祭祀地，除赛马、赛车外，几乎所有古奥运会竞技比赛都在此举行。

古奥运会对运动员的资格有严格规定：参赛者必须是希腊血统的自由民；必须是道德上没有污点的人；必须经过10个月以上的训练，并于奥运会前在伊利斯进行过一个月的集中训练。古奥运会只设个人竞技项目，而且严格禁止妇女参加或观看比赛。

在最初的13届奥运会中，竞技比赛只有短跑一项，以后陆续增加了中长距离跑、五项竞技运动、摔跤、拳击、战车竞技、混斗、赛马、武装赛跑，以及少年竞技项目（表12-1）。古奥运会的会期最初只有1天，随着规模的扩大，会期被延长为5天。

表12-1　古希腊奥运会项目设置的演变过程

届次	年代	增设项目	届次	年代	增设项目
1	776 B.C.	短跑	33	648 B.C.	混斗、赛马
14	724 B.C.	往返跑	37	632 B.C.	少年场地赛跑、摔跤
15	720 B.C.	长跑	38	628 B.C.	少年五项竞技
18	708 B.C.	五项竞技、摔跤	41	616 B.C.	少年拳击
23	688 B.C.	拳击	65	520 B.C.	武装赛跑
25	680 B.C.	四马战车赛	70	500 B.C.	骡车赛

续表

届次	年代	增设项目	届次	年代	增设项目
71	496 B.C.	牝马赛	123	288 B.C.	马驹赛
88	428 B.C.	双马车赛	126	276 B.C.	双马驹车赛
91	416 B.C.	笛手赛、传令赛	145	200 B.C.	少年混斗
94	404 B.C.	四马驹车赛			

古奥运会各项比赛只取第一名，优胜者被视为英雄，享有极高的荣誉。优胜者回到各自城邦时，人们夹道欢迎英雄凯旋，并择日举行欢庆宴会，授予奖赏。最初的奖赏偏重于荣誉，以后逐渐发展成为优厚的物质奖赏并授予某种特权。

随着希腊城邦奴隶制的衰败，古奥运会逐渐衰亡。公元前146年，罗马人征服了希腊，古奥运会变成了罗马帝国的地方性竞技观赏会。公元394年，罗马皇帝狄奥多西一世立基督教为国教，禁止异教活动，古奥运会因此被废止。此后，经过多次洪水和地震的摧毁，古代奥运会遗址被埋于地下，古奥运会也逐渐被人们遗忘了。

古代奥运会虽然消失在历史的长河中，但它给人类社会留下了一笔宝贵的文化财富。它创造的竞技运动组织模式与奥林匹克理想和精神，对现代体育产生了深远的影响。

二、复兴古奥运会的尝试和国际奥委会的成立

早在文艺复兴时期，人文主义者在批判基督教的禁欲主义、宣传古奥运会精神的同时，就对复兴古代奥运会进行了小型分散的试验。瑞典伦德大学教授G.J.斯卡图于19世纪30年代在拉姆列斯疗养地举办过两次"斯堪的纳维亚奥林匹克运动会"；1844年，加拿大蒙特利尔举办了为期两天的"蒙特利尔奥运会"；1849年，英国的W.P.布鲁克斯博士在马克温奇洛开始举办"奥林匹亚运动会"；1859—1889年，希腊先后举办五届"泛希腊奥运会"。然而，这些复兴古代奥运会的尝试，或由于组织不善，或囿于地域性，都没有得到进一步的发展，真正使复兴奥运会的梦想变为现实的，是法国教育家皮埃尔·德·顾拜旦。

1863年，顾拜旦出生于法国巴黎一个古老的贵族家庭。他喜欢体育运动，

年轻时曾前往英国，学习当时先进的英国资产阶级的教育制度和体育形式，并提出了许多改革教育制度、发展体育活动的建议，引起了官方的注意。1892年11月25日，在法国体协联成立5周年庆祝大会上，顾拜旦发表演说，第一次公开其复兴奥运会的构想。

1894年1月，顾拜旦向欧洲大陆、美洲和英联邦国家的一些体育人士和体育俱乐部发出邀请，请他们出席在1894年巴黎国际博览会期间召开的国际体育会议，研究创办奥运会的问题。1894年6月16日，"国际体育运动代表大会"在巴黎索邦神学院隆重开幕。到会代表79人，代表着12个国家的49个体育组织。6月23日，大会通过成立国际奥林匹克委员会的决议，并决定由奥运会举办国的国际奥委会委员轮流担任国际奥委会主席。由于首届奥运会将于1896年在古奥运会的发源地希腊雅典举行，因此希腊人泽麦特里乌斯·维凯拉斯任国际奥委会第一任主席，顾拜旦为秘书长。

大会批准了由顾拜旦草拟的第一部《奥林匹克章程》。该章程确定了国际奥委会的宗旨、职能和制度；规定每隔四年在某个国家的大城市举行奥运会。章程还规定奥运会的比赛项目为田径、水上运动（包括帆船、划船、游泳）、击剑、摔跤、拳击、马术、射击、体操、球类运动等。国际奥委会的成立，标志着奥林匹克运动的诞生。

三、首届现代奥运会的成功举办

国际奥委会成立后立即开始筹备第1届奥运会。最初，世界舆论反应积极，但是不久，德国和英国报刊首先发表文章，对即将到来的奥运会表示担心。原来，当时的国际政治舞台上形成轴心国和同盟国两个对立的政治集团，德国与法国分属两边。德国政府为了扩大自己的影响，曾经花费巨资发掘奥林匹亚，他们对属于同盟国的法国直接参与创立的国际奥委会自然感到很不称心。因此，在围绕应否参加奥运会的问题上，德国体育组织内部争吵不休，德国报界也支持反对顾拜旦的活动。此外，这届奥运会在财政方面也遇到了麻烦，由于财政困难，希腊政府对国际奥委会的决议反应冷淡，并于1894年秋发表声明，强调国家预算困难而不能承办奥运会。

顾拜旦采取双管齐下的外交策略，一方面，通过外交途径向匈牙利政府建议，利用匈牙利建国千年庆典承办第1届奥运会；另一方面，又通过希腊国王和反对党，向希腊政府施加压力，促使其改变立场。1894年10月，顾拜旦前往雅典，施展他的外交才能，在希腊王储和反对党之间积极活动。外交活动终于奏效，希腊王储被顾拜旦说服，答应如期举办奥运会，并接手筹备工作。

为了解决举办奥运会的财政问题，希腊政府对奥运会组织工作免除税收，并以发行纪念邮票的形式资助40万德拉克马，开创了发行奥运会邮票的历史。希腊各地掀起募捐运动，共募得30多万德拉克马，继而希腊富商乔治·阿维罗夫捐赠100万德拉克马巨款，以承担在古竞技场废墟上重建一座大理石运动场的费用。财政问题逐步解决，奥运会筹备工作顺利进行。希腊国家奥委会于1895年8月正式宣布第1届奥运会的举行日期，并邀请世界各国运动员来雅典参加盛会。在这种形势下，虽然德国体操协会仍然抱抵制态度，但德国体育界内出现一大批奥运会的支持者，德国体育组织迫于压力，也决定参加奥运会。

国际奥委会经受住了政治、财政等困难的考验，1896年4月6—15日，第1届奥运会终于如期在雅典举行。来自14个国家的241名运动员参加了田径、游泳（包括跳水）、举重、摔跤、体操、自行车、射击、击剑等43个项目的竞赛。第1届奥运会虽然还很不正规，且暴露出一些缺点，如没有邀请殖民地国家参加、妇女被排斥于奥运会之外等。但奥林匹克运动终于登上了历史舞台。

第二节　现代奥林匹克运动的思想体系

奥林匹克运动经历百年而越加蓬勃兴旺，其重要原因之一就是它在发展过程中逐渐形成了以奥林匹克主义为核心的思想体系，使奥林匹克运动有了比较坚实的思想基础，使各种奥林匹克活动有了明确的指导方针。从某种意义上讲，奥林匹克运动的思想体系构成了这一运动的灵魂。

一、奥林匹克主义

《奥林匹克宪章》是国际奥委会的章程，是奥林匹克运动组织、管理与发展的根本原则和根本遵循。2023年10月15日，国际奥委会第141次全会通过了《奥林匹克宪章》修正案。修订后的"奥林匹克主义基本原则"更加尊重人权，并增加了有关奥运会上运动员、团队官员和其他人员言论自由的规定内容。同时，放宽了运动员在奥运会期间个人赞助等曝光行为的严格限制。

奥林匹克主义的中心思想是人的和谐发展。由于现代社会中，人的片面发展在很大程度上是由人们的生活方式造成的，因此奥林匹克主义明确地宣布它是一种"人生哲学"，旨在使人的身体、意志和精神等素质得到全面的提高和统一。奥林匹克主义将体育与文化和教育融为一体，力求在奥林匹克运动范围内创造一种基于拼搏的快乐、良好榜样的教育价值、社会责任，以及尊重国际公认的人权和普遍基本伦理原则的生活方式。奥林匹克主义的目标是通过体育运动实现人的和谐发展，构建关心维护人类尊严的和平社会。体育的发展应该尊重人权，每个人都必须有不受歧视，本着友谊、团结和公平竞争的奥林匹克精神相互理解，参加体育运动的权利。同时，所有参加奥林匹克运动会的运动员、团队官员或其他人员均应享有符合奥林匹克价值观和奥林匹克主义基本原则及国际奥委会执委会确定的指导方针的言论自由。奥林匹克主义还总结到，要想使体育运动发挥其促进人全面发展的功能，实现其改造社会的目标，有两个前提条件必须满足，即与教育融为一体，与文化紧密结合。奥林匹克运动的主要对象是全世界的青少年。青少年群体有极大的可塑性和模仿力，他们羡慕英雄、崇拜英雄，而且渴望成为英雄。奥林匹克主义抓住了这种特点，将树立"良好的榜样"作为一种重要的教育方式，力图给全世界的青少年提供奥林匹克选手——这些活生生的现实中的英雄，让他们去模仿、去学习。通过对奥运选手的学习，取得教育效果。

二、奥林匹克宗旨

奥林匹克运动的宗旨："通过没有任何歧视、具有奥林匹克精神——以友谊、团结和公平精神互相了解的体育活动来教育青年，从而为建立一个和平的、更美好的世界作出贡献。"

自从人类进入文明社会以后，在长达数千年的历史中，国家之间政治制度的矛盾、经济利益的冲突、意识形态的差异、民族文化的隔阂、宗教信仰的不同等种种因素，曾经驱使各民族无数次在战场上兵戎相见。奥林匹克运动以化干戈为玉帛为宗旨，世界上所有的国家和民族，不分肤色与种族，不分国家与地域，大家以诚相见，以情相娱。奥林匹克运动力图通过增进各国人民之间的互相了解，在不同民族、不同文化的人们之间建立起友谊的桥梁，来促进世界和平，减少战争的威胁。奥林匹克运动的宗旨与人类社会正义事业所要达到的目标是一致的，在一定程度上满足了现代国际社会的需要，对进入现代社会以来的人类有直接的现实意义。奥林匹克运动的这个宗旨，使它成为世界和平事业的一个重要组成部分，确定了它在当代国际社会中的重要地位。

三、奥林匹克精神

奥林匹克精神是"互相了解、友谊、团结和公平竞争的精神"。从奥林匹克思想体系的整体结构来看，奥林匹克精神是这一体系中不可缺少的组成部分。没有互相了解、友谊、团结和公平竞争的奥林匹克精神，奥林匹克主义就不可能得到贯彻，奥林匹克运动也无法实现其促进世界和平和建立美好世界的目标。

奥林匹克运动是国际性的运动，奥林匹克运动会是世界各国运动员的大聚会，这种空前规模的大聚会，首先遇到的一个不可避免的问题就是各种文化之间的差异。来自各个国家的运动员、教练员、体育官员、工作人员具有不同的肤色，穿着不同的服装，说着不同的语言，习惯于不同的生活方式，进行不同的宗教仪式，用不同的行为表达自己的喜怒哀乐。他们之间这些种族和文化方面的差异，常常会因为各个国家之间在政治体制、经济制度和意识形态等方面的冲突而被强化。如果处理不妥，奥林匹克运动不仅不能实现其促进世界和平的神圣目的，反而会妨碍世界上各国家间的沟通，加深民族之间的隔阂。因为奥林匹克运动，特别是四年一度的奥运会，从某种意义上讲是将世界上所有的文化面对面地集中在一个狭小的空间和时间范围，因此，不同文化间的差别尤为引人注目。差异就是矛盾，矛盾就有可能发生冲突。必须有一种方法，来消除这种矛盾的负作用，使这些差异成为促进人们互相交流的动因，而不是各自封闭的藩篱；使这些矛盾成为互相学习的动力，而不是互相轻视的诱因。人们参与奥林匹克运动是为了互相学习交流，而不是互相排斥。因此，它需要一种文化氛围和精神境界，使人们可以比较容易地跨越文化心理上的障碍，学会容忍、欣赏和借鉴别的文化，进而促进文化的世界性交流与交融。

奥林匹克精神强调友谊、团结、互相了解，其目的就在于为奥林匹克运动提供一种必不可少的文化氛围和精神境界。只有在这种氛围中，人们才有可能摆脱各自的文化带来的种种偏见，在不同文化的展现中看到的不是各种文化之间的差异、矛盾与冲突，而是人类文化百花齐放、千姿万态的壮丽图景。有了这种精神境界，人们才能跳出各自狭小的民族局限，以世界公民的博大胸怀，去认识和理解自己民族以外的事物，领悟到各个民族都有着神奇的想象力和巨大的创造力，学会尊敬其他民族，从而以比较客观和公正的态度看待别人和自己。只有这样，才能更加深刻地认识自己，虚心地吸取其他文化的优秀成分，不断丰富自己。也只有这样，奥林匹克运动所提倡的国际交流才能真正得以实现。

奥林匹克运动以体育，特别是竞技体育作为它的主要活动内容。竞技体育具有多种教育功能和文化娱乐功能，它的一个突出特点就是具有鲜明的比赛性和对抗性。在剧烈的身体对抗和比赛中，运动员的身体、心理和社会公德可以得到良好的锻炼，观众也可以得到健康的娱乐享受。但是竞技体育的这些功能的发挥需要一个不可缺少的条件，那就是公平竞争。只有在公平竞争的基础上，竞争才有意义，各国运动员才能保持和加强团结、友爱的关系，奥林匹克运动才能实现它的神圣目标。因此，《奥林匹克宪章》将公平竞争列为奥林匹克精神的一个因素也是非常重要的。

四、奥林匹克格言与名言

奥林匹克运动的格言是"更快、更高、更强——更团结"。"更快、更高、更强"是顾拜旦的好友、巴黎阿奎埃尔修道院院长亨利·迪东在其学生举行的一次户外运动会上，鼓励学生们时说的："在这里，你们的口号是：更快、更高、更强。"顾拜旦借用过来，成为奥林匹克格言。这句话充分表达了奥林匹克运动不断进取、永不满足的奋斗精神。2021年7月20日，国际奥委会第138次全会表决通过，同意在奥林匹克格言"更快、更高、更强"之后再加入"更团结"，本次修改，也是奥林匹克格言108年来的首次修改。"更团结"是人类对奥林匹克和平理想的深切呼唤，寄予奥林匹克大家庭成员在21世纪以更加空前的团结去推动人类社会的和平与发展。

奥林匹克运动还有一句广为流传的名言："重要的是参加，而不是取胜。"这句话虽然不是奥林匹克格言，但是具有广泛的影响。这句话来源于1908年在伦敦的圣·保罗大教堂一次宗教仪式上宾夕法尼亚主教的一段话："在奥林匹克运动会上，取胜不像参加那样重要。"主教的话引起了在场的顾拜旦的深深思索。后来他说出了几乎是同样的话："在奥林匹克运动会上，重要的不是取胜，而是参加。"

用辩证的观点看奥林匹克运动的格言和名言，这两句话是相辅相成的。竞技运动的训练和比赛是一个过程，胜负作为这个过程的结果，只属于更快、更高、更强者。但是，竞技运动的功能和价值主要表现于训练和比赛的过程，而不是它的结果。正是在艰苦的训练和顽强的比赛的过程中，运动员的身体得到锻炼，意志得到磨砺，品德得到提高，也正是在比赛的过程中，观众欣赏到了运动员健与力的美、技术与战术的高妙，观众的心绪随着比赛过程的起伏而跌宕，从而满足了他们的文化需要。所谓"重要的是参加，而不是取胜"正是说明了训练、竞赛过程比其结果更为重要这个道理。

第三节　现代奥林匹克运动的组织体系

奥林匹克主义的思想体系能够得到贯彻，奥林匹克运动的各种活动能够付诸实施，是因为奥林匹克运动有一个结构完备、功能齐全的组织体系。它主要由国际奥委会、国际单项体育联合会和各个国家或地区的奥委会三部分组成。这三者通常被称为奥林匹克运动组织的三大支柱，它们互相配合、相辅相成，使奥林匹克运动得以正常运行。

一、国际奥委会

国际奥委会是国际性、非政府、非营利的组织。它的总部位于瑞士洛桑，于1981年9月17日得到瑞士联邦议会的承认，是无限期存在的具有法人资格的协会，正式语言是法语和英语。

国际奥委会是奥林匹克运动的最高权力机构，按照《奥林匹克宪章》领导奥林匹克运动，享有对奥运会和奥林匹克标识的全部权利。国际奥委会有权撤销对国际单项体育联合会的承认，从奥运会比赛项目中撤销运动大项、分项或小项；有权取消对国家奥委会的承认；有权取消奥运会组委会承办奥运会的权利；具有对一切参与奥运会的违章人员，从运动员、裁判员到代表团官员、管理人员进行处分的权利。

国际奥委会自行遴选其认为合格的人士为委员。1999年12月，国际奥委会第110次全会将委员总人数限定在115名内，其中个人身份委员70人；运动员委员15人；国际单项体育联合会负责人委员15人；国家奥委会或大洲奥林匹克组织负责人的委员15人。

国际奥委会全体会议是国际奥委会的最高权力机构，它有权通过、修改和解释《奥林匹克宪章》；选举国际奥委会委员、名誉主席、名誉委员及荣誉委员；选举国际奥委会主席、副主席和执委；遴选主办奥运会城市；批准国际奥委会的年度报告和账目；确定国际奥委会的审计者；决定给予或撤销对国家奥委会及其协会、国际单项体育联合会及其协会的承认；开除国际奥委会委员，取消授予的名誉主席、名誉委员及荣誉委员称号；处理法律或《奥林匹克宪章》有关的其他事宜。国际奥委会全会每年至少举行一次，在奥运会年举行两次。

主席是国际奥委会的法人代表，主持国际奥委会的全部活动。国际奥委会委员以无记名投票方式选举主席1人，主席任期为8年，只可连任一届，任期4年。国际奥委会先后有8任主席，分别是希腊人维凯拉斯（1894—1896年）、法国人顾拜旦（1896—1925年）、比利时人巴耶-拉图尔（1925—1942年）、瑞典人埃德斯特隆（1942—1952年）、美国人布伦戴奇（1952—1972年）、爱尔兰人基拉宁（1972—1980年）、西班牙人萨马兰奇（1980—2001年）、比利时人罗格（2001—2013年）和现任主席德国人巴赫（2013年至今）。

二、与奥林匹克运动有关的国际单项体育联合会

国际单项体育联合会是在世界范围内管辖一项或几项运动项目并接纳若干管辖这些项目的国家和地区级团体的非官方的国际性组织。大多数国际单项体育联合会仅管理一项体育运动（如国际篮联、国际拳联），而有些国际单项体育联合会则管理多个运动项目，如国际游泳联合会不仅管理游泳，而且管理跳水、水球和花样游泳。国际单项体育联合会具有管理其运动项目的独立性和自主权，但是如果要得到国际奥委会的承认，其章程和活动须与《奥林匹克宪章》一致。根据《奥林匹克宪章》的规定，国际单项体育联合会在奥林匹克运动中的主要任务是负责它所管辖的运动项目的技术和行政管理方面的工作。其具体作用是，制订并推行本运动项目的规则，并保证该项目在全世界的开展；制定奥运会参赛标准；负责本项目的技术监督和指导。

在巴黎2024年奥运会周期，获到国际奥委会承认的国际单项体育联合会共有75个，其中列入奥运会项目的国际单项体育联合会有39个，未列入奥运会项目的有36个。

三、国家奥委会

国家奥委会是按照《奥林匹克宪章》的规定建立起来，并得到国际奥委

会承认的负责在一个国家或地区开展奥林匹克运动的组织。国家奥委会是奥林匹克运动的基本功能单位，是一个国家或地区奥林匹克运动唯一合法的组织者与领导者。需要注意的是，国家奥委会名称中"国家"并非指通常意义上的国家，而是指"按国际奥委会全权判断认定是一个被承认的国家奥委会的地域的任何国家、州、地区或地区中的一部分"。

《奥林匹克宪章》对国家奥委会的任务、作用、组成、名称、使用的标志等方面做了具体而详细的规定。国家奥委会只有完全符合这些规定才能得到国际奥委会的承认。

国家奥委会担负着依据《奥林匹克宪章》在各自国家或地区发展和维护奥林匹克运动的重大任务。其具体职能是宣传奥林匹克主义的基本原则；保证《奥林匹克宪章》在本地得到遵守；促进运动技术水平及群众体育的发展；培训体育管理人员，保证这些培训有助于传播奥林匹克主义的基本原则；维护体育道德；选定适于举办奥运会的城市，组织和领导各自代表团参加奥运会和国际奥委会赞助的地区、洲或世界性的综合运动会。

截至2023年，被国际奥委会承认的国家和地区奥委会已达206个，遍及全世界，它们在奥林匹克运动中起着重要作用。

四、国际奥委会与国际单项体育联合会和国家奥委会之间的关系

奥林匹克运动三大支柱的关系是，在国际奥委会领导下互相协调、互相配合。《奥林匹克宪章》以法律条文的形式，将各方的权利、任务加以明确规定。

一是权力高度集中于国际奥委会。《奥林匹克宪章》以明确无误的语言将奥林匹克运动一切重要的权力集中于国际奥委会。国际奥委会可以撤销对国际单项体育联合会的承认；可以从奥运会比赛项目中撤销运动大项、分项或小项；对国家奥委会有取消对其承认的权利；对组委会也有取消其承办奥运会的权利。不仅如此，国际奥委会还具有对一切参与奥运会的违章人员，从运动员、裁判员到代表团官员、管理人员进行处分的权利。

二是在三大支柱组织中保持必要的人员重复。国际奥委会、国际单项体育联合会和国家奥委会的机构中有相当程度的人员重复，即一个组织的成员同时也在另外两个组织中担任职务。1999年国际奥委会全会规定，在国际奥委会

的委员中，来自国际单项体育联合会和国家奥委会的委员各有15人，并将此写入《奥林匹克宪章》，这就在组织结构上保证了三大支柱你中有我、我中有你的交叉态势，有利于加强组织间的沟通。

三是在国际奥委会握有最高权力的前提下，加强协商。国际奥委会与国际单项体育联合会和国家奥委会的协商沟通的主要渠道是三种会议：奥林匹克代表大会、国际奥委会执委会与国际单项体育联合会的联席会议、国际奥委会执委会与国家奥委会的联席会议。另外，在一些重要活动中，如在申办城市调查委员会中也吸收了国际单项体育联合会和国家奥委会的代表参加。

四是利益分享。国际奥委会通过"奥林匹克营销计划"，对出售奥运会电视转播权和标识的收益进行分配，并通过奥林匹克团结基金的渠道，给国际单项体育联合会和国家奥委会以越来越多的经济支持。

第四节　现代奥林匹克运动的活动体系

100多年来，国际奥委会与各国际单项体育联合会、各国家奥委会及各方面的人士密切合作，大胆地创新与设计，逐步地改进与完善，使奥林匹克运动有了丰富多彩的活动内容与形式。这些活动在奥林匹克主义的指导下，贯穿一气，形成了具有鲜明特色的奥林匹克活动体系。

一、奥林匹克运动会

在奥林匹克运动的众多活动中，4年一度的奥林匹克运动会，简称"奥运会"，无疑是核心内容。奥运会不仅对实现奥林匹克运动的目标有极其重要的作用，而且对奥林匹克运动的各项活动有巨大的促进作用。

奥运会分为夏季奥运会和冬季奥运会，1992年前，在同一年举办。自1992年开始，夏季奥运会依然在每个奥林匹克周期的第一年举办，冬季奥运会则改为在奥林匹克周期的第三年举办。

竞技运动比赛是奥运会的主要内容，分为运动大项、分项及小项。2014年12月8日，在摩纳哥召开的国际奥委会第127次全会通过了《奥林匹克议程2020》(Olympic Agenda 2020)改革方案，提出将夏奥会的小项限定为310项以内，冬奥会的小项限定为100项以内，在该届奥运会大项确定的前提下（由国际奥委会全会在主办城市选举前确定），奥运会组委会有权建议增加 1 个或多个小项，在奥运会正式举办前三年交由国际奥委会执委会决定。这种改革方案极大地突破了原有《奥林匹克宪章》对奥运会项目 35 个（夏奥会 28 个，冬奥会 7 个）大项的限定，使更多达到国际奥委会筛选标准的项目得到登上奥林匹克舞台展示的机会，体现了奥林匹克整体项目的灵活性，以及体育项目的丰富延展性，最终有利于推动奥运会在多元文化世界的可持续发展。

为了反映国际奥委会长期致力于设立更为年轻化与性别均衡的奥运项目，北京 2022 年冬奥会新增了 7 个小项：女子单人雪车、短道速滑混合团体接力、跳台滑雪混合团体、自由式滑雪大跳台（男子、女子）、自由式滑雪空中技巧混合团体和单板滑雪障碍追逐混合团体；而巴黎 2024 年奥运会，在继续保留东京奥运会新增的滑板、攀岩、冲浪项目基础上，正式将霹雳舞列为比赛项目；洛杉矶 2028 年奥运会将新增棒垒球、板球、棍网球、壁球和腰旗橄榄球 5 个项目。2023 年 10 月 15 日，第 141 届国际奥林匹克委员会全会在印度孟买开幕，国际奥委会主席巴赫在致辞时表示："我已经要求新的国际奥委会电子竞技委员会研究创办奥林匹克电子竞技运动会。"随着项目设置的增减，奥运会正在朝着年轻、时尚、活力的方向，不断进行自我更新。

二、残疾人奥林匹克运动会

残疾人奥林匹克运动会，简称"残奥会"，始办于 1960 年，是由国际奥委会和国际残疾人奥林匹克委员会专为残疾人举行的世界大型综合性运动会，每 4 年于夏季奥运会后举办一届，迄今已举办过 16 届。自 1976 年起，开始举办冬季残疾人奥林匹克运动会，迄今已举办了 13 届。

残疾人奥林匹克运动始于第二次世界大战结束后的 1948 年。当时，英国神经外科医生路德维格·格特曼爵士和一些热心于残疾人事业的知名人士，在伦敦奥运会期间组织了由轮椅运动员（多为脊椎伤残的第二次世界大战老兵）参加的比赛，称为斯托克曼德维尔运动会。

1952 年，荷兰退役军人也加入了残疾人奥林匹克运动，于是成立了国际斯托克曼德维尔运动会联合会，在英国的斯托克曼德维尔首次举办了国际残疾人运动会，当时只有两个国家的 130 名运动员参赛。以后该赛事固定下来，每年都举办国际斯托克曼德维尔运动会，至 1959 年，实际上已举行了 8 届国际残疾人运动会。

经过英国的路德维格·格特曼爵士和意大利的安东尼娅·马里奥教授为期两年的精心组织策划，1960年，在罗马第17届奥运会结束两周后，来自世界23个国家的400名残疾人运动员参加了在罗马举行的第1届"残疾人奥林匹克运动会"。这届运动会后来被正式承认为第9届国际斯托克曼德维尔运动会。而"残疾人奥林匹克运动会"这一称谓，一直到1984年才得到国际奥委会的正式批准。

残疾人奥林匹克运动会进行比赛时，按照一套预先制定好的分类和分级标准，残疾性质和残疾程度不同的运动员分别参加不同类别和级别的角逐。

从1964年起，国际奥委会决定由举办夏季奥运会的国家承办残疾人奥运会，但举办地点可不在同一城市。直到1988年，国际奥委会作出新的规定，夏季奥运会和残疾人奥运会必须在同一城市举行。2000年6月19日，国际奥委会与国际残疾人奥委会又达成新的协议：从2008年夏季残奥会和2010年冬季残奥会开始，残奥会不仅将在奥运会之后于相同城市举行，并应使用相同的运动场馆和设施。

三、青年奥林匹克运动会

青年奥林匹克运动会，简称"青奥会"。它是一项专为年轻人设立的体育赛事，揉和了体育、教育和文化等领域的内容，并将为推进这些领域与奥运会的共同发展起到催化剂的作用。

青奥会每4年一届。夏季青奥会最长12天。2001年，国际奥林匹克委员会主席雅克·罗格提出了举办青奥会的设想。国际奥委会在2007年7月5日于危地马拉城举行的第119次国际奥委会全会上一致同意创办青奥会。首届青奥会在新加坡举行。

青奥会旨在聚集世界范围内所有的具有天赋的青年运动员（参赛选手的年龄应在14～18岁）以组织一项具有高度竞技水平的赛事。此外，还应该在奥林匹克精神方面成立一项具有教育意义的项目，让青年们从运动中收获更加健康的生活方式。

青奥会比赛项目主要以奥运会项目为主。此外，它还包括令人兴奋的新兴运动项目，如霹雳舞、攀岩、3人制篮球、3人制冰球，以及男女混合项目和国家奥委会混合项目等。

青奥会除了体育竞赛，更加注重在运动会举办期间的教育与文化活动。这包括关于奥运价值观的教育互动和论坛，讨论如何通过健康的生活方式和反对使用毒品，使青年人成为真正的具有体育精神的人。互动活动将由著名冠军和来自教育、体育、文化界的国际专家共同开展，他们以自己丰富的经验直接指导年轻运动员正确处理相关的社会问题等。这些活动还将通过网聊和博客与外界互动。

四、奥林匹克大众体育活动

奥林匹克运动的大众体育活动集中体现在奥林匹克日活动中。《奥林匹克宪章》明确指出：奥林匹克运动的宗旨之一就是吸引尽可能多的民众参加体育运动。为了达到这一目的，1948年1月，国际奥委会在圣莫里茨举行的第42次全会上决定，以后在每年的6月23日举行世界性庆祝活动，纪念国际奥委会诞生的日子，以此宣传奥林匹克理想，推动大众体育的开展。这就是"奥林匹克日"。当年6月23日举行了首次奥林匹克日活动，参加的国家有葡萄牙、希腊、奥地利、加拿大、瑞士、英国、乌拉圭、委内瑞拉和比利时。此后，在每年的6月17—24日，各个国家或地区奥委会都要组织各种庆祝活动。

1987年在国际奥委会大众体育委员会的倡议下，开始举行奥林匹克日长跑活动，目的是进一步促进大众体育的开展。长跑的距离因性别、年龄的不同而异，平均距离约为10千米。随着这项活动的规模和影响日益扩大，一些残疾人也加入进来。参加者可获得由国际奥委会主席签名的一份证书和由体育产品工业世界联合会提供的T恤衫作为纪念。举办奥林匹克日活动的国家奥委会可以得到国际奥委会团结委员会的资助。许多国家除举办长跑活动外，还组织自行车、足球、排球等体育比赛，并开展文娱表演活动。中国积极响应国际奥委会的号召，也举行以长跑为主的各种群众性体育活动，以纪念奥林匹克日。

各国的奥林匹克日活动，除了能得到国际奥委会的赞助之外，每个国家还可申请得到1000份由国际奥委会主席签名的参加证书和1500美元经费。自1989年起，可口可乐公司一直是奥林匹克日长跑活动的赞助者。

第五节　中国与现代奥林匹克运动

一、现代奥林匹克运动在中国的初期传播

1840年鸦片战争以后，中国社会经历了一系列急剧的变化，在这些社会变革中现代体育得以引进、传播和逐步开展。现代体育起初在教会学校中开展，后来列入学校教育计划，最后走向社会，竞技运动也不断有所发展。在此期间，举办各种校际比赛和校际运动会、各大区运动会、全国运动会，以及参加远东运动会和奥运会，中国早期的奥林匹克运动在艰难困苦的环境中，逐渐向前缓慢地发展。

中国人最初是通过媒体了解奥运会的。最初的两届奥运会没有引起中国媒体的注意。1904年第3届奥运会在美国圣路易斯举行，一些中国报刊报道了这届奥运会的消息，但是未能在社会上引起反响。其后，随着竞技运动在中国学校和一些城市的开展，奥运会才逐渐引起社会的关注。1907年以后，基督教青年会和教会学校的一些人士开始在社会上宣传奥运会。同年10月24日，著名教育家、体育家张伯苓先生在天津青年会第5届学校运动会的闭幕式上发表了以奥林匹克为主题的演说，他提出，中国应加紧准备，争取早日参加奥运会。这是中国著名人士首次公开提出中国参加奥运会的问题，产生很大反响。

1922年6月，国际奥委会第21届全会在法国巴黎召开，选举王正廷为中国首位国际奥委会委员，中国与国际奥委会建立起了直接联系。1924年8月，中华全国体育协进会成立。1928年，第9届奥运会在荷兰阿姆斯特丹举行。经国际奥委会批准，中华全国体育协进会获准派团参加。但由于经费短缺，只派出宋如海一人作为观察员出席。这是中国首次派人出席奥运会。1931年6月，在西班牙巴塞罗那召开的国际奥委会第30届全会上，中华全国体育协进会被正式承认为国际奥委会团体会员，成为国际奥委会承认的中国奥林匹克组织，行使中国奥委会的职能。从此，中国的体育运动发展与国际奥林匹克运动全面接轨，并积极参与国际奥委会的一些重大比赛活动。

1932年，第10届奥运会在美国洛杉矶举行，中国首次派出一个由3人组成的代表团参赛，运动员仅刘长春一人，这是中国正式派运动员参加奥运会比赛。这次出征虽然成绩不佳，但向世界宣告了中国奥林匹克运动的存在。

1936 年，第 11 届奥运会在德国柏林举行，中国选派了 69 名运动员前往参赛，并派出一个武术表演团和一个由 34 人组成的体育考察团前往观赛。除符保卢一人进入撑竿跳高的复赛外，其他运动员均在预赛中被淘汰，但中国代表团的武术表演引起各国体育界人士的极大兴趣。1948 年，第 14 届奥运会在英国伦敦举行。这是因第二次世界大战中断 12 年后举行的首届奥运会。中国派出了由王正廷为总领队，董守义为总干事和 33 名运动员组成的代表团。由于经费不足，足球队和篮球队双双采取先赴南洋举行表演比赛的办法，靠门票收入补贴路费。此次中国代表团参加了田径、足球、篮球、游泳和自行车 5 个项目的比赛，结果无一进入决赛。1949 年中华人民共和国成立前，中国运动员共参加了 3 届奥运会，均成绩不佳。

二、现代奥林匹克运动在新中国的艰难发展

1949 年中华人民共和国成立以来，中国社会的政治、经济、文化等各个方面发生了一系列较为深刻的变化。社会的变化给体育的发展创造了良好的条件，奥林匹克运动在中国开始了新的历程。

1952 年 7 月 19 日，第 15 届奥运会在芬兰赫尔辛基举行。经过一系列紧张而激烈的交涉，直到奥运会开幕前一天，中国才接到第 15 届奥运会组委会发出的邀请信。7 月 23 日，中国代表团宣告成立，7 月 29 日上午 11 点，代表团到达赫尔辛基机场，当天中午举行了升旗仪式，五星红旗首次在奥运村冉冉升起。飘扬在奥运会会场上空的五星红旗向全世界表明了中华人民共和国有参加奥运会的合法权利，同时表达了中国人民热爱和平，同全世界人民加强友谊的良好愿望。

1954 年，国际奥委会第 49 次全会再次讨论中国代表权问题，以 23 票对 21 票通过决议，承认中华全国体育总会为中国国家奥委会。但是，国际奥委会主席布伦戴奇却未经讨论，将中国台湾的体育组织以"中华民国"的名义继续列入被国际奥委会承认的国家奥委会之中，这就违背了《奥林匹克宪章》关于一个国家只能有一个奥委会的规定，中国提出抗议，要求取消对所谓台湾"奥委会"的承认。

为了抵制"两个中国"的阴谋，维护国家主权，1958 年 8 月 19 日，中国奥林匹克委员会（中华全国体育总会）发表声明，宣布断绝与国际奥委会的关系。与此同时，中华全国体育总会出于同样的原因，宣布退出国际游泳、田径、篮球、举重、射击、摔跤、自行车联合会及亚洲乒乓球联合会 8 个国际体

育组织。

在与国际奥委会的关系断绝后，为促成中国在国际奥委会席位问题的合理解决，中国体育界与国际体坛的有识之士进行了不懈的努力。1971年3月，中国运动员赴日参加第31届世界乒乓球锦标赛，借此启动了著名的"乒乓外交"，打破了中、美两国外交关系的坚冰，改善了中国的国际关系。1971年10月25日，第26届联合国大会以压倒多数通过恢复中华人民共和国合法席位的决议。外交上的重大成就与国际关系的不断改善，为恢复中国在国际奥委会及其他国际体育组织的合法席位创造了有利条件。

1979年10月25日，国际奥委会执委会在日本名古屋市举行会议，通过了恢复中国在国际奥委会合法席位的决议，批准了波多黎各会议的有关建议。确认代表全中国奥林匹克运动的是中华人民共和国奥委会，正式名称为"中国奥林匹克委员会"，会址北京，使用中华人民共和国的国旗与国歌；设在台北的奥委会将作为中国的一个地方性机构留在国际奥委会内，其正式名称为"中国台北奥林匹克委员会"，会址台北，不得使用原来的旗、歌和会徽，其新的会旗、会歌和会徽均须经国际奥委会批准。国际奥委会执委会将这些决定提交给全体委员以通讯表决的方式投票。

1979年11月26日，国际奥委会在瑞士洛桑宣布，经国际奥委会全体委员通讯表决，以62票赞成、17票反对、2票弃权批准了国际奥委会执委会在日本名古屋会议上通过的关于中国代表权的决议。次日，即1979年11月27日，中国奥委会主席钟师统宣布：中国奥委会接受国际奥委会决议，并将参加1980年举行的奥运会。于是中国在国际奥委会的合法席位在中断21年后得到恢复。

1979年中华人民共和国重返国际奥林匹克大家庭后，于1980年2月，首次正式派出运动员参加在美国举行的第13届冬奥会。中国运动员在奥运会上不仅取得举世公认的优异成绩，而且展示了良好的体育精神与精神面貌，增强了各国运动员之间的友谊。

三、北京2008年奥运会百年圆梦

1908年，一本名为《天津青年》的杂志就向国人提出了著名的"奥运三问"：中国什么时候才能派运动员去参加奥运会？我们的运动员什么时候能够得到一枚奥运金牌？我们的国家什么时候能够举办奥运会？举办奥运会，是中国人民一个世纪以来的梦想。

2001年7月13日，国际奥委会第112次全会在莫斯科举行，确定2008年奥运会的举办城市，在第二轮投票中，北京获得56票，超过半数，以绝对优势胜出。

北京2008年奥运会于2008年8月8日开幕，8月24日闭幕。参赛国家及地区204个，参赛运动员11438人，设28个大项，302个小项，共有6万多名运动员、教练员和官员参加。本届奥运会共创造43项新世界纪录及132项新奥运纪录，共有87个国家在赛事中取得奖牌，中国居奖牌榜首位，是奥运历史上首个登上金牌榜首的亚洲国家。

北京2008年奥运会的成功举办，为中国和国际奥林匹克运动的发展留下了重要的宝贵遗产。

（1）进一步增强了中国的国际影响。奥运会作为对外交往的一个重要领域，自1984年洛杉矶奥运会举办以来，全世界参加这一盛会的国家与地区不断增加，为争夺奥运会的举办权，各国间的竞争越来越激烈。中国成功举办奥运会是中国坚持改革开放政策的结果，为中国致力于世界和平事业，营造更有利于国家统一的国际环境提供了更多的可能；为我国经济与国际接轨，使我国企业走向世界，拓展国际市场创造了更加有利的条件；为东西方文化的进一步的交流与融合，让世界了解中国，让中国融入世界提供了新的动力。

（2）激发了全国人民的爱国热情，增强了民族的凝聚力。爱国主义是一个国家重要的精神支柱，体育运动对于培养爱国主义有着特殊的重要作用。申办和举办奥运会的过程，也是激发人们的爱国主义热情，使全体中国人民进一步团结在一起的过程，可以有力地推进中国社会主义现代化事业。

（3）促进了中国体育事业的发展。奥运会作为当代规模最大，水平最高的体育盛会，中国体育尤其是竞技运动的发展，与奥运息息相关，从参加奥运到实现金牌"零"的突破，再到获得奥运金牌数第一的好成绩；从1993年申奥失利到2001年申奥成功，再到举办2008年奥运会，反映了中国体育事业的巨大进步。参加奥运、申办奥运和举办奥运，意味着承认《奥林匹克宪章》，坚持奥林匹克主义、精神和宗旨，按奥林匹克运动的规程、标准办事，也意味着要与国际体育规程接轨，按国际惯例办事。因此，申办奥运的成功不仅会加快中国实现奥运战略的步伐，也会有力推进中国体育的对外开放和体育体制的进一步改革。

（4）促进了北京的城市建设与发展。奥运会的申办与举办，全面促进了北京城市的发展，树立了其文明开放、团结发展的现代化国际大都市的形象。"新北京，新奥运"口号与"绿色奥运、科技奥运、人文奥运"的理念，极大地促进了北京的"两个文明"建设。具体表现在：首先，为举办奥运会进行的大规模设施建设和环境整治有力地提高了北京市现代化水平与环境质量。其次，由奥运建设带动的相关产业将推动北京产业结构的调整，增强城市经济可持续发展的能力。最后，奥运建设项目的相关产业的发展，使北京地区形成了庞大而活跃的投资和需求市场，促进了首都经济的发展。申办和举办奥运会，也是大规模的民众参与过程，可有效地提高北京市民的文明素质和意识，促进北京软环境的改善。

四、北京 2022 年冬奥会再创辉煌

大国应该办大事。习近平总书记综合考量国际国内各种因素，着眼于我国改革开放和现代化建设全局，做出了北京携手张家口申办 2022 年冬奥会的重大决策。2015 年 7 月 31 日，在马来西亚吉隆坡举行的国际奥委会第 128 次全会上，北京获得 44 票，成功赢得 2022 年冬奥会举办权。奥运会再度花落北京，既显示了对中国经济稳步发展、社会持续进步的信心，也是对北京举办 2008 年夏季奥运会的又一次高度肯定。

北京 2022 年冬奥会于 2022 年 2 月 4 日开幕，2 月 20 日闭幕。参赛国家及地区 91 个，参赛运动员 2834 人，共设 109 个小项，中国代表团以 9 金 4 银 2 铜刷新了单届冬奥会获金牌数和奖牌数两项纪录，名列金牌榜第 3 位，创造了自 1980 年参加冬奥会以来的历史最好成绩。自 1979 年恢复在国际奥委会合法席位到 2022 年，中国共参加了 10 届夏季奥运会和 12 届冬季奥运会。

北京 2022 年冬奥会的成功举办，使北京成为世界上第一个既举办过夏奥会又举办过冬奥会的城市，我国成为世界上第一个夏奥会、冬奥会、青奥会都举办过的国家，对中国和国际奥林匹克运动的发展具有重要意义。

（1）北京 2022 年冬奥会是我国重要历史节点的重大标志性活动。2020 年是全面建成小康社会目标实现之年，2021 年是我们党成立 100 周年，并开启向第二个百年奋斗目标进军的新征程，而北京 2022 年冬奥会，恰好处在"两个一百年"奋斗目标的历史交汇期，在这样的重大时刻，举办一场全球瞩目的冬奥盛会，必将极大地振奋民族精神，凝聚海内外中华儿女的力量，为实现中

华民族伟大复兴而努力奋斗。同时，也必将向全世界进一步展示我国改革开放成就、和平发展主张，提升我国开放、自信、负责任的大国形象，增强我国国际影响力。

（2）北京2022年冬奥会是展现国家形象、促进国家发展、振奋民族精神的重要契机。冬奥会是国际重大赛事，吸引了上百个国家和地区的运动员、体育官员，以及政要、观众、媒体等客户群参与。同时，受益于电视转播、数字媒体，北京2022年冬奥会受到全球数十亿观众的关注。借助筹办冬奥会，以体育为主题，以文化为内容，广泛组织文化宣传活动，开展对外文化交流，讲好中国故事，传播好中国声音，向世界宣传推广中华优秀文化，进一步提升国家软实力。奥运会作为最具影响力的体育盛事，有着显著的体育功能，也有明显的文化、经济、政治、外交等功能，北京2022年冬奥会的成功举办，再一次给予了中国向世界展现国家形象与实力的机会，对进一步促进中国的发展具有重要的推动作用。

（3）北京2022年冬奥会对京津冀协同发展有着强有力的牵引作用。2014年2月，习近平总书记考察了北京，就明确首都定位、建好首善之区提出了要求，随后又听取京津冀三地汇报，强调京津冀地缘相接、人缘相亲，地域一体、文化一脉，历史渊源深厚、交往半径相宜，应当各自打破自家"一亩三分地"的思维定式，推动相互融合，实现协同发展。以此为标志，在北京启动申办2022年冬奥会3个多月后，京津冀协同发展战略正式提出。作为世界上规模最大的综合赛事，奥运会的筹办工作涉及基础设施建设、旅游产业发展、生态环境治理、赛事组织运行、综合服务保障等各个方面，京张两地联合筹办奥运会，需要政府间的深度合作，赛事筹办将为协同发展提供强大推力，协同发展又为赛事筹办奠定坚实基础，北京2022年冬奥会的筹办，对于京津冀协同发展，将有利于强化协同之势、蓄积协同之能、彰显协同之效。

思考题

1. 现代奥运会的复兴历程如何？奥林匹克精神的内核及价值是什么？

2. 什么是奥林匹克主义？它的主要内容是什么？它对奥林匹克运动有什么作用？

3. 国际奥委会、国际单项体育联合会和各国家奥委会相互间是什么关系？这种关系有哪些特点？

4. 奥林匹克运动的主要活动内容有哪些？为什么会有这些内容？

5. 北京 2008 年奥运会和北京 2022 年冬奥会的成功举办有何意义？

推荐阅读 >>>

［1］任海. 奥林匹克百科全书［M］. 北京：中国大百科全书出版社，2000.

［2］国际奥委会. 国际奥委会一百年［M］. 梁丽娟，等译. 北京：奥林匹克出版社，1998.

［3］顾拜旦. 奥林匹克理想——顾拜旦文选［M］. 詹汝琮，邢奇志，等译. 北京：奥林匹克出版社，1993.

第十三章

新中国体育对外交往

> 北京冬奥会、冬残奥会的成功举办，促进了不同文明交流互鉴，为推动全球团结合作、共克时艰发挥了重要作用，也为动荡不安的世界带来了信心和希望，向世界发出了"一起向未来"的时代强音！
>
> ——习近平 2022 年 4 月 8 日在北京 2022 年冬奥会、冬残奥会总结表彰大会上的讲话

学习提示

【内容提要】 新中国体育对外交往的历史征程、基本经验,以及新时代体育对外交往的发展展望。

【学习目标】 通过本章学习,了解新中国体育对外交往发生发展的历史逻辑,掌握新中国体育对外交往取得历史成就的主要经验,把握新时代体育对外交往的主要发展趋势;具备正确认识与把握体育对外交往现象与问题的能力;树立正确的体育对外交往观,明确体育对外交往在推动构建人类命运共同体中的作用与价值。

【主要概念】 体育对外交往　人类命运共同体　大国外交

第一节　体育对外交往的内涵、特点和价值

一、体育对外交往的内涵

体育对外交往主体是体育交往活动的发起者或主导者，与其他外交活动不同的是，体育对外交往的主体不仅包括国家和政府，还包括非国家实体和组织及个人，如地方政府、国际组织、国家或地区内部的社会组织及个人。众所周知的国际奥委会、国际足联、国际乒联等国际体育组织在体育对外交往中发挥着巨大的作用。因此，可以将体育对外交往的主体概括为国际社会，特别是体育界的相关行为体。体育对外交往的客体是指体育对外交往的指向对象，如作为政府外交的体育对外交往是"本国政府"指向"他国政府"，作为公众外交的体育对外交往则是"本国政府"指向"他国公众"，或是"本国公众"指向"他国公众"。可见，体育对外交往主体与体育对外交往客体的范围往往是相互呼应的，根据体育对外交往具体表现形式的不同，体育对外交往主客体也相应不同，体育对外交往主体也可以作为体育对外交往客体而存在。

二、体育对外交往的特点

（一）穿越不同文化的全球通用语言

作为一种特殊的社会文化现象，体育是世界各地都能看懂的"肢体语言"，具有灵活性、直接性、亲和性。对力量与速度的崇拜，对身体协调性的审美体验是人类共同的追求。体育运动中的身体语言直接诉诸感官，不需要经过任何符号解码，因此能够超越种族、民族，是一种跨文化的存在，较少受到国家大小、社会制度、意识形态、文化传统、宗教信仰等因素的影响，在外交中更容易跨越语言障碍和文化鸿沟。体育对外交往是一种间接的、软性的、柔和的外交形式，因其具有娱乐属性更容易构建愉快、和谐的氛围和关系。体育对外交往能够通过灵活多样的形式传递诚意信号，表达一种隐藏于体育之中的外交意图，常常被称为国家外交的"先行官"。

（二）蕴含国际公认的公平竞争规则

不同的国家和民族有着各自漫长的发展轨迹，形成各不相同的文化习惯和行为处事方式，以及不同的价值观与世界观。这些差异在相互间的彼此交流中必然会显现并形成彼此的隔阂。随着全球化时代的到来，国际化赛事增多，公平和公正是大型体育赛事举办的前提，这使无论来自何方的参与者，都可以在同一个场地中公平公开地进行竞技与交流。在体育比赛中，不同国家和民族之间消除了隔阂，共同遵循着同样的标准，同场竞技，并共同诠释着现代体育共同的精神追求——"更快、更高、更强——更团结"的奥林匹克格言。国际体育赛事有利于营造和谐、民主的氛围，塑造国家形象，为体育对外交往的开展提供了舞台。

（三）吸引跨越阶层的庞大参与群体

体育是全世界人民喜爱的文化活动形式，是人的自由本性的一种释放，是一种从本能达于文化的非功利性活动。奥运会和足球世界杯因此成为世界上规模最大、最具影响力的两大体育盛会，成为不同国家、不同信仰、不同肤色、不同种族共享的文明成果和共有的人文财富，呈现出斑斓的国际化的色彩。国际大型赛事通常会成为一个全球瞩目的媒介事件，传媒报道聚焦于此，它们将体育赛事的各种信息散布到全世界的各个角落，吸引着全世界人民的目光。体育运动把各行各业、不同阶层的人群吸引到一起，使其欣然陶醉其中。这为体育对外交往在不同国家之间的开展奠定了坚实的基础。

三、体育对外交往的价值

（一）有助于改善国家之间关系

体育在一国外交战略中起着至关重要的作用，它以自身独特的方式架起了不同政治外交之间的桥梁，促进合作、增加理解。同时，通过融入公共观点和非国家行为，在及时强化公共观点、社会价值和认同建构及促进交往和对话方面提供有效的公共外交机会，对一国公共外交、人文外交都起到重要的支撑作用。体育在进行实践活动时的根本目的是实现国家外交战略目标。有学者指出，体育对外交往的目的是"维护本国的国家利益、处理国家间关系、实现其对外政策"。中国和美国的乒乓外交、美国和伊朗的摔跤和足球外交、美国和古巴的棒球外交、印度和巴基斯坦的板球外交、土耳其和希腊的奥运外交、朝鲜和韩国的联合组队等，都是利用体育改善国家关系的鲜活案例。

（二）有助于提升国家国际地位

由于体育能提升国家地位和声望，所以各国政府都积极促进体育交流，以公共外交或文化外交的形式，构建良好的国际合作关系。冷战时期，国际体育成为各种冲突的代理人。政府及其外交代表均试图通过正式的和非正式的体育活动获得国际认可，追求国家在国际社会上的声望和地位。第二次世界大战时期的轴心国均通过申举办奥运会实现国家外交的复兴，如 1960 年罗马奥运会、1964 年东京奥运会和 1972 年慕尼黑奥运会。墨西哥将 1968 年夏奥会和 1970 年世界杯作为发展中国家追求认同的机会。韩国成功利用 1988 年汉城奥运会实现了国家认同的目的，获得了良好的政治结果。英国政府长期通过体育发挥作用，提高英国在国内和国外的知名度和社会声望。

（三）有助于新建国家获得认可

国际体育作为非常独特的全球化战略手段，能够增强国际和国内两个维度的认同。在 2012 年伦敦奥运会上，南苏丹马拉松选手古尔·马里亚尔曾作为独立运动员参赛。当时，他的祖国南苏丹才刚刚独立一年。2015 年 8 月 2 日，南苏丹通过由国际奥委会所有成员协会参与的投票，得到国际奥委会的最终认可，成为奥林匹克大家庭的第 206 名成员。按照国际奥委会的规定，南苏丹自此可在奥运会上派出代表团。融入奥林匹克大家庭是南苏丹外交上具有标志性意义的胜利，反映了体育对外交往在国家建设过程中的战略价值。

（四）有助于推动世界和平发展

体育已被证明是推动和平与发展目标实现的高效、灵活的工具。2000 年联合国建立了千年发展目标，前联合国秘书长安南，提名阿道夫·奥吉为第一任联合国体育发展与和平专门顾问，尝试将体育作为主要的工具促进联合国千年目标的实现。2003 年，联合国 58/5 决议"体育作为促进教育、健康、发展与和平的一种方式"。在此决议基础上，体育促进发展与和平国际工作组织于 2004 年建立，目的是促进政府在国际国内发展战略和计划项目中融入体育和身体活动的政策建议。2013 年 8 月，联合国大会通过决议，决定将每年的 4

月 6 日设立为"体育促进发展与和平国际日"。国际奥委会作为联合国的观察员，是联合国体育促进发展与和平办公室的重要合作伙伴，双方共同发起了多项体育促进发展与和平倡议。

（五）有助于促进民心相融相通

"国之交在于民相亲，民相亲在于心相通""人之相知，贵在知心"。民心是最大的政治，民心相通则是最基础、最坚实、最持久的互联互通。体育在促进民心相通中发挥着更深入、更持久的作用。在中俄、中美、中英、中欧、中法、中德、中印尼、中南非、中印、中日十大高级别中外人文交流机制中，体育是重要的组成部分。中俄大学生冰雪嘉年华、中美大学生体育文艺周、中德青少年足球精英教练员培训班等一系列体育交流活动层出不穷、精彩纷呈，有力增进了各国人民间的友谊和文明互鉴。在"一带一路"倡议、金砖国家经济伙伴战略、中国与"东盟"国家发展战略等重要的多边机制中，体育都发挥着重要的作用，成为我国多边机制建构的助推器。

第二节 新中国体育对外交往的历史征程

南非前总统纳尔逊·曼德拉曾讲过：体育拥有改变世界的力量，它能鼓舞人心，它能团结人民，它的力量无可取代。在中国从"站起来"到"富起来"再到"强起来"的历史进程中，体育一直扮演着国家总体外交"先行官"的特殊角色，在推动中国认识世界、融入世界、引领世界中发挥着独特作用。从大国成长的"大历史"出发，按照中国赢得生存、谋求发展和走向强大三个不同的成长阶段来划分，新中国体育对外交往的历史进程可分为以下三个阶段。

一、服务国家建设（1949—1978 年）

1949 年之前，中国体育代表团分别参加了 1932 年洛杉矶、1936 年柏林和 1948 年伦敦的 3 届奥运会，这是中国试图走向国际社会，通过奥运会追求国际化进程的三次努力和尝试，但限于国际政治环境的影响和国内战乱的迫害，国力疲软，中国走入国际体系的进程步履维艰。1949 年中华人民共和国成立后，首要解决的核心问题是中国如何在世界舞台上赢得生存，站稳脚跟。

（一）20世纪50年代的体育对外交往

第二次世界大战结束后，国际格局发生了重大变化，帝国主义列强德、意、日三个法西斯国家在战争中被战败，英国和法国等老牌帝国主义国家也受到极大削弱。20世纪40年代中后期，美国和苏联两国由盟友变成了对手，形成了两大阵营"冷战"对峙的格局，同时，美国把其对华政策也置入远东遏制苏联的总战略中。面对严峻的国际环境和支配性的帝国主义、资本主义世界体系，以毛泽东和周恩来为代表的国家领导人确立了革命外交的路线，制定了"另起炉灶""打扫干净屋子再请客""一边倒"三条外交方针，中国外交的首要任务是彻底摧毁帝国主义对中国的控制，恢复国家的独立和主权，将发展与苏联和各人民民主国家的外交关系放在第一位。

1. 新中国首次派代表团参加奥运会

我国体育服务国家革命外交路线，做出了"国际体育活动安排要压缩数量、保证重点、保证质量，很好地配合我国外交斗争"的战略部署。1950年8月，周恩来在接见参加世界学生第二次代表大会的全体教练员和运动员时强调：你们是代表新中国去比赛的，要表现出中国运动员的良好精神风貌。1952年，中国派团参加赫尔辛基奥运会，五星红旗第一次在奥运村冉冉升起，这是新中国在奥运赛场上为争夺国际合法地位而进行斗争的首场胜利，成功向世界宣告新中国独立自主的国家主权，向全世界展示中华人民共和国才是中国的唯一合法政府。中国体育代表团利用奥运会，向世界成功展示了新中国的国际形象，对中国外交具有特殊的意义。

奥运会结束后，代表团还飞赴当时同属社会主义阵营的苏联、波兰等国，进行了一系列体育交流活动。1953年，中央人民政府体育运动委员会确立的国际体育活动方针明确要求，只能与苏联东欧人民民主国家有些来往，对于在资本主义国家，特别是在未建交的国家举行的活动，能不参加即不参加。1954年成立的中华人民共和国体育运动委员会，领导班子成员均由久经革命战争考验和对祖国无限忠诚的兵团级干部组成，如主任贺龙，副主任蔡廷锴、蔡树藩、卢汉、黄琪翔、荣高棠，这为我国体育在国际舞台上开展独立自主的和平外交政策并为此进行有力斗争提供了坚强后盾。1954年在雅典举行的国际奥委会第49次全会上，国际奥委会委员以23票赞成、21票反对通过决议，承认中华人民共和国"中华全国体育总会"为国家奥委会。

2. 新中国退出国际奥委会

1955年国际奥委会将台湾当局的"体协"以"中华民国"的名义，也列作国际奥委会承认的国家奥委会。1956年澳大利亚墨尔本奥运会，中国台湾以"福摩萨中国"的名义在奥运会组委会注册。中国代表团为反对国际奥委会蓄意制造"两个中国"的做法，发表了不参加本届奥运会的声明。1958年6—8月，中国田径、篮球、摔跤、举重、游泳、射击等宣布脱离相关的国际体育组织，表明了中国人民反对制造"两个中国"的坚定不移的外交立场。1958年8月19日，中国奥委会严正宣布同国际奥委会断绝关系的声明，中国奥委会决定不承认国际奥委会，并且同国际奥委会断绝一切关系。在这一背景下，党和国家领导对1959年9月召开的第1届全国运动会特别重视，中央指示："为庆祝建国10周年举行的第一次全国运动会，将推动我国体育运动进一步发展，对国际上也有很大意义，因此必须开好。"毛泽东、刘少奇、朱德、周恩来等党和国家领导人均出席了第1届全国运动会开幕式，可见党和国家领导人对体育所寄予的政治厚望。

3. 体育对外交往活动的主要窗口

20世纪50年代，乒乓球为中国走向世界贡献了独特作用。1953年中国乒乓球协会加入国际乒乓球联合会，并开始参加世界锦标赛。1959年容国团在第25届世界乒乓球锦标赛中一鸣惊人，夺得男子单打冠军，中国人的名字第一次出现在世界冠军谱上。1959年国际乒乓球联合代表大会做出决定，第26届世界乒乓球锦标赛在中国北京举行，这一消息传出，举国轰动，为当时处于国际封锁中的中国注入了强大的力量，打开了中国与世界交往的另一扇大门。

（二）20世纪60年代的体育对外交往

20世纪50年代后期到60年代末，在动荡的世界局势中，各种国际力量经历了一个分化与改组的过程，苏联走上与美国争夺世界霸权的道路。苏美两国力图保持两极格局，它们既对抗又妥协，既争夺又勾结。社会主义阵营分裂，帝国主义阵营矛盾重重。面对两个超级大国都与中国为敌的不利局面，根据当时的国际形势，我国提出了"两个中间地带"的战略思想。这一时期，中国外交基本上是全方位的强硬,是以输出革命为主导的反美抗苏的极端外交时期,同苏联展开尖锐对抗。这一时期,除法国外,中国建立外交关系的都是亚非拉国家,并且与这些国家之间的交往日益密切、频繁。

1. 体育对外交往活动的突破

作为外交先行官,我国体育成为中国外交走向世界的推力。1960年5月25日,中国登山队成功登顶珠峰,直接解决了我国与尼泊尔两国历史上遗留的边界划界问题及珠峰归属问题。

1961年4月4—14日,第26届世界乒乓球锦标赛在北京如期举行,周恩来、邓小平、贺龙、李富春、陆定一、罗瑞卿、罗荣桓、沈钧儒、郭沫若、李维汉、陈叔通等领导人出席开幕式,来自五大洲30多个国家和地区的200多位优秀选手进行了精彩的比赛。中国乒乓球队获得男子团体世界冠军,庄则栋、邱钟惠分别获得男、女单打世界冠军,结束了日本称霸乒坛的历史。第26届世界乒乓球锦标赛,是中华人民共和国成立后举办的首届国际单项体育赛事,是我国乒乓球队成长壮大的一个里程碑,乒乓球运动自此成为中国的"体育名片"。世乒赛的成功举办,不仅打破了反华势力对中国体育的国际封锁,同时也向世界展示了中国自力更生、艰苦奋斗、不屈不挠、不断抗争的奋斗精神。

2. 新兴力量国家运动会

1963年周恩来总理、陈毅副总理和贺龙副总理在怀仁堂接见了出征新兴力量运动会的中国体育代表团,明确提出了"团结反帝、民主协商、互相学习、共同提高"的口号。周恩来总理还指出,"新兴力量运动会的召开,标志着新兴国家的人民在反对帝国主义和新老殖民主义对国际体育事务的操纵和垄断的斗争中所取得的重大胜利"。中国作为重要发起者、推动者和引领者的雅加达新兴力量运动会,成为亚洲新兴国家在冷战环境下争取政治话语权的重要突破口,鼓舞了亚非拉新取得独立国家争取平等权利的斗志,在世界体坛引起了震动。

3. 体育对外交往活动的发展与停滞

1964年5月2日中国登山队登上希夏邦马峰,再一次为党和国家立下了功勋。1960—1966年,中日两国间的围棋交流互访,为缓解冷冻的中日关系开启了政治对话的大门。"乒羽一家亲"使中泰关系飞速升温后建立了外交关系,"篮球外交"成为中国和菲律宾关系改善的起点,苏迪曼成为中国和印尼关系的破冰使者。"文革"爆发后,中国陷入孤立,体育对外交往也受到严重影响,甚至出现了1969年一年无一次对外体育交往的记录,这种状况在某种程度上也反映了中国外交的状况。

(三) 20 世纪 70 年代的体育对外交往

20 世纪 70 年代,中国外交加强同第三世界国家的团结与合作,改善与西方国家的关系。1971 年,周恩来总理亲自向毛泽东主席撰写了一份报告,阐述了我国赴日本参加第 31 届世乒赛的政治斗争策略,并提出了"友谊第一,比赛第二"的口号。这充分体现出国家高层领导人在统筹国际、国内两个大局中处理国际体育问题的政治智慧,为随后的中美乒乓外交及改善中美关系赢取了战略主动权。

1. 乒乓外交

1971 年,经毛泽东主席亲自批准,正在日本名古屋参加第 31 届世界乒乓球锦标赛的中国乒乓球队邀请美国乒乓球代表团访华,这一举措被称为"小球转动了大球"的"乒乓外交",开创了以人民之间的友谊促进国家之间的交流与和解的成功模式,对中国体育、中国外交、世界外交影响深远,为后来中国走向改革开放之路创造了必不可少的条件。"乒乓外交"的历史意义并非仅在于打开了中美关系的大门。1971 年 10 月 25 日,第 26 届联合国大会通过了恢复中华人民共和国合法席位的决议,为恢复我国在国际体育组织中的合法席位创造了有利条件。1970—1973 年,一共有意大利、圣马力诺、奥地利、比利时、冰岛、马耳他、英国、荷兰、希腊、联邦德国、卢森堡和西班牙 12 个欧洲国家和中国建立了大使级外交关系;7 个亚洲国家、10 个非洲国家和 6 个拉丁美洲国家与中国建立了外交关系。此外,中国和加拿大、澳大利亚、新西兰的外交关系,也是在这个时期建立起来的,而且和很多国家建交,都是从中国乒乓球队的出访或者外国乒乓球队的来访开始的。

2. 我国在国际奥委会合法席位的恢复

1974 年,邓小平指出"对国际奥委会要进一步采取积极主动方针,我们要恢复在国际奥委会的合法席位"。1974年第7届亚运会期间，13个亚洲体育组织先后承认了我国各运动协会的合法席位。亚洲体坛大门开始向中国运动员打开，中国从此开始了"冲出亚洲"的辉煌历史。1979年，国际奥委会恢复中华人民共和国在国际奥委会的合法席位，开创了处理台湾问题的"奥运模式"，从此中华人民共和国全面登上了世界体育舞台，开启了让世界认识中国、让中国走进世界的良好互动进程。

二、服务国家发展（1978—2012年）

1978年底，党的十一届三中全会实现了政治路线的转变，外交工作的任务是要为现代化建设争取有利的国际和平环境，要解决的核心问题是中国如何在世界舞台上谋求发展，成长为一个富强的现代化国家。中国国际战略转向维护世界和平，促进共同发展，为中国集中力量进行经济建设创造良好的国际环境和周边环境。中国外交进入积极融入世界、服务于现代化建设的"务实主义"外交阶段。

（一）20世纪80年代的体育对外交往

进入20世纪80年代，国际上美苏争霸的态势发生了变化。1979年12月27日，在美国的策划和带头之下，国际奥委会当时已承认的147个国家和地区奥委会中，公开抵制或拒绝参加莫斯科奥运会的占2/5，参赛的仅80个。中国政府在"共同制苏"战略关系的政策影响下，也宣布抵制这届奥运会。面对国际上的复杂情况，邓小平同志及时提出了冷静观察、稳住阵脚、沉着应付、韬光养晦、善于守拙、决不当头、有所作为等对外关系指导方针。

1. 在奥运舞台崭露头角

20世纪80年代，我国体育成为世界认识中国的重要窗口和渠道。国家体委按照"侧重抓提高"的思路对体育工作进行了全面调整，形成了竞技体育超前发展的战略，集中力量把奥运会和有重大国际比赛的若干项目搞上去。1984年8月，在北京召开的全国体育发展战略、体育改革会议正式提出，实施"奥运战略"，"以在奥运会上创成绩为发展竞技体育的最高战略任务"，最高目标是"在奥运会上获得优异成绩为国争光"。中国体育以竞技体育为突破形成的奥运模式成为体育对外交流的主旋律。中国女排夺得1981

年世界杯冠军、1982年世锦赛冠军、1984年洛杉矶奥运会冠军、1985年世界杯冠军、1986年世锦赛冠军，以及中国代表团在1984年首次参加洛杉矶奥运会获得的优异竞技体育成绩，无疑是一个民族奋勇拼搏、自信自豪的最好证明，成为世界认识中国的重要窗口和渠道，中国成功地借助现代体育运动传达了一个民族的复兴之志。

2. 成功申办亚运会

1983年北京申办亚运会、中国派团参加1986年汉城亚运会和1988年汉城奥运会，打破了中韩几十年无任何直接往来的隔绝局面。1986年台湾当局接受奥运模式参加国际奥林匹克活动，1989年台湾体育界组团派队到大陆参加比赛，党和国家领导人"一国两制"构想首先在国际竞技场上得到实践。中国体育成为改革开放后的中国向世界展示自己形象的平台和载体，成为中国外交的先行军，深深地嵌入中国社会。

（二）20世纪90年代的体育对外交往

20世纪80年代末90年代初，国际政治格局经历了第二次世界大战结束以后最深刻的历史性变化：东欧巨变、两德统一、海湾战争，尤其是苏联解体，使原来的两极体制归于终结。面对形势的急速变化，中国政府实行"冷静观察、沉着应付、稳住阵脚、韬光养晦、有所作为"的战略。面对西方的制裁，中国十分需要发挥体育的外交平台作用，筹办亚运会为中国打开外交局面、改善周边环境提供了机会。

1. 北京亚运会成为扩展对外关系的平台

体育在推动中韩关系改善和建交方面所发挥的重要作用是中国体育对外交流又一典范。由于历史原因，中韩长期没有外交关系。1986年，韩国举办第10届亚运会，中国派出代表团应邀参加，在韩国引起了中国热，拉近了两国之间的距离。1988年，中国再次派出400多人的大型体育代表团赴汉城参加第24届奥运会。比赛期间，中国代表团还以中国奥委会的名义同韩国官员进行了适当的接触，彼此加深了解，为以后两国体育交往的良好发展打下了基础。1990年北京亚运会，中国积极推进与新建交国家、未建交国家和关系不友好国家的互动交流。亚运会上，中国同新近建交和复交的亚洲国家积极互动，融通关系。对当时还没有同我国建立外交关系的国家，如不丹、文莱，积极努力做好他们的服务工作。同当时与我国关系不太友好的国家，如越南、阿富汗，积极推进了双方的关系。本届亚运会不仅解决了台湾参赛问题，而且极大地改善了中国与周边国家的关系，对于扩大中国的国际影响、增进中国同亚洲各国的友谊、打破西方国家的所谓制裁，均有一定的作用。

2. 为申办奥运会奠定良好基础

亚运会的成功，为申办 2000 年北京奥运会积累了丰富经验，虽然北京以两票之差败给悉尼，但在准备申办的过程中，我国驻外使馆的外交人员同各国国家奥委会委员进行了一系列沟通和合作，加深了国际奥委会委员对中国的认识，为中国的再次申奥奠定了深厚的外交基础。20 世纪 90 年代，中国相继在冬奥会、夏奥会上取得优异的竞技成绩，对外展示了中国的竞技实力，塑造了良好的国家形象和国际地位。体育成为中国展示改革开放成果的有力窗口，向世界展示了独立自主、开放包容的大国形象和大国心态。

（三）21 世纪头十年的体育对外交往

进入 21 世纪，世界多极化进一步发展，经济全球化不断深化，科技革命加速推进，国与国相互依存日益紧密，国际形势总体稳定、总体缓和、总体和平。2002 年党的十六大报告提出："纵观全局，21 世纪头 20 年，对我国来说，是一个必须紧紧抓住并且可以大有作为的重要战略机遇期。"根据国内外形势的新特点，我国高举和平、发展、合作的旗帜，秉承外交为全面建设小康社会服务的宗旨，努力营造和平稳定的国际环境、睦邻友好的周边环境、平等互利的合作环境、互信协作的安全环境和客观友善的舆论环境，同各国人民携手努力，推动建设持久和平、共同繁荣的和谐世界。我国外交模式逐步从单一型趋向复合型，实现了从单一政府外交到多元总体外交、从传统高级政治议题到低级政治领域、从被动反应到主动塑造的根本转变。

1. 奥运百年梦圆

1908 年，《天津青年》杂志发出"奥运三问"，其中提到"我们的国家什么时候能够举办奥运会"。2001 年 7 月 13 日，国际奥委会第 112 次全会在莫斯科召开。会上，国际奥委会主席萨马兰奇打开手中的信封，念出——"北京"。百年前的问题，终于有了圆满的答案。北京2008年奥运会的成功举办，被誉为21世纪标志性体育事件之一。"北京欢迎你"——中国向世界张开怀抱，奉献了一届"无与伦比的奥运会"，在奥林匹克历史上留下了浓墨重彩的一笔。

中国体育以申办和筹办北京2008年奥运会为契机，开展了一系列体育对外交流活动。北京2008年奥运会成为中国令世界瞩目的外交范例，也是中国新外交策略的一个样本，促进了中国外交政策的转型，为中国外交贡献了新的思想。北京奥运会的成功举办，谱写了中国对外关系的新篇章，推动了中国与世界的文化交往和人文交流，为外交工作提供了许多重要经验和启示。奥运会形成的国家和地方外交外事互动机制具有示范、长效和延伸作用。"人文奥运"理念，为之后中国提出人文外交新向度奠定了坚实基础，为全球化时代的中国总体外交提供了新的内涵和模式，为走向强国之路的中国外交积累了宝贵财富。

2. 体育大国向体育强国迈进

2009年以来，我国体育正处在从体育大国向体育强国迈进的征途上，发展重点开始从之前数量上的提升转变为实力的增强、质量的提高和结构的合理。体育国际影响力、体育国际话语权、体育精神塑造成为体育强国软实力的重要表现。体育对外交往成为提升国家体育影响力的放大器，成为沟通国内外体育运动及文化交流的重要纽带。

三、服务中华民族伟大复兴（2012年至今）

当今世界正在发生深刻复杂的变化，任何国家或国家集团都再也无法单独主宰世界事务。各国相互联系、相互依存的程度空前加深。中国正前所未有地走近世界舞台的中央，并成为世界关注的中心。中国不再只是国际体系参与者，而是一个贡献者、建设者。

（一）21世纪第二个10年的体育对外交往

21世纪第二个10年，中国开启伟大新时代。2013年新一届中央领导人提出"构建具有中国特色的大国外交"，明确指出了中国的世界大国定位，也指出了中国外交必须服务于中华民族的伟大复兴。习近平总书记在党的十九大报告中指出，新时代"是我国日益走近世界舞台中央、不断为人类作出更大贡献的时代"。党的十九大把推动构建人类命运共同体列为新时代坚持和发展中国特色社会主义的基本方略之一，并把它写入党章。2018年3月11日，第十三届全国人大一次会议表决通过《中华人民共和国宪法修正案》，"推动构建人类命运共同体"被写入宪法。构建人类命运共同体思想正日益凸显其时代价值，显示出强大的国际影响力、感召力、塑造力。人类命运共同体理念，与中国传统哲学中"和而不同"的理念相契合，为国际关系指明了方向，具有历史性的划时代意义。

1. 元首外交引领体育对外交往

新时代，体育对外交往不断跃上新规模、新层次、新高度。《体育强国建设规划纲要》明确提出，加强对外和对港澳台体育交往，服务中国特色大国外交和"一国两制"事业。中国国家领导人充分利用大型体育赛事等舞台的作用，推动国家间的体育人文交流与合作，加强各方相互理解，融通各国人民之间的感情，极大地提高了我国的国际影响力、感召力、塑造力。从2014年习近平主席出席索契冬奥会开幕式到他多次在外交场合引述体育故事，再到2017年访问国际奥委会总部并参观国际奥林匹克博物馆，中国领导人顺应外交多元化的时代潮流，积极致力于体育领域的中外交流合作，将体育外交推向新的高度。习近平主席的元首外交，通过体育拉近了中国与国际间的交流和感情，许多不同社会制度、文化背景的领导人都成为他的好朋友，成为中国的好朋友，有效提升了中国的国际地位和影响，也为解决当今许多全球性问题指明了方向，更让世界听到了中国声音、看到了中国信心、体会到了中国决心。

2. 体育的人文交流价值

这一时期，中俄、中美、中英、中欧盟、中法、中印尼、中德、中南非、中印、中巴西高级别人文交流对话机制中开展的多种形式的体育交流活动，以体育的软力量拉近中国与这些国家的距离，丰富了国际交流与合作的形式。中国-中东欧国家合作、中非和中拉论坛、"一带一路"倡议、金砖国家经济伙伴战略、中国与"东盟"国家发展战略等重要多边机制中，体育都发挥着重要的作用，成为我国多边机制建构的助推器。体育外交活动正在不断拓展新的领域、凸显新的功能，以更新的形式为服务于国家整体的外交战略发挥着更为积极的作用。体育作为一种世界通用语言，在塑造国家形象，增进国家间关系，促进国际社会安全与和平，促进和而不同、兼收并蓄的文明交流，构筑尊崇自然、绿色发展的生态体系等方面发挥着独特的价值。

（二）新时代新征程中的体育对外交往

1. 成功举办北京冬奥会

北京2022年冬奥会既是中国从第一个"百年目标"向第二个"百年目标"迈进之时举办的重大标志性事件，又是开启中华民族又一段圆梦征程的新起点。也正是基于此，在国家外交总体布局中，北京冬奥会被视为是助推对外开放、推动构建人类命运共同体的重要舞台，是向世界传播中华优秀文化、推动东西文明交融的重要载体，是党和国家的一件大事，同实现"两个一百年"奋斗目标高度契合。筹办好北京冬奥会、冬残奥会，意义重大，责任重大。从这个角度来说，北京冬奥会对于深化中国与世界的关系，创新中国对人类文明的价值引领，推动人类命运共同体和体育强国建设，意义深远。北京冬奥会既是一场全球体育盛会，也是一次重大主场外交活动。北京冬奥会开幕期间，近70个国家和国际组织约170位官方代表——这里指副部级以上的政府代表，这其中还包括31位国家元首、政府首脑、重要王室成员和国际组织负责人，他们不远万里来华共襄盛举，为冬奥健儿加油喝彩。习近平总书记提道：这是新冠疫情发生以来首次如期举办的全球综合性体育盛会，是对"更快、更高、更强——更团结"奥林匹克新格言的成功实践。奥林匹克运动倡导的"更团结"正是当今时代最需要的。世界各国与其在190多条小船上，不如同在一条大船上，共同拥有更美好未来，所以我们提出了"一起向未来"的北京冬奥会口号。

"奥林匹克精神是人类团结的灯塔。"为人类创造一个寻求和平、友谊的载体，搭建一座对话、交流的桥梁，是奥林匹克运动的意义所在。当前，世界百年未有之大变局和世纪新冠疫情叠加，世界进入新的动荡变革期，人类面临多重挑战。国际奥委会领导奥林匹克运动，勇毅向前，为推动全球共克时艰、团结合作发挥了重要而独特的作用。人类生活在同一个地球村，命运紧密相连。面对各种紧迫全球性挑战，加强团结合作，共同坐上新时代的"诺亚方舟"，人类才会有更加美好的明天。北京冬奥会为各国人民携起手来一起向未来，开启了新的征程。

2. 成都大运会凝聚青年力量

成都世界大学生运动会和杭州亚运会是党的二十大之后中国境内举办的大型体育赛事活动，为传播奥林匹克精神，弘扬全人类共同价值，推进全球文明倡议，构建人类命运共同体书写了新的篇章。

2001年和2011年，北京、深圳先后成功举办大运会，再到2023年的成都大运会，中国在大运会上的每一步，都见证了中国青年的成长，见证了中国改革开放的飞速发展，见证了大运会的发展壮大。中国大学生体育代表团共派出411名运动员参加全部18个大项的比赛，运动员平均年龄22.9岁。其中，94.2%的选手是首次参加世界大学生夏季运动会，83.6%的选手首次代表国家参加世界综合性运动会。大运会不仅是体育健儿拼搏竞技的赛场，也是文明交流互鉴的舞台。113个国家和地区的大学生运动员齐聚成都大运会，在赛场上挥洒汗水、奋力拼搏，诠释着昂扬向上、超越自我的奋斗精神，为促进人类进步事业提供新动力。

3. 杭州亚运会"爱达未来"

杭州第19届亚运会，为世界奉献了亚洲人民青春与梦想、交流与合作、拼搏与奉献、团结与进步的亚洲力量。自1951年印度新德里举办首届亚运会至今，已有70多年的历史，可以说亚运会见证着亚洲各国的发展与进步，书写着亚洲人民团结与合作的故事，塑造与彰显着亚洲精神。中国于1974年首次派出体育代表团参加亚运会，便取得了奖牌数第二的优异成绩，为日后中国体育冲出亚洲、走向世界注入了强大力量。33年来，从1990年北京亚运会的"团结、友谊、进步"到2010年广州亚运会的"激情盛会，和谐亚洲"，再到2022年杭州亚运会（2023年举办）的"心心相融，@未来"，亚运精神、亚运文化，为改革开放的中国留下了深刻印迹，中国筹举办三届亚运会，既很好地传承了亚洲的历史与文化传统，又创造出了人类文明的新形态，进一步丰富与发展了亚洲文明的多样性，让开放的中国以更加开放、更加自信、更加包容的姿态融入亚洲，走向世界。杭州亚运会通过会徽、吉祥物、火炬、奖牌、图形等一系列极具文化标识的视觉形象标志和符号载体，向亚洲与世界呈现出了中华文明的独特魅力，这些"亚运符号"成为"心心相通，爱达未来"的具象化实物载体,在赛事中与亚洲各国的运动健儿们分享,成为亚洲文明交流互鉴最有力的注脚。从"绿色办奥"到"绿色亚运",杭州亚运会将"绿水青山就是金山银山"的生态文明建设理念真正践行到了筹办的每一个环节。一系列"绿色"新举措、新设计、新技术在亚运赛场内外得以实现。体育与科技、数字与城市的"智能亚运"新模式,正在绘就一幅科技、体育与文明的新图景,展现出中国迈向科技自主创新的之路的勇毅笃行。

"以体育促和平,以体育促团结,以体育促包容",习近平主席的致辞道出了国际体育交流的最强音。杭州亚运会见证了中国在和平发展道路上与亚洲、与世界相互交融、相互成就的坚实步伐。面向未来,以杭州亚运会为契机,包括亚洲国家在内的世界各国以天下为己任,积极做行动派,不做观望者,加强对话、凝聚共识、促进和平、推动发展、完善治理、同心同向、携手前行,就一定能建设一个持久和平、普遍安全、共同繁荣、开放包容、清洁美丽的世界,共创人类更加美好的未来。

第三节　新中国体育对外交往的基本经验

一、始终坚持党对体育对外交往工作的坚强领导

坚持党对外交工作的集中统一领导,体现了中国特色社会主义制度的根本属性,是在外交中坚持正确政治方向,做好工作并不断取得新成就的根本保证。新中国体育对外交流不断取得新的成就,正是坚持了党对体育对外交流工作的集中统一领导。

中华人民共和国成立初期,面临国际形势大环境,我国做出了"国际体育活动安排要压缩数量、保证重点、保证质量,很好地配合我国外交斗争"的战略部署,对外体育交往被纳入国家总体外交战略,重大问题及重要出访活动,都是报请中央领导批准的。1960年中国登山队成功登顶珠峰,是中央领导亲自批准并支持的结果。1965年1月12日,毛泽东对《关于如何打乒乓球——徐寅生同志对中国女子乒乓球运动员的讲话》的批示中指出:"他(徐寅生)讲的是打球。我们要从他那里学习的是理论、政治、经济、文化、军事。"这种辩证思维看问题的视角为拉开"小球转动大球"的外交序幕做好了充分铺垫。1971年的乒乓外交,成了世界外交史上的经典杰作。

改革开放后，从1984年洛杉矶奥运会金牌"零"的突破到女排五连冠，从首次参加1980年冬奥会到1990年举办北京亚运会再到2008年举办北京奥运会，这些重大体育外交事件均是在党中央的坚强领导下得以实现的，中国体育成为改革开放后的中国向世界展示自己形象的平台和载体，成为中国人及中国社会重新融入国际社会的历史隐喻。

党的十八大以来，习近平主席亲自推动的体育外交，擘画了让体育为实现"两个一百年"奋斗目标、实现中华民族伟大复兴的中国梦增添强大中国力量的宏伟蓝图。中外人文交流机制、中外重要双边和多边机制中，体育均在重点合作领域和人文交流中扮演着重要角色，成为中国特色大国外交中的重要有机组成部分，为推动新型国际关系和人类命运共同体构建贡献着体育的磅礴力量。

二、始终坚持国际国内一盘棋的体育对外交往

20世纪中后期至21世纪头二十年，中国从处于不稳定的国际体系的底层到迎来历史性的崛起，国富民强、中华民族的伟大复兴成为现实的期望。在对国际格局的基本判断和国家所处的历史时代认识中，中国外交实现了从"革命外交"向"和平外交"的转型和从"韬光养晦、有所作为"向"奋发有为"的战略转变。中国体育对外交往始终坚持国内国际一盘棋思想，有效整合和利用体育资源。对内，助推体育发展，建设体育强国；对外，服务国家总体外交，构建新型国际关系。

改革开放之前，面对美苏两大阵营冷战对峙到中美、中苏关系的突变出现转折的国际环境，体育对外交往很好地配合了我国"一边倒""一条线"的外交战略，在争取国际奥委会合法席位和代表权、承办第26届乒乓球锦标赛、筹办新兴力量运动会、中日民间体育交流、乒乓外交、"一国两制"奥运模式等领域，取得了重大外交成果。1982年党的十二大报告强调"走自己的道路，建设有中国特色的社会主义"，明确提出维护世界和平的可能，中国外交由此更加密切结合国内国际两个大局，开启渐进而坚定地融入国际社会的发展历程。亚运会后，正是国家领导人把申办奥运放在改革开放的大局中统筹谋划，才使北京2008年奥运会得以成功申办和举办，这既是改革开放的一个重要标志和一项重要成果，又是中国新外交策略的一个样本。北京奥运会后，由于受国际金融危机的影响，世界各国举办大型国际赛事的意愿下降，而作为新兴的

经济大国，我国积极承办大型综合性国际赛事，亚运会、世界大学生运动会、世界军人运动会、冬奥会、世界体育大会等各类赛事相继落户中国，彰显了中国的大国责任。与此同时，运动员、教练员及辅助团队海外输出与引进频繁且活跃，足、篮、排三大球职业联赛中众多国际知名教练、球星加入，"海外兵团"已被国人欣然接受，转化为"海外使团"。北京2022年冬奥会成功申办与世界冰雪运动强国的国际交往与合作，不仅扩大了我国体育的国际影响力，也有力提升了我国体育的综合实力和竞技水平。

党的十八大以来，以习近平同志为核心的党中央开启了中国特色大国外交战略思维和谋划的新征程。在大国是关键、周边是首要、发展中国家是基础、多边是舞台的外交工作布局引领下，体育对外交往工作需放置于体育事业发展全局、体育强国建设首要、大国特色外交重要支撑的高度谋划"大体育"外交战略格局，将积极主动为推动新时代新型国际关系构建和人类命运共同体构建持续贡献卓越的体育对外交流力量。

三、始终坚持服务于大国关系、周边国家关系和发展中国家关系的建立

中国是"和平共处"五项原则的积极倡导者和坚定实践者，走和平发展道路是中国根据时代发展潮流和自身根本利益作出的战略抉择。中国体育作为外交工作的"先行官""轻骑兵"，始终坚持"和平共处"五项原则，与一切有意愿发展同中国关系的国家搞好体育关系。

中华人民共和国成立后，由于特定国际形势，我国外交经历过一段从反帝到反霸，从"一边倒"到"联美制苏"的历史过程。在两大阵营对峙的冷战时期，体育对外交往主要为增进以苏联为首的社会主义阵营的团结及其人民之间的友谊服务。在中日关系正常化严重受阻时期，中日两国间的围棋交流互访，为缓解冷冻的中日关系开启了政治对话的大门。双方政治高层以围棋为桥梁，展开频繁互动，最终促成两国在1972年宣布结束战争状态、恢复邦交关系。20世纪50年代，中国与国际奥委会和其他11个国际体育组织切断联系后，组织筹建新兴力量运动会，在维护亚、非、拉国家和新兴力量国家的团结中发挥了重要作用。乒乓外交改善了中美关系。1990年北京亚运会促进了中国周边外交关系的发展。北京2008年奥运会成为促进国际关系发展的一个重大的标志性事件。

党的十八大以来，体育在致力于同各大国发展全方位合作关系，深化同周

边国家的互利合作，永远做发展中国家的可靠朋友和真诚伙伴的国家间外交关系中发挥着人文交流的重要作用。中外人文交流机制均把体育作为人文交流的重要内容。此外，在中美、中法、中英等人文交流高层磋商机制的大背景下，中国大体协与美国、俄罗斯、法国、西班牙、英国等体育强国也展开了深入的交流与合作。2012年至今，已成功举办中美、中法、中英大学生体育文艺周和中俄大学生冰雪嘉年华，"16+1合作"校园体育交流，以及中美篮球教练员培训、中法和中西足球教练员培训等活动。我国还通过无偿赠送、提供低息贷款、与东道主国家共同修建等形式为非洲、亚洲、拉丁美洲、加勒比海、南太平洋等国家和地区，修建或捐建大量体育场馆、体育基础设施，向老挝、缅甸、泰国、埃塞俄比亚、毛里求斯等多个国家援派体育人力资源。通过这些体育交往活动，推进了中国与大国、周边国家和发展中国家的文明交流互鉴，实现了国家间的互利共赢。

四、始终坚决维护国家核心利益和参与国际体育治理

在世界上所有交流活动中，受民族、地域、语言、观念等隔阂与障碍影响最小的，恐怕首推体育运动技术。中华人民共和国成立以来，在体育对外交流实践中，始终坚持原则性和灵活性相结合的原则，在关涉国家核心利益、根本利益的重大问题面前，做到坚持原则，针锋相对。

20世纪50年代，中国在国际奥委会唯一合法代表权得不到很好解决时，中国坚决选择退出国际奥委会和相关国际组织，维护国家核心利益。20世纪80年代，中国决定申办和举办亚运会时，为了保证亚奥理事会所有成员都能派代表团参加，从而获得举办权，中国选择灵活性外交原则与各未建立外交关系的亚洲国家进行体育交流，促进亚运会的成功举办，实现国家外交目标。北京2008年奥运会是中国严格按照国际规则举办的大型体育赛事活动，标志着中国在维护国际体育规范及推动国际体育全球治理中开始担任负责任大国形象。

党的十八大以来，中国更是积极参与国际体育事务，承办各类国际大型体育赛事，尤其是北京2022年冬奥会，习近平总书记指出，中国主办冬奥会的理念，同我们共建"一带一路"、推进绿色文明建设和反腐倡廉的努力一脉相承。中国政府对使用兴奋剂持"零容忍"态度，提倡中国运动员哪怕不拿竞技场上的金牌，也一定要拿一个奥林匹克精神的金牌，拿一个遵纪守法的金牌，拿一个干净的金牌，中国将坚定主办一届像冰雪一样干净、纯洁的冬奥会。北

京冬奥组委可持续性管理体系获得第三方机构SGS认证证书，是我国主动参与国际体育治理，提升国际体育话语权，打造"北京标准"的最佳实践。由此而言，中国将进一步为推动世界体育的公平正义，提供具有中国气派、中国风格的"北京标准"上作出突出贡献。

第四节　新时代体育对外交往的发展展望

当今世界面临的突出问题是，全球化带来的全球性挑战没有得到有效治理，旧的秩序和机制无法适应环境和应对新的挑战，全球治理能力和机制没有跟上全球化的步伐等。所有国家都已经不可避免地卷入了全球化的进程中，国与国之间的利益纠缠和相互依存成为不可否认的现实。全球化与逆全球化两种力量、两种思想的交锋会尖锐复杂，但全球化的客观性和人类思想的进步性会使倒退既不是理念选项，也不可能成为客观事实。当今世界，和平合作、开放融通、变革创新的潮流滚滚向前。只有坚持和平发展、携手合作，才能真正实现共赢、多赢；只有推进互联互通、加快融合发展，才能促进各国共同繁荣发展；只有坚持变革、不断创新，才能始终站在时代潮头。中国要积极参与全球治理，发挥大国的"引领"和"塑造"作用，要求中国体育外交不仅是"中国本位"，还要是"世界本位"。

一、成为体育强国建设的重要推动力

中国体育对外交往有力地推动着体育强国建设。当前，我国体育正处在从体育大国向体育强国迈进的征途上，发展重点开始从之前数量上的提升转变为实力的增强、质量的提高和结构的合理。体育国际影响力、体育国际话语权、体育精神塑造成为体育强国软实力的重要表现。体育对外交往成为提升国家影响力的放大器，成为沟通国内外体育运动及文化交流的重要纽带。通过参与国际体育事务，提升了我国在国际体育事务中的话语权，在规则制定等方面对我国竞技体育发展助力；通过承办国际体育赛事，为国际体育交往和体育文化传播搭建了有力平台，彰显出体育大国的责任与自信；通过体育科技教育交流活动的开展，促成体育多边对话，贡献国家人文交流机制；通过体育对外援助，提升了中国道义感召力；通过体育明星文化使者传播，树立良好的国家形象；通过港澳台和海外华侨体育的频繁交往，促进国家认同。体育对外交往诸多方

面的实践探索都在致力于改变西方对中国的刻板印象，不断提升中国体育的国际影响力和吸引力，努力塑造与体育强国地位相符的国家形象。通过软实力的打造，提升我国体育的整体层次和水平，为我国体育强国建设的各个方面起到强大的助力作用。

二、开创中国体育对外交往新格局

党的十八大以来，体育对外工作坚持以习近平外交思想为指引，坚决贯彻落实中央对外方针政策和国家体育总局党组决策部署，以服务国家外交大局、促进体育改革发展为主线，求真务实、开拓创新、攻坚克难、奋发有为，为推进中国特色大国外交发挥了重要作用，作出了应有贡献。

2008年，中国以一场"无与伦比"的夏季奥运会，向全世界展示中国。2022年，我们克服疫情影响，举办了简约、安全、精彩的冬奥会，赢得了奥林匹克大家庭和国际社会的广泛好评。从"同一个世界，同一个梦想"到"一起向未来"，从"百年奥运梦"到"双奥之城"，中国体育对外交往发生了翻天覆地的变化。2023年，世界大学生运动会在成都举行，这既是一场见证全球青春之约的体育盛会，又是一次开展大国外交、共创美好未来的友谊之约。世界大学生运动会作为一个全球重要的体育赛事，本身具有很强的吸引力，是一个重要的国际多边活动及开展体育外交的舞台。同时，这些国家也借此次机会来中国访问，体现了当前的中国主场外交已经具有很强的号召力及广泛的吸引力。未来，中国体育对外交往应全面转型，进一步加快推进我国立体化、全方位、多层次的体育对外交往体系的建设步伐，全面提升我国在国际体育事务中的话语权，深化同各国建立良好的体育交流关系，将体育对外交往全面融入国家总体外交战略，开创中国体育对外交往新格局。

三、展现中华文明赓续发展新动力

一个国家的外交政策受到文化传统的影响并体现出独特的民族文化特征。中华优秀传统文化不仅影响着中国人的思维习惯、审美旨趣、道德取向，也赋予了中国体育和中国体育外交独特的民族品格与国家气质。在成都2023年世界大学生运动会上，"天府之国""熊猫之乡"，这一张张赋有文化内涵的"城市名片"，展现在了世界各国友人面前。在大运会会徽设计上，主体部分在"世界大学生运动会"英文首字母"U"的基础上，糅合了太阳神鸟与凤凰两种典型中国元素；火炬"蓉火"采用渐变色块搭配太阳神鸟、三星堆青铜立人与熊猫元素，展现别样热情；奖牌"蓉光"绶带表面的芙蓉花纹由千年非遗蜀锦工艺制成，寓意团结合作、成双成对。这一个个蕴含中华文明独具特色的文化符号，彰显着中华文明独具特色的魅力，同时也让世界感受中华文化的博大精深、源远流长，感受当代中国兼收并蓄、开放包容的民族精神。中华文化吸引着国际大体联代理主席雷诺·艾德，也让他感叹道成都"这座城市的文化无与伦比，运动员们必将获得难忘体验"。因此，要基于文化自信的高度，以中华传统优秀文化为底蕴支撑，赋予中国体育和中国体育外交更加鲜明的传统文化底色，打造"中国式"体育对外交往新范式。

四、书写构建人类命运共同体新篇章

党的二十大报告明确提出，"中国始终坚持维护世界和平、促进共同发展的外交政策宗旨，致力于推动构建人类命运共同体"。体育作为一种世界通用语言，在塑造国家形象，增进国家间关系，促进国际社会安全与和平等方面发挥着独特的价值，备受各国政府重视。

2014年2月，习近平主席出席了俄罗斯索契冬奥会开幕式，这是中国国家元首首次出席在境外举办的大型国际体育赛事。2017年1月，习近平主席访问瑞士洛桑国际奥委会总部，这是历史上第一位到访国际奥委会总部的中国最高领导人。习近平主席亲力亲为，充分利用重大外交场合和重大体育活动开展元首体育外交，展示大国形象，推动人文交流，支持体育发展，不仅展现了大国领袖深厚的体育情怀，更是站在政治家的高度，借助体育助推"民相亲、心相通"，向世界尽展友善、开放、包容的大国自信和风范。2021年，在日本东京召开的国际奥委会第138次全会正式通过，将"Together"（意为"更团结"）加入奥林匹克格言中。延续了100多年的奥林匹克格言，首次进行修改，自此变为"更快、更高、更强——更团结"。巴赫表示："当前，我们更加需要团结一致，这不仅是为了应对新冠疫情，更是为了应对我们面临的巨大挑战。当今世界彼此依靠，单靠个体已经无法解决这些挑战。因此，我发起提议，为了实现更快、更高、更强，我们需要在一起共同应对，我们需要更团结。"当前，全世界各大体育赛事已不再只是一场竞赛，而更是一个互相交流、切磋和共同进步的舞台。在这个舞台上，只有全世界各族人民真正团结起来，共同构建人类命运共同体，才能铸就未来世界美好发展。

思考题

1. 体育对外交往的价值是什么？
2. 体育对外交往的三个历史阶段的主要成就有哪些？
3. 体育对外交往的基本经验是什么？

参考文献

[1] 杨松.19世纪英国体育运动的发展及其在帝国传播研究[D].西安：陕西师范大学，2019.

[2] 体育史编写组.体育史[M].北京：北京体育大学出版社，2014.

[3] 谭华，刘春燕.体育史（第二版）[M].北京：高等教育出版社，2017.

[4] 谷世权.中国体育史[M].北京：北京体育大学出版社，2003.

[5] 郝勤.体育史[M].北京：人民体育出版社，2014.

[6] 郝勤.论中国特色体育发展道路的历程、内涵及基本经验[J].体育科学，2009（10）：3-8.

[7] 高志丹.加快推进体育强国建设步伐[N].学习时报，2023-07-07（1）.

[8] 王辉.数字之光照亮体育未来[N].中国体育报，2022-09-23（2）.

[9] 华东师范大学哲学系逻辑学教研室.形式逻辑（第四版）[M].上海：华东师范大学出版社，2021.

[10] 李崟.体育强国建设背景下体育体制机制改革的中国逻辑与路径[J].上海体育学院学报，2022，46（1）：41-51.

[11] 郑宇.新时期我国体育体制改革的现实冲突与路径选择[J].成都体育学院学报，2014，40（8）：24-28.

[12] 易剑东.中国体育体制改革的逻辑基点与价值取向[J].体育学刊，2011，18（1）：14-25.

[13] 隋志宇，杨波.当代中国体育体制改革的困境与突破[J].山西大同大学学报（自然科学版），2016，32（1）：86-89.

[14] 易剑东，熊学敏.当前我国体育学科发展的问题[J].体育学刊，2014，21（1）：

1-10.

［15］方千华，王润斌，徐建华，等.体育学基本理论与学科体系建构：逻辑进路、研究进展与视域前瞻［J］.体育科学，2017，37（6）：3-23.

［16］鲁长芬.加快推动中国特色体育学学科体系、学术体系与话语体系建设［J］.北京体育大学学报，2022，45（9）：27-28.

［17］张瑞林，车雯.守正与创新：体育学科知识生产模式演进特征、逻辑转向与实践启示［J］.体育学刊，2023，30（2）：1-8.

［18］国家体育总局群体司.全民健身计划（2016—2020）一百问［M］.北京：人民体育出版社，2016.

［19］胡鞍钢，方旭东.全民健身国家战略：内涵与发展思路［J］.体育科学，2016，36（3）：3-9.

［20］卢文云，王志华，华宏县.群众"健身难"问题破解路径研究［J］.体育科学，2021，41（5）：34-43.

［21］兰薇.《中华人民共和国体育法》"社会体育"章修改的历史渊源与现实进路［J］.体育科学，2021，41（10）：26.

［22］冯靖媛，李荣日.全民健身公共服务智慧化转型升级的逻辑理路、现实样态与践行方略［J］.沈阳体育学院学报，2024，43（1）：64-70.

［23］于文谦.竞技体育学［M］.北京：人民体育出版社，2010.

［24］赵立.体育概论［M］.北京：人民体育出版社，2006.

［25］余银，胡亦海.运动训练学［M］.北京：高等教育出版社，2019.

［26］李相如，凌平，卢锋.休闲体育概论（第二版）［M］.北京：高等教育出版社，2016.

［27］李相如.休闲体育项目概论［M］.北京：人民体育出版社，2012.

［28］杨铁黎，苏义民.休闲体育产业概论［M］.北京：高等教育出版社，2011.

［29］刘然祺，陈元欣.基于国外咨询机构视角下北美体育产业的发展趋势［J］.湖北体育科技，2021，40（4）：319-323，340.

［30］朱凯迪，鲍明晓.体育产业促进就业：域外经验与本土启示［J］.武汉体育学院学报，2019，53（11）：10-15.

［31］任波.体育产业与城市化耦合发展机理及其效应研究［D］.上海：上海体育学院，2021.

［32］许宇斌.近十年英、美体育产业格局变化及其对我国体育产业发展的启示［J］.广州体育学院学报，2021，41（3）：36-38，64.

［33］李祥林.中国体育竞赛表演产业发展的历程、逻辑与趋势——基于政府行为变迁视角［J］.体育科学，2021，41（3）：10-17.

［34］中共中央宣传部，中华人民共和国外交部.习近平外交思想学习纲要［M］.北京：人民出版社，学习出版社，2021.

［35］国家体育总局编写组.深入学习习近平总书记关于体育的重要论述［M］.北京：人民出版社，2022.

［36］徐国琦.奥林匹克之梦：中国与体育　1895—2008［M］.崔肇钰，译.广州：广东人民出版社，2019.

［37］钟秉枢，刘兰，张建会.新时代中国体育外交新使命［J］.体育学研究，2018（2）：37-44.